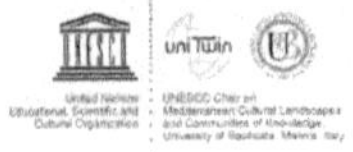

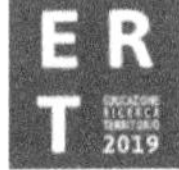

Il programma ERT – Educazione Ricerca Territorio, della Cattedra UNESCO dell'Università degli Studi della Basilicata, è un percorso, sviluppato attraverso iniziative annuali, con seminari, convegni e laboratori didattici, che affrontano i temi dello sviluppo sostenibile, intrecciando educazione, ricerca e "terza missione", ovvero le ricadute della ricerca sul territorio e sul governo dello stesso. L'edizione ERT 2019 si è svolta a Matera dal 12 al 14 dicembre, in chiusura dell'anno di Matera Capitale della Cultura Europea, e ha avuto come tema *"Comunità di saperi e paradigma di sostenibilità: i dispositivi e le pratiche, le idee per le politiche, il laboratorio"*.

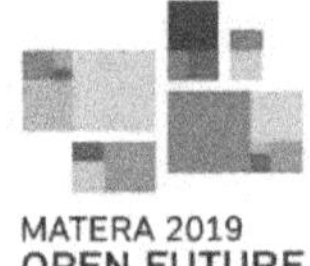

Si ringrazia Fondazione Matera-Basilicata 2019 per il contributo erogato nell'ambito dell'Accordo di Collaborazione tra Fondazione Matera-Basilicata 2019 e dipartimento DiCEM dell'UniBas - Rep. Num. 175/2018 - definito per attività della Cattedra UNESCO dell'UniBas, con cui sono state finanziate due borse di studio semestrali con i seguenti titoli: "Tecnologie, come gli alberi di conoscenze, per la costruzione e facilitazione di Comunità di Saperi per l'Osservatorio Sassi di Matera" e "Progettazione dell'Osservatorio Sassi di Matera". Le due borse di studio sono state assegnate, attraverso regolare procedura concorsuale, la prima alla Dottoressa in Architettura Grazia Rutica e la seconda al Dottore in Giurisprudenza Dario Sammarro. Nella presente pubblicazione della Cattedra UNESCO dell'Università degli Studi della Basilicata, sono inseriti i saggi di Grazia Rutica e Dario Sammarro - che sono anche tra i curatori del volume - che espongono i risultati delle loro ricerche svolte nell'attività delle suddette due borse di studio.

In copertina: il rione Sassi di Matera, fotografia di Michele Claudio D. Masciopinto

2023 Calebasse edizioni,Potenza
ISBN 978-88-943760-6-7

Comunità di saperi e paradigma di sostenibilità: appunti per l'Osservatorio Sassi di Matera

L'edizione ERT 2019 ripensata nel 2022

a cura di

Angela Colonna

Michele Claudio D. Masciopinto

Grazia Rutica

Dario Sammarro

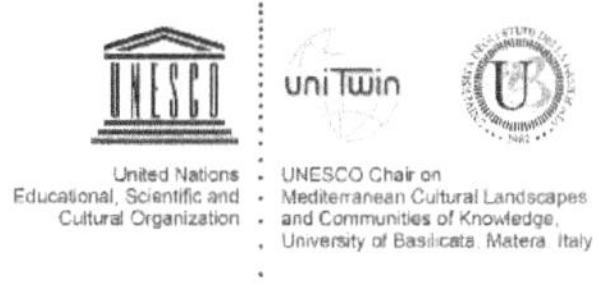

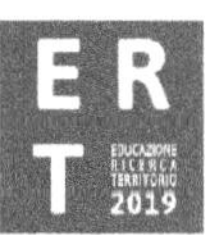

CALEBASSE

INDICE

PREMESSA

Angela Colonna

Sono passati circa tre anni dall'iniziativa ERT 2019, e sono stati anni di 'emergenza', di eccezionalità, di trasformazioni radicali e strutturali del nostro mondo, per cui tornare a ERT 2019 e al tema ivi trattato per farne un resoconto è oggi un esercizio di cui valutare l'utilità. Tale occasione può essere colta proprio come opportunità per analizzare la tenuta di quelle trattazioni, o la necessità di rivederle alla luce della distanza enorme che in questo breve tempo si è prodotta.

Guardando principalmente all'Italia e all'Europa, alcune dei fenomeni che si sono sviluppati in questo lasso di tempo, estremamente denso e accelerato, sono stati: la diffusione in tutti gli ambienti (istituzioni, società, mercato, etc.) del riferimento all'Agenda ONU 2030 e la parallela diluizione - talvolta fino alla mistificazione - del suo significato e del suo indirizzo; la riduzione della socialità in molte delle sue forme e la crescita dell'isolamento degli individui; attraverso lo stato di emergenza/eccezione, la riduzione delle libertà individuali e l'avvio di una implicita revisione dello stato di diritto; la crescita del divario tra ricchi e poveri e l'erosione della classe media; l'accelerazione del processo di trasformazione delle democrazie occidentali.

Questi aspetti incidono, direttamente o indirettamente, sul tema dei tre giorni di Seminario ERT 2019: "Comunità di saperi e paradigma di sostenibilità". I quattro ambiti di indagine che erano stati proposti per articolare la trattazione del tema stesso erano: Il dialogo tra saperi esperti; Paesaggio, identità e saperi locali; Intelligenza collettiva, intelligenza connettiva e intelligenza relazionale; Sviluppo umano e conoscenza di sé. Oggi, nella nuova condizione, e attraverso la rinnovata sensibilità che ne deriva, possiamo cogliere non solo la tenuta del tema, ma la sua urgenza. Quanto alle prospettive tracciate nell'ambito delle giornate ERT 2019, possiamo verificare gli elementi che si sono dimostrati essere lungimiranti e quelli che in questo lasso di tempo sono implosi, e oggi possiamo rilanciare e riorientare lo sguardo verso il futuro che vogliamo, più consapevoli del fatto di essere nel bel mezzo di un cambiamento epistemologico e di sistema.

Inoltre, avendo affrontato in una delle tre giornate ERT 2019 il tema della partecipazione attiva degli abitanti come comunità di saperi, in uno specifico caso di studio e di progetto, quello dell'Osservatorio per la Gestione del sito UNESCO dei Sassi di Matera, oggi possiamo tirare le fila di quanto accaduto nel frattempo relativamente a tale progetto e al processo avviato, nell'alternarsi di giunte comunali e di assessorati con delega ai Sassi nell'amministrazione pubblica della città di Matera.

Nel frattempo è stata avviata, come attività della Cattedra UNESCO dell'Università degli Studi della Basilicata, con un protocollo con la Regione Basilicata, una ricerca per la definizione di un modello per la gestione dei Siti UNESCO in questa regione e di un prototipo di Osservatorio, da usare per guidare la progettazione di nuove candidature nella lista mondiale del patrimonio. Il modello può diventare anche strumento di indirizzo per fare della gestione del patrimonio culturale regionale una strategia di orientamento per le politiche territoriali. Questa ricerca prende le mosse proprio dal processo sperimentato con la costruzione partecipata del Piano di Gestione del sito UNESCO dei Sassi di Matera e dall'esperienza di progettazione dell'Osservatorio per la gestione del sito.

Quanto al tema cruciale della sostenibilità, oggi che questa sembra essere divenuta una parola d'ordine presente in tutti i documenti programmatici ad ogni scala, affiora tuttavia la sensazione che nei fatti ci stiamo allontanando dalla possibilità concreta di trovare soluzioni creative e condivise per invertire la rotta e orientare le nostre azioni al riequilibrio dell'eco-sistema terrestre. Tale preoccupazione è giustificata specie se la soluzione ai conflitti tra i Paesi diventa la corsa agli armamenti. Sostenibilità e pace, infatti, sono interdipendenti e direttamente proporzionali tra loro.

Le scelte energetiche, così come le guerre, sono condizionate dagli equilibri geopolitici: emerge la mancanza di una visione strategica di un insieme più grande, come umanità, che è l'unica scala alla quale possiamo operare insieme per salvare la sopravvivenza della nostra specie su questo pianeta. In questo contesto la prospettiva di 'comunità di saperi' e di 'comunità di pratiche', emerge come linea debole ma strategica, una alternativa per mostrare che ci sono altre possibilità, per nutrire e disseminare un sentire comune orientato alla convivenza pacifica e sostenibile nella casa comune.

Come nel passaggio tra le ceneri dell'impero romano e la nascita di una nuova società, il monachesimo benedettino ha conservato e rivitalizzato il sapere, praticando in enclave, che presto si sono moltiplicate nei territori, nuove forme di organizzazione delle comunità, diventando così le cellule di una rinascita, in modo analogo oggi potremmo sperimentare ancora una volta una forma di transizione attraverso una scala cellulare, che con un processo moltiplicativo possa diventare diffusamente il seme di un cambiamento e di una ripartenza.

Sperimentare e praticare comunità sostenibili come cellule del cambiamento diventa un obiettivo necessario, urgente ed entusiasmante, in cui ognuno ha la responsabilità di contribuire, dove ognuno è parte in causa. In questi termini il tema posto per le giornate ERT 2019 non solo non è superato, ma è quanto mai centrale. E oggi vive del rilancio di una sfida strategica e urgente!

In ultimo, il tema è strettamente connesso alle linee di ricerca della Cattedra UNESCO dell'Università della Basilicata, e queste riflessioni fanno anche il punto lungo il continuo processo di aggiornamento di contenuti, idee ed esperienze prodotte dalla ricerca, dai progetti con i territori e dai programmi educativi della stessa Cattedra UNESCO.

INTRODUZIONE

Angela Colonna, Michele Claudio D. Masciopinto, Grazia Rutica, Dario Sammarro

La Cattedra UNESCO in "Paesaggi Culturali del Mediterraneo e Comunità di saperi" dell'Università degli Studi della Basilicata (UniBas), istituita a dicembre del 2016, ha tra gli obiettivi quello di contribuire alla realizzazione dell'Osservatorio Sassi per la Gestione del sito UNESCO di Matera, e ha tra le linee di lavoro una su 'comunità di saperi', a cui si aggiungono quella su 'narrazione generativa del paesaggio', quella su 'paesaggi esteriori e paesaggi interiori' e quella su 'conoscenza incarnata'. Le quattro linee di ricerca si intrecciano tra loro e sono presenti in tutte le attività della Cattedra UNESCO, come trama di riferimento teorico e sperimentale, e lo sono anche nel lavoro per l'Osservatorio Sassi.

Questo libro restituisce un intreccio di attività della Cattedra: il lavoro per l'Osservatorio Sassi, gli esiti di una ricerca condotta con due borse di studio co-finanziate dalla Fondazione Matera-Basilicata 2019, e i risultati del programma ERT-Educazione Ricerca Territorio nell'edizione del 2019 che unisce appunto il tema 'comunità di saperi' con quello dell'Osservatorio Sassi.

Tra le iniziative della Cattedra UNESCO dell'UniBas il programma ERT-Educazione Ricerca Territorio è un percorso e un format, sviluppato attraverso iniziative annuali, con seminari, convegni e laboratori didattici che affrontano i temi dello sviluppo sostenibile, intrecciando educazione, ricerca e 'terza missione', ovvero le ricadute della ricerca sul territorio e sul governo dello stesso. Il *format* prevede, su un tema scelto in relazione allo sviluppo sostenibile e all'Agenda ONU 2030, specifici momenti dedicati, di confronto e di sperimentazione, individuando come protagonisti e destinatari tre tipi di soggetti: studenti e formatori; le Cattedre UNESCO, ricercatori e studiosi;

le istituzioni di governo territoriale e le comunità che abitano i territori.

La prima edizione del programma ERT si è tenuta nel 2018, con il titolo "Giornate di studio, confronto e partecipazione, in occasione del venticinquesimo anniversario dell'iscrizione dei Sassi di Matera nella lista del patrimonio UNESCO", ed è consistita in tre iniziative sui temi del valore universale dei Sassi e della valorizzazione sostenibile del patrimonio culturale, dai titoli: "Patrimonio UNESCO e sviluppo sostenibile: il contributo dei giovani", "Patrimonio e sviluppo sostenibile: per una conoscenza circolare", "Sassi: per un nuovo dialogo in città". La ricorrenza celebrativa del venticinquesimo anniversario dell'iscrizione dei Sassi nella lista del patrimonio UNESCO è diventata così occasione per riprendere un dialogo partecipato in città sulla città, un momento di ascolto dei giovani e la riflessione su come contribuire insieme e attraverso la cultura e i valori universali agli obiettivi evolutivi indicati dall'Agenda ONU 2030 per lo sviluppo sostenibile. L'edizione del 2018 ha riguardato anche una focalizzazione sull'Osservatorio Sassi. Le tre giornate si sono svolte a Matera dal 13 al 15 dicembre 2018, in prossimità dell'avvio dell'anno di Matera Capitale Europea della Cultura, nel 2019. I contenuti dell'edizione del 2018 di ERT sono raccolti in una pubblicazione.[1]

La seconda edizione del *format* ERT, i cui risultati sono raccolti in questo libro, ha avuto come titolo "Comunità di saperi e paradigma di sostenibilità: i dispositivi e le pratiche, le idee per le politiche, il laboratorio". Il tema sollecita una riflessione su una linea di ricerca della Cattedra UNESCO dell'UniBas (inoltre la locuzione 'comunità di saperi' è nella stessa denominazione della Cattedra) e propone l'interazione con il tema della sostenibilità. L'iniziativa si è tenuta a Matera dal 13 al 15 dicembre 2019, nel

---

[1] A. Colonna, M. Morelli, A. Percoco, V. Santochirico (a cura di), *Sassi di Matera. Per una nuova stagione*, FEEM, 2019.

momento di epilogo dell'anno di Matera Capitale Europea della Cultura.

Come previsto dal *format* ERT, l'iniziativa ERT 2019 si è articolata in tre attività: una riguardante l'educazione, una relativa alla ricerca e al confronto tra le discipline, e una per le ricadute sul territorio. Per le tre attività, intrecciate tra loro, sono state utilizzate modalità differenti: il *Workshop* per la prima attività, quella formativa, con il sottotitolo "I dispositivi e le pratiche"; il Seminario/Tavola Rotonda per la seconda attività, quella dedicata alla ricerca e al dialogo tra saperi e tra istituzioni, con il sottotitolo "Le idee per le politiche"; la Conferenza per la terza attività, quella dedicata alle ricadute sul territorio, con il sottotitolo "Il laboratorio", dove si affronta il tema dell'Osservatorio Sassi per la gestione del sito UNESCO di Matera, lo strumento previsto dal Piano di Gestione dello stesso.

La sezione titolata "I dispositivi e le pratiche" è stata organizzata in collaborazione con la Scuola Statale Minozzi Festa di Matera, ed è consistita in due *Workshop*, uno con la classe III F della Scuola Media Minozzi Festa di Matera, e uno con la classe di primo anno del Corso di Studi di Architettura dell'UniBas. I due *Workshop* sono stati pensati per sperimentare in aula, con la facilitazione di alcuni docenti, una pratica con cui allenare la capacità di riconoscere, organizzare, utilizzare il sapere. Un approfondimento sui due *Workshop* è contenuto nell'Appendice di questo libro.

Il Seminario/Tavola Rotonda su "Le idee per le politiche" è stato organizzato in collaborazione con la Cattedra Transdisciplinare UNESCO "Sviluppo umano e cultura di pace" dell'Università degli Studi di Firenze, e con il Centro Interdisciplinare per la Conservazione e Gestione Sostenibile del Patrimonio Culturale e Naturale (SHeC-COSP). Per lo sviluppo del Seminario/Tavola Rotonda sono stati indicati quattro aspetti attraverso cui esplorare il tema 'comunità di saperi': Il dialogo tra saperi esperti; Paesaggio, identità e saperi locali; Intelligenza collettiva, intelligenza connettiva e intelligenza relazionale;

Sviluppo umano e conoscenza di sé. Il Seminario/Tavola Rotonda è consistito in una discussione pubblica, un momento di confronto tra ricerche e politiche, a supporto di prospettive di azione nei territori. In tale prospettiva Matera è stata usata come uno degli oggetti di indagine, e come un laboratorio intorno a cui articolare ipotesi, prefigurare azioni e strategie. Infatti la città lucana, che è stata nel 2019 Capitale Europea della Cultura, si stava preparando al passaggio a una nuova fase, quella di esplorazione della propria vocazione culturale e creativa sperimentata con il grande evento, per farne la base per la propria economia, progettando le azioni strategiche da compiere in tale prospettiva. Dunque un lavoro della comunità e della politica per radicare l'esperienza di 'Matera 2019' e farne la cifra del futuro del territorio. Durante il Seminario/Tavola Rotonda l'esplorazione del tema si è arricchita anche del contributo di alcuni altri casi territoriali che in Basilicata e in Puglia stanno avviando politiche di sviluppo incentrate sulla cultura e sul patrimonio culturale. Alcuni dei contributi e dei temi presentati nella suddetta sezione sono oggetto degli interventi contenuti in questo libro, nati nell'ambito di ERT 2019, ma in alcuni casi ampliati e ripensati nel tempo intercorso dall'evento alla pubblicazione del libro.

Infine, la Conferenza dedicata alle ricadute sul territorio, con il sottotitolo "Il laboratorio", è stata organizzata in collaborazione con la Fondazione Eni Enrico Mattei (FEEM) e con la Fondazione Sassi di Matera. In questa sezione si è trattato di Matera come laboratorio, e dell'Osservatorio Sassi per la gestione del sito UNESCO di Matera come dispositivo che contiene l'idea di 'comunità di saperi', che è un obiettivo per cui costruire percorsi, mettere a punto strumenti, avviare processi, allenare competenze. Ad un anno dalla conversazione pubblica "Sassi: per un nuovo dialogo in città", che si era svolta a Matera all'interno del programma ERT 2018, si tornava a un incontro con la città, portando i risultati di un anno di lavoro intorno all'obiettivo di istituire l'Osservatorio Sassi per la gestione del sito UNESCO. In tale sezione è stato presentato e proposto alla città per essere sottoscritto il Documento Partecipato di Intenti (preliminare al Protocollo d'Intesa) tra soggetti pubblici e privati, come formalizzazione di un primo nucleo dell'Osservatorio Sassi, e sono stati presentati i primi risultati di ricerche per la definizione della forma giuridica e organizzativa dell'Osservatorio, e per la creazione di un contesto per diventare 'comunità di saperi'.

Questa pubblicazione raccoglie anche i risultati delle ricerche condotte da Grazia Rutica e Dario Sammarro (anche co-curatori del libro), nell'ambito delle due Borse di Studio dai titoli "Tecnologie, come gli alberi di conoscenze, per la costruzione e facilitazione di Comunità di Saperi per l'Osservatorio Sassi di Matera" e "Progettazione dell'Osservatorio Sassi di Matera". Tutor dei due borsisti sono stati Angela Colonna e Giovanna Iacovone, per la Cattedra UNESCO dell'UniBas. Le due borse di studio hanno avuto durata di undici mesi ciascuna (sono state attivate a partire dal 2 settembre 2019, e si sono concluse il 2 agosto 2020) e sono state realizzate con il sostegno della Fondazione Matera-Basilicata 2019 (per il costo dei primi sei mesi di borsa di studio per ciascun borsista), nell'ambito dell'Accordo di Collaborazione tra Fondazione Matera-Basilicata 2019 e dipartimento DiCEM dell'UniBas (Rep. Num. 175/2018) definito per attività della Cattedra UNESCO dell'UniBas. Le ricerche sviluppate con le due borse di studio costituiscono l'approfondimento di aspetti di interesse centrale per l'avvio dell'Osservatorio Sassi, con una esplorazione circa le caratteristiche delle Fondazioni di Partecipazione, per iniziare a ipotizzare la forma giuridica e partecipativa dell'Osservatorio Sassi e con la sperimentazione di dispositivi per la creazione di un contesto per diventare 'comunità di saperi'. I contenuti della ricerca dei borsisti Rutica e Sammarro sono stati illustrati dagli stessi nell'ambito dell'edizione ERT 2019 come risultati del primo trimestre di borsa di studio, e sono stati utilizzati per scrivere il testo del Documento Partecipato di Intenti per un

Osservatorio partecipato del Sito Unesco dei Sassi. Nel presente libro i contributi di Rutica e Sammarro restituiscono gli esiti finali delle loro rispettive ricerche sviluppate nell'ambito contrattuale suddetto.

Proponendo la sottoscrizione del Documento Partecipato di Intenti a un ampio numero di soggetti attivi sul territorio, tra associazioni, fondazioni, imprese, categorie, la scuola, oltre alle istituzioni pubbliche, l'obiettivo è stato di mirare a creare un'ampia condivisione per l'istituzione dell'Osservatorio Sassi come strumento attuativo del Piano di Gestione del Sito UNESCO di Matera. Con l'adesione a questo primo atto formale si stimola l'impegno di ciascuno a contribuire al perseguimento del comune interesse per la tutela e la valorizzazione del patrimonio culturale di Matera, eredità e identità comune del luogo che si abita. L'idea che viene stimolata è che il contributo di ognuno è essenziale per dar vita a uno strumento di confronto e di proposte, e che ognuno può essere protagonista e soggetto attivo dei processi di riconoscimento e valorizzazione dell'identità culturale del sito. Inoltre, ognuno è invitato a divulgare il Documento per allargare la rete dei sottoscrittori dello stesso e per raggiungere un più ampio numero di soggetti con cui costruire la 'comunità di saperi', crescendo in consapevolezza, e condividendo l'orientamento allo sviluppo sostenibile. Anche in questo caso le restrizioni imposte con la pandemia hanno determinato un arresto del processo avviato, che oggi va ripreso con la campagna di sottoscrizione del Documento, un'azione efficace per riaccendere il dialogo in città e per creare un'ampia base partecipativa della comunità con cui intraprendere alcune attività che sono comprese tra quelle dell'Osservatorio Sassi, in attesa che questo venga formalmente istituito e concretamente avviato dall'amministrazione comunale in collaborazione con tutti i soggetti che hanno competenza amministrativa e culturale sul patrimonio UNESCO dei Sassi. Il testo del Documento Partecipato di Intenti è riportato in Appendice in questo libro.

Il titolo del libro coincide con il titolo delle Giornate ERT 2019 per una parte, *Comunità di saperi e paradigma di sostenibilità*, tema che è stato proposto per essere discusso, come dispositivo antropologico, come terreno di indagine, come possibile modello. La dimensione comunitaria definita dal sapere come risorsa costituisce una possibile proposta per un progetto di sostenibilità centrato sull'umano, nell'idea che non si possano delegare alla tecnologia, all'intelligenza artificiale e agli algoritmi le risposte alle urgenti questioni che l'umanità deve affrontare. Il montaggio dei dati per costruire il senso deve restare una competenza dell'umano. La sfida è non rinunciare alla complessità dell'essere comunità, di saperi, di pratiche, educanti, ecologiche. Divenire comunità è l'antidoto al rischio/tentazione di aprire al mondo di 'Matrix'. Divenire comunità di saperi è un percorso per educarci al dialogo, al confronto, al pensiero critico, alla co-creazione, rinunciando alle ricette facili di delega incondizionata della responsabilità, divenendo capaci di assaporare il gusto della partecipazione alle scelte, per la costruzione del nostro mondo.

Nel libro i diversi contributi sono organizzati in una sequenza che segue una linea di sviluppo del ragionamento sul tema 'comunità di saperi', con diverse trattazioni sul caso materano e sull'Osservatorio Sassi, ma anche con trattazione di altri casi territoriali che arricchiscono il dialogo con altrettante esperienze e punti di vista.

La Premessa, scritta da Angela Colonna, intende dare conto dell'incidenza del tempo intercorso tra l'iniziativa ERT 2019 e l'operazione editoriale, un tempo che va da dicembre 2019 a tutto il 2022, fortemente caratterizzato dall'avvento della crisi pandemica, a cui si sono susseguite altre crisi che stanno avendo ripercussioni globali, con l'accelerazione di processi trasformativi in vari ambiti, e allo stesso tempo l'urgenza di una transizione ecologica.

Dopo l'Introduzione, il primo contributo è quello di Angela Colonna che affronta il tema di 'comunità di saperi' in relazione al paradigma della sostenibilità, indagando intorno alla questione della consapevolezza di sé, dell'altro e dell'insieme, come competenza strategica per la sostenibilità. L'Osservatorio Sassi è indicato come modello di una sperimentazione di 'comunità di saperi' centrata sulla consapevolezza. Per la costituzione del primo nucleo dell'Osservatorio Sassi, il progetto redatto dalla Cattedra UNESCO dell'UniBas verte proprio sulla sperimentazione per la creazione di una 'comunità di saperi', applicando l'approccio e gli strumenti prodotti nell'ambito della ricerca teorica e sperimentale della stessa Cattedra. L'altro aspetto introdotto della Cattedra UNESCO nel progetto dell'Osservatorio Sassi è relativo alla pratica della costruzione di 'narrazioni generative' del paesaggio del sito UNESCO di Matera, come narrazioni orientate alla visione espressa dal Piano di Gestione del sito, e generative di una visione di sviluppo sostenibile. Nella trattazione si intreccia con 'comunità di saperi' anche il tema della 'conoscenza incarnata', sempre in riferimento alla proposta progettuale dell'Osservatorio. Questo contributo, dunque, approfondisce l'intreccio degli aspetti teorici e concettuali con cui la Cattedra UNESCO ha sviluppato il progetto dell'Osservatorio Sassi.

Seguono i due contributi di Grazia Rutica e Dario Sammarro, che, come si è detto, restituiscono i risultati delle rispettive ricerche condotte nell'ambito della Cattedra UNESCO dell'UniBas con le due borse di studio co-finanziate da Fondazione Matera-Basilicata 2019. Con questi due contributi il *focus* è sullo strumento giuridico e organizzativo dell'Osservatorio Sassi.

Il contributo di Grazia Rutica espone il modello e l'approccio delle Fondazioni di Comunità per l'Osservatorio Sassi in relazione al *focus* della partecipazione. L'autrice esplora il tema della partecipazione in relazione alla valorizzazione del patrimonio culturale e ne indica anche l'indirizzo contenuto in alcuni strumenti normativi. Attraverso alcuni esempi realizzati in Italia, evidenzia la visione strategica e le caratteristiche dello strumento gestionale della Fondazione di Comunità in funzione di un nuovo modello di sviluppo, e coglie alcuni spunti per l'utilizzo del modello per costruire l'Osservatorio Sassi, organizzando anche un insieme di considerazioni progettuali per la definizione dello stesso.

Dario Sammarro propone un quadro dello stato dell'arte degli strumenti di valorizzazione del patrimonio culturale, ponendo un particolare *focus* sul ruolo sempre più pregnante degli Osservatori, e calando tale strumento nel contesto materano e in relazione alle nuove capacità valorizzatrici dell'economia circolare. In modo particolare, le disposizioni normative maggiormente rilevanti ed oggetto di analisi si rivengono tanto nel diritto interno (leggi statali e disposizioni regionali), quanto nel sistema di regole sovranazionali (diritto dell'Unione Europea). L'autore affronta i concetti di 'sussidiarietà' e di '*governance*' del territorio, considerati nel più vasto quadro delle regole generali del diritto amministrativo e della disciplina in materia di valorizzazione dei beni culturali, e considera la validità della Fondazione di partecipazione quale figura giuridica dell'Osservatorio per la duttilità della stessa.

Il contributo di Michele Claudio D. Masciopinto affronta un altro tema che entra nelle strategie della Cattedra UNESCO nella definizione del progetto dell'Osservatorio Sassi: la 'narrazione generativa del paesaggio'. Il tema è stato oggetto della sua tesi di Dottorato svolta presso l'UniBas, nell'ambito di un progetto della Cattedra UNESCO. Il contributo di Masciopinto sviluppa una riflessione teorica che mette in relazione lo strumento della narrazione con la stessa essenza del paesaggio. L'autore evidenzia il paesaggio come narrazione collettiva, espressione e fondamento dell'identità delle popolazioni, espressione dalle relazioni stabilite tra la comunità e i diversi contesti territoriali che abita e produce. La narrazione del paesaggio è quindi un'operazione culturale in base alla quale il territorio stesso, attraverso la scoperta delle molteplici narrazioni che vi sono iscritte, diventa paesaggio, e la narrazione è mezzo formativo e strumento di ricerca con cui raccogliere dati e materiali relativi a configurazioni esperienziali, e a significati culturali delle esperienze stesse, offrendone una prospettiva interpretativa, collocandoli in una cornice spazio-temporale e riferendoli a determinate dimensioni contestuali e culturali.

Francesca Sogliani ed Ester Annunziata scrivono del ruolo dell'archeologia e della Scuola di Specializzazione in Beni Archeologici dell'UniBas, che collabora anche al progetto della Cattedra Unesco, nel processo di attuazione dell'Osservatorio Sassi, attraverso l'ideazione di un percorso di narrazione dell'eredità culturale materiale di Matera, del suo patrimonio archeologico e del suo patrimonio insediativo rupestre. Le autrici rimandano a due progetti della Scuola, in particolare, che sono dedicati a Matera: uno per la realizzazione della carta del potenziale archeologico di Matera e del territorio circostante (Progetto CAM) e l'altro per la redazione dell'Atlante Digitale del Patrimonio Rupestre di Matera (Progetto DARHEM – *Digital Atlas of Rupestrian Heritage of Matera*). L'insediamento rupestre di Matera è un palinsesto di una fragilità intrinseca, che necessita di attività di ricerca finalizzate alla sua conoscenza come sistema di frequentazione antropica, nonché al monitoraggio dello stato di conservazione e ai necessari interventi di restauro. Entrambi i progetti offrono la possibilità di contribuire, con la mole di dati conoscitivi elaborati al loro interno, alla costruzione del '*layer*' archeologico per arricchire l'Osservatorio del patrimonio culturale dei Sassi di Matera. La comprensione dell'esperienza insediativa della città, delle sue fasi di sviluppo cronologico e delle sue trasformazioni, con l'acquisizione di nuovi dati e la conseguente redazione di una carta archeologica rappresentano momenti fondamentali e indispensabili per una corretta e consapevole gestione della città patrimonio UNESCO, e per la sua valorizzazione anche turistica. Anche nel contributo di Sogliani e Annunziata il *focus* è sulla narrazione, e l'apporto della ricerca sul patrimonio archeologico e sull'eredità insediativa di Matera alla realizzazione dell'Osservatorio Sassi verte principalmente sui contenuti conoscitivi del sito.

Con l'intervento di Piergiuseppe Pontrandolfi e Antonello Azzato il discorso prosegue sulla questione della documentazione e dell'implementazione dei contenuti conoscitivi del sito, relativamente alla prospettiva di una metodologia di organizzazione informatizzata dei dati. Gli autori espongono i risultati di una prima sperimentazione e ricerca, condotta nell'Università della Basilicata, per la costruzione di un prototipo di sistema informativo geografico, il prototipo di 'infrastruttura di dati spaziali' (*Spatial Data Infrastructure* - SDI) relativa ai fabbisogni informativi minimi per la predisposizione di apparati conoscitivi, interpretativi e gestionali organizzati secondo procedure standardizzate dei processi di informatizzazione dei Sassi che possa, in prospettiva, rappresentare il luogo virtuale per sistematizzare, organizzare ed elaborare elementi di conoscenza utili per il recupero, il riuso e la gestione del patrimonio edilizio storico e di supporto alle decisioni nei processi di pianificazione urbanistica. Si tratta di un modello di sistema informativo sinergico alle attività dell'Osservatorio Sassi e che può contribuire a perseguire le strategie definite nel Piano di Gestione 2014-2019 del sito UNESCO.

Alessandro Raffa affronta il tema della *buffer zone* e propone una ridefinizione sperimentale, da un punto di vista metodologico-operativo, di quella del sito UNESCO dei Sassi. La sua riflessione ha le premesse nell'evoluzione del concetto di patrimonio e del ruolo dello stesso al confronto con le attuali sfide e urgenze globali di sviluppo sostenibile. L'autore si sofferma sulla relazione tra patrimonio e cambiamento climatico, una interessante linea di ricerca nell'ambito degli *heritage studies* sul ruolo proattivo del patrimonio nei confronti dei processi di adattamento. Considerando tre siti UNESCO, il Pearling Path di Muhharq in Bahrain, Villa Adriana e le Colline del Prosecco, l'autore attraversa l'esperienza dei tre casi in cui si sperimenta la ridefinizione concettuale dell'istituto della *buffer zone*, inteso come spazio collaborativo e del possibile, per un progetto 'aperto' che sappia confrontarsi con la complessità e l'incertezza della condizione presente. Su queste premesse l'autore affronta il tema della revisione della *buffer zone* per il sito UNESCO dei Sassi di Matera, e propone un metodo di lavoro basato sull'epistemologia della complessità e della transdisciplinarità, e uno strumento, l'Atlante, una piattaforma come spazio collaborativo, attraverso cui elaborare quella forma sintetica-relazionale che riferirà, in maniera dinamica, le relazioni tra sito e contesto e l'architettura stessa della *buffer zone*. Tale proposta si inserisce in un percorso di ricerca sviluppata dall'autore nell'ambito della Cattedra UNESCO dell'Università della Basilicata.

L'intervento di Antonella Guida affronta più in generale la questione dell'impatto della modernità sull'ecosistema delicato dei Sassi di Matera, nei processi di tutela e valorizzazione del patrimonio culturale. Numerosi sono gli studi e le ricerche condotti in tempi più o meno recenti, da cui emerge la necessità di affrontare il recupero, la rifunzionalizzazione e l'integrazione infrastrutturale, attraverso la comprensione dell'ambiente urbano e l'opportunità di definire un indirizzo culturale, una sorta di codice di comportamento che permetta di ri-abitare questo patrimonio architettonico. Dall'osservazione prima, e dalla conoscenza poi del costruito si possono programmare congrui interventi atti a progettare, recuperare, rendere nuovamente fruibili luoghi e spazi del passato. Al centro dell'intervento, dunque, è la questione del metodo, attraverso il quale trasferire le conoscenze del passato alle istanze imposte dal presente e richieste per il futuro, per garantire la continuità processuale del patrimonio costruito. Tale metodo deve divenire un modello di riferimento per il recupero sensibile del patrimonio architettonico, e le nuove tecniche e tecnologie devono supportare le pratiche originali per il riuso funzionale dei siti, attraverso una valutazione qualitativa e oggettiva degli interventi di restauro, basata su un'attenta valutazione del significato e sulla conseguente attribuzione dei concetti di congruità e compatibilità, sul loro rapporto e sulle varie e numerose declinazioni.

Allargando al tema dello sviluppo sostenibile dell'ambiente urbano, Stefania Vitali coglie il nesso tra dimensione tangibile e intangibile negli aspetti legati alla formazione dell'identità dei luoghi, che è in relazione alla condivisione sociale. La sostenibilità sociale ed ambientale degli interventi dipende dal benessere degli abitanti, oltre che dalla salvaguardia del patrimonio, puntando a una soluzione unitaria del medesimo comune problema multidimensionale della realtà. La tesi viene esposta attraverso i risultati di due ricerche di progettazione partecipata, quella svolta nell'Unità di Ricerca PPcP - Paesaggio Patrimonio culturale Progetto del Dipartimento di Architettura dell'Università di Firenze, per la conservazione di alcune piazze storiche di Firenze, città patrimonio UNESCO, e l'altra svolta in un quartiere fiorentino di nuova formazione, sul tema della qualità urbana, con la Cattedra Transdisciplinare UNESCO di Sviluppo umano e Pace dell'Università di Firenze. Nelle due esperienze emerge la forte tangenza tra partecipazione e componente formativa e trasformativa dei soggetti che partecipano al percorso (cittadini, ricercatori, progettisti, amministratori). Con l'approccio della Ricerca Azione Partecipativa Transdisciplinare (RAP-T) sono emerse le implicazioni emozionali, le percezioni, la conoscenza senso-motoria come elementi condivisi, base comune dalla conoscenza corporea dei luoghi, nelle narrazioni dei vissuti individuali e collettivi.

Anche il contributo di Annalisa Percoco guarda al patrimonio naturale, culturale materiale e immateriale come una fondamentale risorsa e leva per realizzare lo sviluppo sostenibile dei territori. L'autrice sottolinea i nessi tra valorizzazione, conservazione e tutela dei beni culturali e naturali e costruzione dell'identità delle comunità locali, e riporta il caso di candidatura a patrimonio UNESCO avanzato dal Comune di Viggiano per il

Sacro Monte, con i suoi sentieri e le sue feste. Con l'approccio dello sviluppo sostenibile si evidenziano le interconnessioni sistemiche tra ecologia naturale ed ecologia umana, e si assumono, da parte delle persone, nuove e precise responsabilità nei contesti in cui si trovano a vivere e operare. Per la realtà regionale della Basilicata uno sviluppo realmente duraturo nel tempo deve essere capace di accrescere nelle comunità la consapevolezza e la cura verso i tesori del territorio, e di riaffermarne l'eredità culturale. In tal modo si costruisce sia un'identità collettiva più responsabile culturalmente, sia uno sviluppo duraturo a partire dal patrimonio culturale.

In ultimo, il contributo di Chiara Biscarini, Lisa Bitossi, Francesco Ascanio Pepe e Lucio Ubertini affronta la questione del rischio per il patrimonio culturale dovuto all'intensificazione dei pericoli naturali ed antropici su scala globale. Riconoscendo la cultura come collante delle tre dimensioni dello sviluppo sostenibile (economica, ambientale e sociale), la conservazione, manutenzione e gestione del patrimonio culturale assumono un'importanza imprescindibile per l'intera umanità. L'obiettivo del contributo è di proporre strategie e strumenti di tutela dei beni culturali in grado di promuovere il dialogo tra gli attori interessati nei processi di riuso, riqualificazione e rigenerazione del patrimonio culturale, favorendo la circolazione di idee e scambio di buone pratiche. Il *Centre for Sustainable Heritage Conservation* (SHeC), fondato nel 2018 presso l'Università per Stranieri di Perugia dalle undici Cattedre UNESCO italiane del gruppo Assetto Del Territorio, Sostenibilità urbana, Turismo (TEST), si pone l'ambizione di riformulare metodologie di ricerca e formazione che superino la frammentazione di saperi, inserendo la specializzazione e la tecnica in una visione multidisciplinare e organica della realtà. Attraverso la conservazione, manutenzione e gestione del Patrimonio SHeC intende ricostruire un legame tra realtà locale e consapevolezza globale per ripensare i paradigmi di sviluppo in un'ottica di sostenibilità sociale, culturale e ambientale. Gli autori espongono la ricerca sulle tecniche sperimentali per l'analisi di vulnerabilità dei siti patrimonio dell'umanità, illustrando il caso di studio del Ponte Lucano (Tivoli), un ponte di epoca romana costruito sull'Aniene, nei pressi dell'antica via Flaminia. Il lavoro svolto può essere messo a disposizione dell'Osservatorio Sassi, nell'ottica della collaborazione tra Cattedra UNESCO dell'Università per Stranieri di Perugia e Cattedra UNESCO dell'Università della Basilicata, guardando a Matera come laboratorio di grande interesse. La preservazione dei beni culturali dal degrado, dal rischio d'inondazione e dalle alluvioni, grazie anche all'applicazione delle tecniche sperimentali illustrate, è un importante obiettivo che contribuisce a "salvare i Sassi dall'acqua", tema che, dopo i recenti accadimenti che hanno interessato Matera, torna ad essere particolarmente attuale.

Concludono la pubblicazione gli Allegati che consistono nei seguenti materiali: il Programma e le Locandine delle Giornate ERT 2019, i materiali relativi alla giornata 'in aula' dedicata all'educazione, il "Documento Partecipato di Intenti per un Osservatorio partecipato del Sito UNESCO dei Sassi di Matera".

Comunità di saperi e paradigma di sostenibilità: l'Osservatorio Sassi come modello di sperimentazione centrato sulla consapevolezza

Angela Colonna

Introduzione

Lungo il percorso per la realizzazione dell'Osservatorio Sassi, lo strumento operativo previsto dal Piano di Gestione del sito UNESCO di Matera[1], e nell'idea di mettere a punto un Modello per la definizione di Piani Strategici per la gestione del patrimonio culturale paesaggistico in Basilicata[2], con le attività della Cattedra UNESCO dell'Università della Basilicata ci siamo interrogati su come incentivare e facilitare la partecipazione della

---

[1] A. Colonna, D. Fiore, *Il Piano di Gestione de "I Sassi e il Parco delle chiese rupestri di Matera"*, pubblicato on line sul sito web del Comune di Matera al link http://www.comune.matera.it/piano-di-gestione-unesco , e sul sito web della Regione Basilicata, al link https://www.regione.basilicata.it/giunta/files/docs/DOCUMENT_FILE_2992928.pdf . A. Colonna, *L'Osservatorio Sassi per la Gestione del sito UNESCO di Matera. Il progetto per l'avvio e il metodo*, Calebasse 2023.

[2] Convenzione tra Regione Basilicata-Ufficio Sistemi Culturali e Turistici Cooperazione internazionale e Università degli Studi della Basilicata-Dipartimento delle Culture Europee e del Mediterraneo (DiCEM), per la Cattedra UNESCO, del 2 febbraio 2021, per la predisposizione di un prodotto-modello che consenta all'ente regionale di avviare la valutazione della performance in capo alle istituzioni culturali che candidano un sito UNESCO, con la messa a punto di una opportuna metodologia che risponda all'esigenza di definire obiettivi intermedi per attività e strumenti di *policy* (responsabile della ricerca per la Cattedra UNESCO sono io). La ricerca comprende la definizione di un modello per la gestione dei siti UNESCO in Basilicata e di un prototipo di Osservatorio, da usare per guidare la progettazione di nuove candidature nella lista mondiale del patrimonio.

comunità e il dialogo sia tra le istituzioni, sia tra queste e i cittadini. Il Piano di Gestione e l'Osservatorio Sassi pongono in maniera prioritaria l'attenzione sulla necessità della crescita diffusa della consapevolezza del valore del sito e della responsabilità relativa alla sua tutela e valorizzazione da parte di una comunità che è custode di un patrimonio che appartiene all'intera umanità. Per una efficace tutela e valorizzazione del patrimonio, il Piano indirizza a una gestione partecipata da parte della comunità che abita quel patrimonio, e all'armonizzazione tra le politiche settoriali di competenza delle diverse istituzioni di governo territoriale. Dunque, consapevolezza come assunzione di responsabilità attraverso la partecipazione e come chiave per armonizzare le scelte, le politiche, le azioni: sono queste le premesse da cui deriva l'approfondimento su 'comunità di saperi'.

Allo stesso tempo si fa sempre più urgente un impegno comune - delle nazioni, dei popoli, delle persone - per realizzare un radicale cambiamento di marcia e scongiurare il superamento della soglia di equilibrio della biosfera terrestre. Nel contesto storico mondiale, negli ultimi anni, pur essendo cresciuta una diffusa attenzione al tema dello sviluppo sostenibile, allo stesso tempo, altrettanto diffusamente, si stanno sviluppando fenomeni che sembrano andare nella direzione opposta alla sostenibilità (ad esempio, la corsa agli armamenti, la crescita della povertà e l'ulteriore concentrazione della ricchezza nelle mani di pochi). Per questo, occorre enunciare con chiarezza a quale paradigma di sostenibilità ci si riferisca.

Come Cattedra UNESCO dell'Università della Basilicata intendiamo un'idea di sostenibilità centrata sull'unità uomo-natura e sull'unità materia-spirito, e una transizione ecologica giusta, egualitaria e per i popoli, promossa dal basso, partecipata e condivisa. Guardiamo all'idea di sostenibilità come sviluppo di consapevolezza delle comunità, e di auto-consapevolezza delle persone, un'idea di sostenibilità integrale e di transizione ecologica responsabile verso l'insieme, ovvero una sostenibilità che si fonda sulla pace, la cui difesa deve nascere nei cuori e nelle menti delle persone[3]. Tali principi sono contenuti nella "Dichiarazione per la sostenibilità" delle Cattedre UNESCO italiane.[4]

In questo tempo storico sta avvenendo una transizione globale, con trasformazioni strutturali degli equilibri economico-politici tra le potenze mondiali, con tensioni crescenti, con crisi energetiche e di modelli sia di consumo che di produzione. Tra le persone crescono anche incertezza e paura, e queste favoriscono la riduzione dell'autonomia critica e una maggiore polarizzazione delle posizioni. In tale contesto turbolento il tema della consapevolezza assume un significato ulteriore, arricchendosi del senso più profondo di auto-consapevolezza, ovvero, allo stesso tempo, di consapevolezza di sé, dell'altro e dell'insieme.

Come traccia del percorso che vado a sviluppare, sulla base di una premessa sulla questione delle scale dimensionali tra globale e locale, una parte di ragionamento avrà come *focus* la

---

[3] Il preambolo dell'atto costitutivo dell'UNESCO recita: «*Poiché le guerre nascono nella mente degli uomini è nella mente degli uomini che vanno costruite le difese della pace*» (Londra 16 novembre 1945).

[4] La *Dichiarazione delle Cattedre UNESCO italiane per la sostenibilità*, alla cui scrittura ho contribuito anche io, per la Cattedra UNESCO dell'Università della Basilicata, è stata presentata ufficialmente a novembre 2021, come esito di un fitto confronto sui temi della sostenibilità. La Dichiarazione è il risultato di un percorso avviato con il progetto "Dialoghi delle cattedre UNESCO - un laboratorio di idee per il mondo che verrà", un progetto proposto dalla Cattedra UNESCO dell'Università della Basilicata, su una idea iniziale di Annateresa Rondinella, e inaugurato nell'autunno 2020, che ha avviato la costituzione di una rete operativa delle Cattedre UNESCO italiane. La Dichiarazione è pubblicata on line al link: http://unescoblob.blob.core.windows.net/pdf/UploadCKEditor/DICHIARAZIONE%20Cattedre%20UNESCO%20italiane_ottobre%202021%201.pdf

questione della 'consapevolezza', una parte sarà su 'comunità di saperi' e su strumenti e strategie per allenarsi a divenire tale comunità, e per concludere porterò uno sguardo specifico alla gestione del sito UNESCO di Matera e all'Osservatorio Sassi come costruzione sperimentale di un modello dinamico.

Tra globale e locale, tra individuo, collettività e insieme: la questione delle scale

Per affrontare il tema 'comunità di saperi' è degna di attenzione la questione delle identità e delle scale entro cui le stesse si definiscono, in termini di autodefinizione degli individui e delle comunità e di senso di appartenenza (a un gruppo, a un'entità maggiore, a un luogo, etc.), in termini di capacità di relazione e di dialogo, in termini di capacità di condivisione e di armonizzazione delle azioni. Dunque, da un lato le diverse scale territoriali, fino alla scala terrestre, e da un'altra angolazione anche le diverse dimensioni dell'esperienza umana che vanno dal sé all'altro all'insieme, come un altro aspetto della questione delle scale, da affiancare al primo nel ragionamento su consapevolezza e sostenibilità. Infatti, per collocare la consapevolezza in relazione alla sostenibilità, ci occorre considerare non solo la consapevolezza riferita alle cose e al mondo, ma anche l'auto-consapevolezza e la relazione con sé stessi, con l'altro, e con l'insieme.

Inoltre, la considerazione dell'insieme ci può spostare da una visione basata sulla contrapposizione dualistica ad un'altra in cui l'integrazione in una unità maggiore fa dialogare gli opposti. L'insieme come unità maggiore che riunisce è una prospettiva e una strategia da praticare sia sul piano emozionale che su quello cognitivo.

Partiamo dal piano emozionale. Mai come oggi abbiamo una percezione diretta di abitare tutti su uno stesso pianeta, reso sempre più piccolo dalla globalizzazione, e dove siamo sempre più prossimi gli uni agli altri, almeno in funzione della crescita della popolosità e della sempre maggiore concentrazione abitativa in alcune parti del globo e in alcuni luoghi come le città, le metropoli, le megalopoli. Allo stesso tempo stenta a farsi strada un comune sentire l'identità planetaria, che dovrebbe emergere laddove cresce la consapevolezza di un'unica casa dove siamo tutti interconnessi, interdipendenti, corresponsabili, e dove si compie il nostro destino comune. Edgar Morin parla di 'identità terrestre' come uno dei sette saperi fondamentali per l'educazione nell''era planetaria'.[5] Per Morin la coscienza e il sentimento di reciproca appartenenza alla Terra fanno di questa la prima e ultima 'patria'. La nozione di Terra-Patria comporta l'idea di identità comune e di comunità di destino:

«*Dobbiamo non più opporre l'universale alle patrie, bensì legare concentricamente le nostre patrie – familiari, regionali, nazionali, europee – e integrarle nell'universo concreto della patria terrestre*»[6].

Gilles Clément parla di 'giardino planetario', in riferimento al significato di 'giardino' sia come 'recinto' che come 'paradiso'.[7] L'idea di 'giardino planetario' indica prima di tutto la terra come spazio finito, "uno spazio chiuso comune" entro cui si produce il sistema complesso della biosfera; a questa sottolineatura si aggancia l'idea che nell'ecosistema planetario "l'uomo viene a trovarsi in una situazione d'immersione e non di dominio"[8]; e continuando, l'uomo è il giardiniere, 'responsabile del vivente'. L'idea di 'giardino planetario' porta a far coincidere

---

[5] E. Morin, *I sette saperi necessari all'educazione del futuro*, Raffaello Cortina Editore, Milano 2001 (UNESCO 1999). Con questo saggio Morin risponde a una proposta dell'UNESCO sul tema cruciale della riforma della conoscenza.

[6] E. Morin, *I sette saperi necessari all'educazione del futuro*, cit., p.78.

[7] G. Clément, *Giardini, paesaggio e genio naturale*, Quodlibet, 2013 (College de France, 2012).

[8] G. Clément, *Giardini, paesaggio e genio naturale*, cit., p. 20.

la scala globale terrestre con quella circoscritta, domestica, intima, del giardino. Ne deriva un'assunzione di responsabilità e di cura - che sono attive principalmente alla scala dell'esperienza diretta – da parte dell'umanità-giardiniere; così il giardiniere planetario espande tale sentimento all'insieme terrestre.

Il sentire l'identità planetaria non ha raggiunto ancora, in modo diffuso, la nostra dimensione emotiva; e anche sul piano cognitivo siamo ancora incastrati in un errore epistemologico. Gregory Bateson pone la questione dell'errore epistemologico della civiltà occidentale collegato ad un errato modo di definire l'unità di sopravvivenza' del sistema:

«(...) *Darwin formulò una teoria della selezione naturale e dell'evoluzione in cui l'unità di sopravvivenza era o la famiglia o la specie o qualcosa del genere. Ma oggi è pacifico che non è questa l'unità di sopravvivenza nel mondo biologico reale: l'unità di sopravvivenza è l'*organismo *più l'*ambiente. *Stiamo imparando sulla nostra pelle che l'organismo che distrugge il suo ambiente distrugge se stesso.*»[9]

L'illusione dell'uomo di avere il controllo sulla natura, un sistema complesso e interconnesso di cui egli è solo una parte, ha prodotto una errata epistemologia che, con la crescita esponenziale della potenza di impatto delle moderne tecnologie, ne sta mettendo in crisi l'equilibrio, portando il sistema in prossimità di quella soglia oltre la quale si riduce drasticamente la capacità di resilienza del sistema stesso. Nella concezione di Bateson l'ecosistema è una mente, anzi è la 'vasta Mente', il sistema più grande di cui l'individuo e la società sono sottosistemi[10] , e nella sua 'ecologia della mente' egli riflette sulle relazioni tra l'uomo e il sistema in cui vive. La concezione di

---

[9] G. Bateson, *Verso un'ecologia della mente*, Adelphi, Milano 2001 (Chandler Publishing Company, 1972), p.526.

[10] G. Bateson, *Mente e natura. Un'unità necessaria*, Adelphi, Milano 1984 (New York 1979).

Bateson supera il dualismo tra umanità e natura, ma anche quello tra materia e spirito, producendo uno spostamento epistemologico con dirette ricadute etiche. In questa concezione l'unità di sopravvivenza è definita da uomo e ambiente insieme, e il carattere etico di tale ricerca è caratterizzato dalla corrispondenza tra saggezza e grazia, come attitudini sensibili a cogliere l'unità delle cose. *Dove gli angeli esitano. Verso una epistemologia del sacro* è il titolo dell'ultimo libro di Gregory Bateson[11], pubblicato postumo dalla figlia Mary Catherine. In questo ultimo testo, che è anche il suo testamento spirituale, Bateson intravede nel sacro, come dimensione integrale dell'esperienza, una nuova prospettiva per affrontare finalmente l'unità tra mente e natura, una nuova apertura dello sguardo per cui gli necessitavano "una saggezza diversa e un diverso coraggio". Superando la visione dualistica della realtà, dunque recuperando la dimensione integrale dell'esperienza a cui Bateson dava il nome di 'sacro', emerge l'unità della natura.

Il sacro può essere l'orientamento per definire un paradigma della sostenibilità al riparo dalle possibili derive di un transumanesimo disincarnato e di un ordine tecnocratico, e può connotare un approccio conoscitivo più acuto per indagare la complessità del nostro mondo attuale:

«*Sembra possibile che una modalità di conoscenza che attribuisca una certa sacralità all'organizzazione del mondo biologico possa, sotto qualche profilo importante, dimostrarsi più accurata e più idonea al compito di prendere decisioni*»[12].

Nell'approccio sistemico di Bateson il limite cognitivo determinato dal dualismo viene superato attraverso il recupero

---

[11] G. Bateson, M. C. Bateson, *Dove gli angeli esitano. Verso una epistemologia del sacro*, Adelphi, Milano 1989 (G. Bateson – M. C. Bateson, 1987).

[12] G. Bateson, M.C. Bateson, *Dove gli angeli esitano* ..., cit. (Adelphi, 1997 - terza edizione), p.22.

di unità tra ambiti che la cultura occidentale ha separato. La comprensione di una unità che ricongiunga quanto abbiamo considerato come aspetti opposti o inconciliabili è lo sforzo di cercare la sintesi per affrontare la complessità.

Dunque, ci occorre puntare a una sostenibilità centrata sull'unità uomo-natura e sull'unità materia-spirito, e in cui la crescita di consapevolezza e di auto-consapevolezza sono gli strumenti fondamentali per divenire un'umanità integralmente sostenibile.[13]

La consapevolezza come obiettivo strategico

Come già indicato, un altro aspetto della questione delle scale è relativo alle diverse dimensioni dell'esperienza umana, che vanno dal sé all'altro all'insieme. La scala dell'insieme è stata già richiamata in relazione alla necessità di dotarsi di una attrezzatura mentale ed emotiva per affrontare la complessità, cercando o recuperando unità che consentano di superare il dualismo dell'approccio tipico della cultura occidentale moderna. La scala dell'insieme si colloca anche come elemento che disarticola il dualismo che vede sui due poli opposti la dimensione dell'individuo e quella della società.

Proprio in relazione alla triade formata dal soggetto, gli altri, l'insieme, la percezione di sé si collega all'auto-consapevolezza, in un equilibrio tra il sentirsi parte di insiemi che ci contengono e il sentire la propria individuale responsabilità, non delegabile, sia verso sé stessi che verso gli insiemi di cui si è parte. In tal senso la conoscenza di sé e l'auto-consapevolezza fanno anche da antidoto alle derive dell'individualismo del modello tecnocratico e neoliberista, che spinge verso la solitudine delle persone e verso la disgregazione sociale. Dunque, per divenire un'umanità integralmente sostenibile occorre che

---

[13] Sono tutti elementi messi in evidenza nella *Dichiarazione delle Cattedre UNESCO italiane per la sostenibilità.*

crescano la consapevolezza e l'auto-consapevolezza, poiché per relazionarsi con gli altri e con l'insieme in modo proattivo e armonico occorrono prima l'individuarsi, la conoscenza di sé e il dialogo profondo con sé stessi.

Nell'antichità greca, all'avvio della civiltà occidentale, la conoscenza di sé era una pratica fondamentale nella formazione dell'individuo e del suo ruolo sociale, e la filosofia, che si occupava di questo aspetto della formazione, era discorso psicagogico che trasformava chi lo praticava. A proposito della scala tra il sé e l'insieme, è interessante l'insegnamento della filosofia stoica di Epitteto, ripresa dall'imperatore filosofo Marco Aurelio, secondo la ricostruzione storica di Pierre Hadot.[14] In questa filosofia ricorre appunto una struttura ternaria fondata su tre temi (*tòpoi*): il primo riguarda la relazione dell'uomo con la prospettiva cosmica, l'ordine universale, le leggi della natura, e si definisce come 'disciplina del desiderio', che corrisponde alla Fisica; il secondo tema riguarda l'interdipendenza tra gli esseri umani, ovvero la relazione dell'uomo con gli altri uomini, e si definisce come 'disciplina della tendenza' o 'dell'azione', che corrisponde all'Etica; il terzo tema riguarda la relazione dell'uomo con se stesso, la rappresentazione/giudizio della realtà nel modo di pensare e di esprimersi (*logos* interiore e *logos* esterno), e si definisce come 'disciplina dell'assenso' o 'del giudizio', che corrisponde alla Logica. Spiega Hadot, a proposito dei tre *tòpoi*, che tra loro "si implicano mutualmente":

---

[14] Per Pierre Hadot la filosofia nell'antichità greca e romana non aveva il compito di costruire o esporre un sistema concettuale, piuttosto le scuole filosofiche allenavano gli allievi a fare un lavoro pratico su se stessi, condotto attraverso 'esercizi spirituali', un lavoro che doveva coinvolgere l'intero psichismo dell'individuo (pensiero, immaginazione, sensibilità e volontà). P. Hadot, *Esercizi spirituali e filosofia antica*, Einaudi 2005 (Paris 2002).

«(...) *fisica che trasforma lo sguardo volto sul mondo, etica che si esercita nella giustizia nell'azione, logica che produce la vigilanza nel giudizio e la critica delle rappresentazioni. Come le tre parti della filosofia stoica, i tre tòpoi di Epitteto coprono tutto il campo della realtà, così come l'insieme della vita psicologica.*»[15]

Le tre discipline, ovvero le tre parti della filosofia secondo gli Stoici, si riferiscono, dunque, ai tre rapporti fondamentali che definiscono la situazione dell'uomo. I tre temi vivono della relazione reciproca tra loro e ognuno dei tre aspetti è di sostegno per la comprensione degli altri, e per progredire nello sviluppo delle tre discipline, ovvero nella crescita della consapevolezza e dell'auto-consapevolezza. I tre temi costituiscono anche altrettanti livelli di una scala dimensionale, così come definiscono una triade che supera il dualismo interpretativo abituale. Si tratta di una visione più articolata che interconnette livelli diversi, un approccio indispensabile per affrontare in modo efficace la complessità, e oggi le grandi sfide evolutive a cui l'umanità è chiamata.

Oggi il tema della coscienza è affrontato in particolare dalle neuroscienze cognitive. Le scoperte più recenti inducono a vedere il funzionamento del cervello come una federazione di moduli indipendenti che operano in parallelo, ed è da tale organizzazione che emerge in qualche modo la coscienza. Il neuroscienziato Michael Gazzaniga spiega che la nostra coscienza ordinaria è un'illusione, dal momento che:

«*in realtà la coscienza è fatta di una successione di bolle cognitive legate a bolle subcorticali di tipo 'emotivo' che il nostro cervello raccorda nella continuità del tempo*».[16]

---

[15] P. Hadot, *Esercizi spirituali e filosofia antica*, cit., p.140.

[16] M.S. Gazzaniga, *La coscienza è un istinto. Il legame misterioso tra il cervello e la mente*, Raffaello Cortina, 2019 (Farrar, Straus and Giroux, 2018), p.271.

Gazzaniga spiega che:

«*l'esperienza cosciente ci appare come un tutto unitario, ma è un fenomeno di concertazione tra una molteplicità di sistemi che funzionano in parallelo, buttando fuori ciascuno per proprio conto i risultati dei loro processi di elaborazione. Insomma, la coscienza ci appare come un film coerente dal montaggio e dalla continuità impeccabili, ma in realtà assomiglia piuttosto a una successione di scenette isolate che emergono via via in superficie come le bolle che agitano il pelo dell'acqua in una pentola che bolle sul fuoco.*»[17]

Dunque, a fronte di un continuo ribollire di stati cognitivo-emotivi autonomi, il raccordo avviene ad opera dell''interprete' [18], ovvero il 'modulo' di cui è dotato l'emisfero sinistro del cervello, che cerca di spiegare il comportamento adottato dal corpo e le relative emozioni.[19]

Per quanto percepiamo un senso di unità coerente nella sensazione di noi stessi e delle nostre esperienze, iniziamo tuttavia a scoprire, dalla progressiva esplorazione del funzionamento del cervello e della mente, che si tratta di una illusione prodotta da una funzione del cervello, una funzione che ha a che fare con la 'narrazione'. Allo stesso tempo comprendiamo il potere della funzione dell''interprete', e la possibilità di allenare volontariamente lo strumento della narrazione. Al riguardo si comprende meglio anche il senso del secondo tema dello Stoicismo, la Logica, che riguarda la rappresentazione, ovvero il modo di pensare e di esprimersi, il

---

[17] M.S. Gazzaniga, *La coscienza è un istinto …*, cit., p.264.

[18] Il nome di 'interprete' per l'emisfero cerebrale sinistro è stato attribuito dallo stesso Gazzanica. M.S. Gazzaniga, *L'interprete. Come il cervello decodifica il mondo*, Di Renzo, 2007.

[19] Entrambe gli emisferi del cervello, connessi dal 'corpo calloso', percepiscono le relazioni emotive che accompagnano le esperienze di una delle due parti, ma è l'emisfero sinistro che elabora le informazioni.

linguaggio interno e quello esterno, e l'allenamento a un utilizzo della narrazione per sviluppare la conoscenza di sé e produrre un continuo miglioramento finalizzato alla realizzazione del proprio potenziale umano.

Inoltre, se la coscienza muta di continuo, è un flusso[20], le sintesi che ne produciamo ordinariamente sono circoscritte entro un circuito di condizionamenti tra memorie e predizioni, in un continuo meccanismo di proiezioni tra esperienze passate e previsioni future.[21] Quindi, nella condizione ordinaria ci muoviamo in uno spazio angusto. Ma quello spazio può essere dilatato? Se nella condizione di funzionamento di base del nostro cervello la coscienza è un'illusione piuttosto che una competenza collegata alla volontà, allo stesso tempo abbiamo un apparato che è predisposto per sviluppare tale funzione, attraverso un processo educativo, ovvero un allenamento e l'auto-disciplina. Dunque, la coscienza può essere sviluppata.

---

[20] M.S. Gazzaniga, *La coscienza è un istinto …*, cit.

[21] Lo studio condotto dalla ricerca neuroscientifica circa i fenomeni della memoria, il ricordo del passato, e la previsione nelle esperienze in corso e del futuro, sta evidenziando l'ipotesi che entrambi si basino su uno stesso funzionamento neurale. Questo si traduce nella constatazione di un circuito chiuso che si autoconferma tra interpretazione della realtà sulla base delle esperienze passate e di previsione e immaginazione del futuro. Inoltre, l'esperienza vissuta è sempre interpretata in funzione della connotazione emotiva che la ha accompagnata, e la memoria di quella esperienza è la memoria di una narrazione/interpretazione. La ricerca neuroscientifica ha adottato diverse nozioni del Sé, tra cui la coppia di 'Sé Narrativo' e 'Sé Minimo'. Mentre il 'Sé Minimo' è privo di estensione temporale (esiste nel 'qui ed ora'), il 'Sé Narrativo', che può essere rapportato all'"interprete' di Gazzaniga, implica la percezione dell'identità personale del soggetto e quella di continuità nel tempo. S. Gallagher, *Philosophical conceptions of the self: implications for cognitive science*, in "Trends in Cognitive Sciences", gennaio 2000, vol. 4, pp. 14-21.

In Occidente in età moderna la capacità di essere consapevoli a un livello più profondo è stata trascurata in quanto pratica umana da allenare. A tale proposito Francisco Varela, biologo e neuroscienziato che ha inaugurato la 'neurofenomenologia'[22], indica la necessità che le analisi scientifiche sulla cognizione – e sulla coscienza che ne è 'il tema difficile' -, oltre a indagare l'esperienza mentale dall'esterno, sviluppino anche la pratica dell'indagine dall'interno (l'osservazione dell'oggetto e l'osservazione di sé stessi)[23]. Per fare questo, Varela propone il metodo fondato sulla 'riduzione fenomenologica', che è un gesto di riflessione volontario[24]. Gli strumenti della fenomenologia sono efficaci per l'allenamento della coscienza alla luce del fatto che la cognizione dipende dalle esperienze, e queste si producono attraverso il corpo, con la sua

---

22 M. Cappuccio (a cura di), *Neurofenomenologia. Le scienze della mente e la sfida dell'esperienza cosciente*, Bruno Mondadori, Milano 2009. Il libro riunisce saggi di molti autori e su molti temi, esplorando la proposta di Varela della neurofenomenologia come epistemologia della complessità all'interno delle scienze della cognizione.

23 La coscienza è un fenomeno sfuggente, difficilmente definibile, che determina la nostra percezione della realtà, ed è composta da due componenti principali: la consapevolezza, ovvero il 'contenuto' della coscienza (sia del mondo esterno che di quello interno), e il 'livello' di coscienza.

24 Varela propone una sfida alle scienze cognitive: un ri-apprendimento radicale e una padronanza delle capacità di descrizione fenomenologica, che implicano una trasformazione del soggetto che apprende e il superamento dell'abitudine all'introspezione automatica. La sua proposta implica che l'intera comunità dei ricercatori riesca a modificarsi facendo di tale competenza aggiuntiva una dimensione essenziale, superando l'inveterata tradizione della scienza oggettivista. F. Varela, *Neurophenomenology. A methodological remedy for the hard problem*, in "*Journal of consciousness studies*", 1996, 3, No. 4, pp. 330-349; tradotto in italiano con il titolo *Neurofenomenologia. Un rimedio metodologico al "problema difficile"*, in M. Cappuccio (a cura di), *Neurofenomenologia* ..., cit., pp. 65-93.

struttura che è allo stesso tempo fisica, biologica, senso-motoria, fenomenologica, esperienziale. Infatti, con 'cognizione incarnata'[25] si rimanda alla comprensione che la cognizione è distribuita nel corpo ed è interconnessa con l'ambiente e con gli altri, attraverso l'intersoggettività, in una unità di corpo mente e ambiente.

Quanto a una rappresentazione della coscienza da poter utilizzare in modo pratico al fine del processo educativo di cui sopra, il "Modello sferico della coscienza" di Patrizio Paoletti[26] risulta particolarmente efficace. Si tratta, infatti, di un modello che utilizza la sfera per descrivere la fenomenologia della coscienza, con i relativi correlati neurofisiologici. Sono rappresentati come tre assi della sfera, tra lori perpendicolari, che si incrociano al centro, le dimensioni fondamentali dell'esperienza cosciente umana: il tempo, l'emozione e l'auto-determinazione. Quest'ultima dimensione è sull'asse verticale, dove alto-basso rappresentano l'aspirazione e la radice. Infatti, solo l'inserimento dell'asse verticale introduce l'idea dell'aspirazione e dell'auto-determinazione, che interrompono il processo meccanico della 'vita circolare', per aprire alla possibilità di una vita 'a tutto tondo', a un'esperienza integrale, la cui rappresentazione nel modello è proprio quella di una 'vita sferica'. Così, passando dal piano alla sfera, l'asse dell'auto-determinazione introduce una dimensione che riesce a contenere in una unità superiore gli opposti di passato e futuro come polarità del tempo, e di forza e debolezza come polarità dell'emozione:

---

[25] F. Varela, E, Thompson, E. Rosch, *The embodied mind. Cognitive Science and Human Experience*, The MIT Press - Massachusetts Institute of Technology, Cambridge 1991.

[26] P. Paoletti, T. Dotan Ben Soussan, *The Sphere Model of Consciousness: From Geometrical to NeuroPsycho-Educational Perspectives*, Logica Universalis, Springer, 2019.

«l'asse verticale del modello definisce un nuovo innesto nella mente che è alla base dell'attitudine resiliente: la scelta di orientarsi al miglioramento della propria condizione. L'impatto di questa scelta ribalta la condizione della coscienza e rende il soggetto da passivo a soggetto attivo. Infatti, le risposte passano da una dimensione automatica e reattiva ad una dimensione di consapevolezza in cui è possibile avere accesso a più risposte possibili e in cui gli obiettivi sono in relazione al benessere per l'individuo stesso e per la comunità a cui appartiene.» [27]

In relazione alla complessità, la consapevolezza può essere vista, dunque, come allenamento alla resilienza, migliorando la capacità di produrre più risposte per ogni quesito, superando il dualismo degli opposti. Sempre in relazione alla complessità, la consapevolezza è un allenamento a vedere e a praticare le diverse scale e le relazioni tra queste, anzi le loro interconnessioni, percependo una unità che le contiene tutte. Ciò che è visibile ad una scala, può apparentemente scomparire ad un'altra, ciò che appare una singolarità ad una scala, ad un'altra può essere visibile come elemento di un insieme. Inoltre le scale possono essere livelli, osservabili e operanti come 'livelli logici'.[28]

---

[27] P. Paoletti, T. Di Giuseppe, C. Lillo, G. Serantoni, G. Perasso, A. Maculan, F. Vianello, *La resilienza nel circuito penale minorile in tempi di pandemia: un'esperienza di studio e formazione basata sul Modello Sferico della Coscienza su un gruppo di educatori*, in "Narrare i gruppi – Etnografia dell'interazione quotidiana, prospettive cliniche e sociali, design", Latest, 10 luglio 2022, p.7. L'articolo illustra una applicazione del Modello in ambito pedagogico.

[28] Ho introdotto una esplorazione del tema delle scale in relazione ai livelli logici in un paragrafo del mio libro *Genealogia del presente e storiografia dell'architettura. Appunti dalla didattica e per la ricerca*, Calebasse, 2015, pp.89-97. Sui livelli logici si veda la letteratura della californiana Scuola di Palo Alto, con il Mental Research Institute, tra cui P. Watzalawick, J.H. Beavin, D.D. Jackson, *Pragmatica della comunicazione umana. Studio dei modelli interattivi delle patologie e dei paradossi*, Astrolabio,

Divenire 'comunità di saperi': idee, strumenti e strategie per allenarsi

Abbiamo detto che per governare la complessità occorre ricercare l'unità laddove l'epistemologia occidentale moderna aveva diviso la realtà in un dualismo pervasivo, che occorrono un approccio e una visione integrati e integrali, che è strategico riconoscere le scale e i livelli entro cui analizzare i fenomeni per operare scelte consapevoli e dunque responsabili, a partire dalla ridefinizione dell''unità di sopravvivenza', che occorre puntare a una 'dimensione sferica' dell'esistenza, frutto dello sviluppo della consapevolezza. Ora, a partire da tali coordinate, continuiamo esplorando il tema dell'identità in relazione alle scale aggregative umane, sociali e di comunità, e al ruolo di queste.

Identità e radicamento sono espressione delle relazioni dei soggetti con i luoghi, tra i soggetti all'interno di gruppi umani, e in funzione di pratiche e saperi, di obiettivi, aspirazioni e visioni. Edgar Morin nel suo *I sette saperi necessari all'educazione del futuro* scrive un paragrafo dal titolo "Il futuro della democrazia"[29] dove spiega la possibile deriva delle democrazie del XXI secolo di fronte allo "sviluppo dell'enorme macchina in cui scienza, tecnica e burocrazia sono intimamente associate"[30], come effetto

---

Roma 1071 (New York 1967). La questione dei livelli logici costituisce anche uno dei principi della Transdisciplinarità per la quale il passaggio da un 'livello di realtà' ad un altro è assicurato dalla logica del 'terzo incluso'. Di questo tratta l'articolo 2 de *La Carta della Transdisciplinarità* redatta da B. Nicolescu, E. Morin e L. De Freitas, e firmata da un gruppo di studiosi ad Arràbida (Portogallo) il 6 novembre 1994. B. Nicolescu, *Il manifesto della transdisciplinarità*, Armando Siciliano Editore, Messina 2014 (Paris 1996).

[29] E. Morin, *I sette saperi necessari all'educazione del futuro*, cit., pp.117-119.

[30] E. Morin, *I sette saperi necessari all'educazione del futuro*, cit., p.117.

della superspecializzazione, compartimentazione e frammentazione del sapere.

«*In queste condizioni, il cittadino perde il diritto alla conoscenza. Ha il diritto di acquisire un sapere specializzato compiendo studi* ad hoc *ma, in quanto cittadino, è espropriato di ogni punto di vista inglobante e pertinente.* (...) *Più la politica diviene tecnica, più la competenza democratica regredisce. Il problema non si pone solo in caso di crisi o di guerra. Si pone anche nella vita quotidiana: lo sviluppo della tecnoburocrazia insedia il dominio degli esperti in tutti i campi che fino ad allora pertinevano alle discussioni e alle decisioni politiche.*»[31]

Morin conclude dicendo quanto segue:

«*In queste condizioni, la riduzione del politico al tecnico e all'economico* (...) *produce l'indebolimento del senso civico, la fuga e il rifugio nella vita privata, l'alternanza tra apatia e rivolte violente. Così, nonostante persistano le istituzioni democratiche, la vita democratica deperisce.*»[32]

Morin mette in relazione il 'diritto alla conoscenza' da parte di ogni cittadino, con la salute della democrazia e con la robustezza del senso civico. Dunque, conoscenza e senso di appartenenza all'insieme sociale sono in relazione. Con 'comunità di saperi' proviamo ad esplorare l'interconnessione tra la questione della costruzione dell'identità e quella della conoscenza come fondamento di tale costruzione, in relazione alle sfide del nostro tempo.

L'uomo è un essere sociale e si struttura a diverse scale che vanno dall'individualità ai molteplici contesti di relazione con gli altri e con gli insiemi aggregativi, costruendo diverse forme di identità, individuale e comuni. Se per gli Stoici il terzo tema è la Logica, ovvero il dialogo interno ed esterno di un

---

[31] E. Morin, *I sette saperi necessari all'educazione del futuro*, cit., p.118.
[32] E. Morin, *I sette saperi necessari all'educazione del futuro*, cit., p.119.

individuo (quello che possiamo definire 'narrazione'), il secondo tema, l'Etica, mette in relazione l'individuo con l'altro. Identità e interdipendenza: solo attraverso l'autodefinizione di sé l'individuo è in grado di relazionarsi all'altro nella piena comprensione dell'interdipendenza reciproca e con l'insieme, e allo stesso tempo nell'assunzione della propria piena responsabilità, per co-costruire relazioni libere dal bisogno e dalla dipendenza.

Allo stesso tempo, identità e senso di appartenenza sono strumenti del processo di radicamento, condizione necessaria per guardare verso l'alto, alle aspirazioni, con cui prefigurare il futuro, e muoversi per il cambiamento evolutivo, per spingere continuamente e incessantemente avanti di un passo il proprio orizzonte di miglioramento, e di conseguenza quello dell'insieme sociale.

Ancora, una identità evolutiva è il frutto di un processo dinamico di valorizzazione e armonizzazione delle differenze. La sfera del "Modello Sferico della Coscienza" di Paoletti restituisce il centro come l'immagine di uno stato d'essere, chiamato 'Superamento del Sé' o 'Luogo della Pre-esistenza', in cui sono presenti tutti i riferimenti contemporaneamente e ad uguale distanza da esso, così come lo sono tutti i punti della superficie della sfera rispetto al centro della stessa.[33] Per allenarci ad

---

[33] Il 'Superamento del Sé' o 'Luogo della Pre-esistenza', si aggiunge come terzo stato alla coppia di 'Sé Narrativo' e di 'Sé Minimo', e indica la completa assenza di ogni senso di sé. Ciascuno di questi tre sé è stato considerato, nelle neuroscienze contemplative dell'ultimo decennio, come una particolare configurazione di autoconsapevolezza e di contenuti mentali. Il 'luogo della pre-esistenza' è, nel "Modello Sferico della Coscienza", il punto di massima consapevolezza, al centro del sistema, equidistante da tutte le possibili interazioni con le dimensioni dell'esperienza. P. Paoletti, R. Leshem, M. Pellegrino, T.D. Ben-Soussan, *Tackling the Electro-Topography of the Selves Through the Sphere*

armonizzare la molteplicità possiamo partire da noi stessi: infatti ognuno è una moltitudine, ad esempio, di stati psicofisici, ma anche di desideri, bisogni, propositi, non sempre cooperanti tra loro. Armonizzare la molteplicità è un impegno, richiede uno sforzo volontario e prolungato di attenzione, è un movimento consapevole, la ricerca di equilibrio dinamico, come nel camminare (un equilibrio dinamico prodotto di una sequenza di stati instabili, attraverso il continuo riposizionamento, il continuo ricalcolo dei dati).

Allo stesso modo, per una comunità, armonizzare la molteplicità è un esercizio di consapevolezza e di auto-consapevolezza, è una pratica educativa: divenire una comunità sostenibile ed evolutiva è un processo di auto-educazione. Le comunità agiscono e producono continuamente identità collettive dinamiche, come processo in continuo divenire; l'azione fondante di una comunità sostenibile ed evolutiva è la continua osservazione di sé e del processo, e questo sviluppa consapevolezza e auto-consapevolezza.

Morin, sul doppio 'imperativo antropologico' di salvare sia l'unità umana che la differenza umana, scrive:

«*L'unità, il meticciato e la diversità devono svilupparsi contro l'omogeneizzazione e la chiusura. Il meticciato non è solo una creazione di nuove diversità a partire dall'incontro; diviene, nel processo planetario, prodotto e produttore di reliance e di unità. Introduce la complessità nel cuore dell'identità meticcia (culturale o razziale).*»[34]

Dunque, le identità degli individui e dei gruppi, la diversità, il meticciato non sono il polo opposto all'unità

Model of Consciousness, in "Frontiers in Psychology", 2022; P. Paoletti, T.D. Ben-Soussan, *Reflections on inner and outer silence and consciousness without contents according to the sphere model of consciousness*, in "Frontiers in Psychology", 2020.

[34] E. Morin, *I sette saperi necessari all'educazione del futuro*, cit., p.79.

planetaria, ma piuttosto, insieme a quest'ultima, costituiscono un argine all'indistinzione e all'irrilevanza degli individui a cui rischia di condurre l'economia del neoliberismo associata alla tecnocrazia e a un uso dell'intelligenza artificiale in funzione di sostituto dell'umano.

In questo tempo di accelerazione nei cambiamenti e di crescente incertezza, la necessità di divenire sostenibili è un'urgenza, per affrontare la complessità. Al contrario, semplificazione, appiattimento, visione unica-eterodiretta, delega a un capo-soggetto forte, riduzione del confronto, sono espressione delle condizioni di fragilità della comunità e portano alla disgregazione della società e all'isolamento degli individui. Una strada alternativa a tale deriva è, dunque, puntare all'armonizzazione delle molteplicità, mettendo in valore la ricchezza della varietà (biologica / culturale / dei soggetti sociali / dei punti di vista): per fare questo occorre una comunità capace, di dialogo, di azione e di direzione, di radicamento. Allo stesso tempo alimentare tali competenze produce una comunità forte.

'Comunità di saperi' definisce un cambio di prospettiva nel riconoscimento del ruolo dei componenti della comunità: da 'portatori di interessi' (*stakeholders*) a 'portatori di saperi', ovvero dalla logica del 'rivendicare' un interesse, dove ognuno chiede per sé, a quella del 'contribuire' attraverso il sapere, che apre alla dimensione collettiva. La prospettiva dei componenti di una comunità di riconoscersi come 'portatori di saperi' fortifica la capacità di co-costruzione identitaria della comunità stessa.

L'utopia di riferimento per 'comunità di saperi' è l'idea di 'intelligenza collettiva' e di 'antropologia del cyberspazio' di Pierre Lévy[35], la cui applicazione tecnologica è contenuta nello strumento definito 'alberi di conoscenze', progettato dallo stesso

---

[35] P. Lévy, *L'intelligenza collettiva. Per un'antropologia del cyberspazio*, Feltrinelli, 1996 (Paris 1994).

Lévy insieme a Michel Authier[36]. Quello dell'intelligenza collettiva è presentato da Lévy come un progetto di civilizzazione, reso possibile dall'avvento delle tecnologie digitali di comunicazione. Si fonda sulla constatazione che l'intelligenza è distribuita ovunque c'è umanità, e che la vera ricchezza consiste proprio nella conoscenza e nella sua condivisione. Il cyberspazio rende possibile la comunicazione di tutti con tutti, e questo può creare un contesto comune come risultato dell'apporto di ciascuno alla costruzione di un universo di significati comune, dove ognuno può collocarsi con la propria singolarità e le proprie specifiche declinazioni di senso. L'intelligenza collettiva è 'spazio del sapere' come 'spazio antropologico', spazio di significazione, e rinnova il legame sociale fondandolo sull'apprendimento reciproco come mediazione dei rapporti tra le persone, trasforma l'identità di ciascuno in 'identità di sapere' (l'altro è qualcuno che sa qualcosa). Se tutti hanno il diritto a una 'identità di sapere', l'apprendimento è anche riconoscimento e valorizzazione dell'altro e dell'irriducibilità del suo mondo. In tale prospettiva l'intelligenza è distribuita ovunque e la comunità è il luogo della negoziazione costante dell'ordine delle cose, del ruolo di ciascuno, della memoria e del progetto di futuro.

Le persone evolvono all'interno di spazi di significato che essi stessi contribuiscono a produrre, e nella prospettiva dell''intelligenza collettiva' i gruppi umani si costituiscono come intellettuali collettivi autopoietici. Dunque, con l''intelligenza collettiva' come spazio di significazione si pone il tema della co-costruzione di un universo di significati della comunità, che rimanda alla rilevanza del ruolo della narrazione. È la narrazione che definisce lo spazio ontologico della realtà, e questo è sempre più evidente nell'era digitale, e fa del cyberspazio il contesto elettivo per l'avvento dell'intelligenza collettiva.

---

[36] M. Authier e P. Lévy, *Gli alberi di conoscenze. Educazione e gestione dinamica delle competenze*, Feltrinelli, 2000 (Paris 1992).

Ma la tecnologia digitale è solo un mezzo, poiché la conoscenza è centrata sulla relazione umana, la sola che non può essere automatizzata e delegata alle macchine. Così il *focus* dell'antropologia dell''intelligenza collettiva' è sulla capacità di ognuno di essere produttore di qualità umane, e l''ecologia cognitiva' è l'insieme dinamico di interazioni tra i fattori biologici, sociali e tecnici della conoscenza. Dunque, l'avvento di un'età dell''intelligenza collettiva' tira in ballo l'idea di 'ominazione' (o 'umanizzazione') come processo di sviluppo evolutivo del genere umano, un processo dinamico, in fieri, che traccia la linea tra l'uomo così come è e l'uomo come può divenire, in un percorso di continuo miglioramento. Così un processo di miglioramento continuo sviluppato da ognuno nella capacità di produrre 'qualità umane' è anche risorsa per ogni altro e per l'insieme. Il continuo miglioramento di sé, in un processo di 'ominazione', si collega all'obiettivo dell'auto-consapevolezza, così come anche la centralità della relazione con l'altro e con l'insieme (i tre *topoi* dello Stoicismo).

La condizione odierna ci fa vedere un rischio, concreto e prossimo, di un possibile futuro tecnocratico in cui l'uomo delega alla capacità computazionale della macchina le proprie funzioni valutative e decisionali, così come quelle morali e relazionali. L'intelligenza rischia di separarsi dalla coscienza.[37]

---

[37] Yuval Harari sottolinea che si sta creando una frattura inconciliabile tra i 'dogmi' dell'umanesimo liberale e gli ultimi ritrovamenti della scienza della vita, secondo i quali nel comportamento umano hanno un ruolo importante gli ormoni, i geni e le sinapsi, ridimensionando così il ruolo del 'libero arbitrio'. Così comprendiamo che, sul piano ontologico, la capacità di riconoscere ed esprimere le proprie istanze più profonde e di esercitare un giudizio autonomo non è tanto una capacità pienamente formata nell'individuo, quanto piuttosto è una competenza che va sviluppata. Proprio in relazione con gli sviluppi recenti dell'intelligenza artificiale Harari intravede il rischio che, se non

La nostra storia è la storia dell'invenzione di protesi per portare fuori di noi alcune funzioni, potenziandole, e liberando il nostro tempo per poterci dedicare ad altro: la leva come prolungamento del braccio e potenziamento dei nostri muscoli, la ruota per spostarci e diventare veloci, fino al computer per immagazzinare ed elaborare grandi quantità di dati in tempi brevi. Ad ogni delega si libera tempo e si risparmia energia del corpo. Ma per farne cosa?

Michel Serres prefigura che la liberazione di spazio grazie alle mansioni delegate alle macchine che memorizzano ed elaborano *big data* a supporto del nostro 'apparecchio cognitivo', potrà creare le condizioni per cui "resta all'ego il potere sovrano di ritirarsi dal gioco", e la vera novità sarà che "io sono il mio distacco", ovvero il superamento del bisogno di riconoscimento, di gratificazione, il superamento dell'egocentrismo.[38]

---

alleniamo volontariamente la competenza della consapevolezza, l'intelligenza possa affrancarsi da quest'ultima, poichè algoritmi non coscienti e inconsapevoli, ma dotati di grande intelligenza (capacità di computazionare big data), potranno conoscerci meglio di quanto noi conosciamo noi stessi. Y. N. Harari, *Sapiens. Da animali a dei. Breve storia dell'umanità*, Bompiani 2017 (Harvill Secker, 2014); Y. N. Harari, *Homo deus. Breve storia del futuro*, Bompiani 2018 (Harvill Secker, 2016).

[38] Michel Serres nella sua produzione di filosofia della storia indaga ripetutamente questo tema dell'invenzione degli attrezzi come protesi, per pensare al nuovo rapporto globale tra l'uomo e il mondo. L'incremento accelerato delle potenzialità tecniche dell'umanità è ben evidente nella trasformazione epocale che Serres chiama «ominescenza», che coinvolge allo stesso tempo le dimensioni materiale, simbolica, semiotica, e biologica. M. Serres, *Hominescence*, Paris 2001; M. Serres, *L'uomo contemporaneo*, Lectio Magistralis, in Università degli Studi di Urbino – Facoltà di Sociologia, Conferimento della laurea honoris causa in Sociologia a Michel Serres, Urbino 2001.

Per dettagliare circa l'idea di liberazione dai limiti dell'ego di cui dice Serres, c'è un passaggio di Morin che mette l'egocentrismo tra gli ostacoli alla comprensione:

«*L'egocentrismo mantiene la self-deception, l'autoinganno, generato attraverso l'autogiustificazione, l'autoglorificazione e la tendenza a rigettare sugli altri, lontani o vicini, la causa di tutti i mali. La self-deception é un complesso gioco rotatorio di menzogna, sincerità, convinzione, duplicità, che ci porta a percepire in modo peggiorativo le parole e gli atti altrui, a selezionare i nostri ricordi gratificanti, a eliminare o a trasformare quelli disonorevoli* (…) *Di fatto, l'incomprensione di sé è una fonte molto importante dell'incomprensione nei confronti degli altri. Si mascherano a se stessi le proprie carenze e debolezze, il che rende impietosi nei confronti delle carenze e delle debolezze altrui.*»[39]

Morin mette sotto i riflettori gli ostacoli alla comprensione, il cui superamento si trasforma nella capacità di fronteggiare la complessità; Serres ci mostra una prefigurazione di liberazione, in cui si realizza l'"*hominescence*', una nuova 'emergenza' dell'umano.[40]

Ominescenza, divenire umani, realizzare il nostro potenziale è un tema quanto mai attuale. Oggi si parla molto di 'nuovo umanesimo', ma di fronte a tale sfida prende forza anche

---

[39] E. Morin, *I sette saperi necessari all'educazione del futuro*, cit., pp.100-101.
[40] Il concetto di 'emergenza', nel senso di 'proprietà emergente' è centrale nella prospettiva neurofenomenologica ed è connessa all'idea di 'livelli', poiché indica la capacità di organizzazioni molto complesse della materia di dar origine a nuove proprietà e caratteristiche rispetto a quelle appartenenti alle parti costituenti delle organizzazioni stesse. Il fenomeno dell'emergenza rende possibile la comparsa di nuovi livelli di complessità, e grazie a questo concetto è possibile superare la concezione dualistica della mente, per poter comprendere la relazione tra l'attività cognitiva e della coscienza con la base materiale del cervello. F. Varela, *Autopoiesi ed emergenza*, in Réda Benkirane (interviste a cura di), *La teoria della complessità*, Bollati Boringhieri, Torino, 2007.

l'idea di 'transumanesimo' che a partire dal presente produce scenari opposti a quelli auspicati da Serres e da Morin. Dunque, occorre approfondire e comprendere dettagliatamente quale è la nostra condizione umana ordinaria e quale il nostro potenziale. In funzione di tali comprensioni diventa più evidente cosa il contesto attuale presenta in termini di rischi e di opportunità, e possiamo così comprendere che siamo su una linea di soglia dalla quale è possibile fare un salto verso l'evoluzione della specie, oppure avviarci verso la sua estinzione (o l'estinzione della possibilità di divenire umani).

Perché l'intelligenza non si separi dalla coscienza ci occorre un sapere centrato sullo sviluppo dell'uomo, sul divenire umani, per una nuova emergenza dell'umano, l''*hominescence*' di cui parla Serres, e quindi sull''apprendere a divenire' il nostro potenziale. [41] In questo senso l'utopia di 'intelligenza collettiva' va associata allo sviluppo della coscienza e dell'auto-consapevolezza per rendere le condizioni generali propizie alla costruzione di 'comunità di saperi' evolutive, capaci di una sostenibilità radicale e integrale, in armonia con la biosfera e con il sistema terrestre.

Nel dispositivo delle 'comunità di saperi' preconizzato da Lévy, il mondo virtuale sviluppato dal digitale e dalla rete informatica è utilizzato solo come supporto di processi cognitivi, sociali e affettivi che si sviluppano tra persone reali e in modo incarnato. Nessuno è ignorante perché ogni vita implica la conoscenza di un mondo (e, aggiungo io, potenzialmente, la conoscenza di sé). La prefigurazione contenuta nell'idea di 'intelligenza collettiva' è quella della nascita di uno spazio del

---

[41] '*Learning to become*', ovvero 'imparare a divenire', è appunto lo slogan lanciato nel rapporto commissionato dall'UNESCO per raccogliere le informazioni sulla cui base redigere il *Futures of Education Report*, pubblicato nel 2021. Common Worlds Research Collective, *Learning to become with the world: Education for future survival. Paper commissioned for the UNESCO Futures of Education Report,* UNESCO 2020.

sapere autonomo, nel senso di uno spazio del vivere-sapere e del pensiero collettivo che scaturisce in modo dinamico e processuale dalla costante contribuzione di tutti. Nello spazio del sapere l'umano nel suo insieme è un cervello (e mi vengono in mente collegamenti con l''ecologia della mente' di Bateson), e il corpo è riconosciuto come sistema cognitivo (che si collega con l'idea di 'cognizione incarnata').

Dunque, mi pongo alcune domande come spunti di riflessione per l'applicazione del modello di 'comunità di saperi' al contesto attuale, e a casi reali, in vista del paragrafo successivo dedicato al progetto dell'Osservatorio Sassi. Nell'attuale mondo globalizzato, quale è il posto scalare delle comunità? Quale è il legante? Come facilitare la nascita del sapere come legante? A quale scala aggregativa si può immaginare la creazione di 'comunità di saperi'?[42] Le comunità di saperi, di pratiche, di scopo possono alimentare il senso di appartenenza alla comunità dei popoli, all'umanità e al pianeta? Sentirsi parte dell'insieme alla scala globale (riposizionando su questo orizzonte di senso anche il riconoscimento delle istituzioni mondiali), è conciliabile con l'autogestione alla scala delle comunità? Tali comunità possono funzionare come i nuclei cellulari per la gestazione del passaggio a una nuova convivenza pacifica e sostenibile sul pianeta? Questi interrogativi fanno da sfondo per affrontare il ragionamento su 'comunità di saperi', intrecciando quest'ultimo con il tema della 'consapevolezza'.

La partecipazione all'intelligenza collettiva inizia con un'apertura all'alterità. Ognuno partecipa a comunità pensanti e si creano mondi plurali. In tali condizioni l'identità dei singoli e delle comunità diventa identità di conoscenza, plurale e in

---

[42] Gli 'alberi delle conoscenze', la tecnologia costruita da Hauthier e Lévy per 'comunità di saperi', viene proposta, in maniera esemplificativa, per differenti scale di grandezza delle aggregazioni umane, da una classe scolastica a un'organizzazione mondiale, da un municipio a una regione amministrativa.

divenire, e l'uomo ridiventa nomade, errante. La conoscenza collettiva getta ponti oltre le separazioni, verso la Terra come casa comune, ritrovando un rapporto con il cosmo.

'L'intelligenza collettiva' viene proposta da Lévy come una tecnologia molecolare, ovvero la caratteristica molecolare riguarda l'approccio, più che la scala aggregativa della comunità. Mentre le tecnologie 'molari' considerano i loro oggetti in blocco, l'approccio 'molecolare' prevede un intervento puntuale alla scala degli elementi costitutivi dei processi, ovvero su ogni distinto componente dell'insieme.[43] Nei collettivi umani auto-organizzati la logica 'molecolare' produce la 'nanopolitica' che coltiva le 'ipercortecce comunitarie' in modo individualizzato: i componenti della 'comunità di saperi' comunicano tra loro trasversalmente, senza il controllo/filtro/canalizzazione di un ente gerarchico, in una relazione diretta e in tempo reale del singolo con l'intero insieme. In tale spazio ogni persona diventa un vettore molecolare di 'intelligenza collettiva'.

Andrebbe anche esplorata l'ipotesi che, per facilitare l'avvento dell'era dell''intelligenza collettiva', potrebbe essere praticabile la prospettiva di comunità come cellule anche in senso dimensionale, come furono i Monasteri Benedettini nel passaggio dal mondo tardo antico a quello alto medievale. Si tratterebbe di sperimentare la dimensione cellulare delle comunità per transitare verso un nuovo modello: la strategia del ridursi per espandersi. La dimensione comunitaria può essere intesa come scala delle relazioni dirette tra le persone, per piantare i semi di una nuova forma di comunità planetaria di saperi, per diventare una umanità integralmente sostenibile.

Dunque, comunità nel senso di sottolineatura del tratto di intreccio relazionale, di prossimità comunicativa, di reciprocità e di interdipendenza per esercitarsi nella pratica di co-

---

[43] Lévy (*L'intelligenza collettiva*, cit.) usa queste due categorie e le esplora in relazione alla vita, alla materia, all'informazione, per giungere ai collettivi umani.

costruzione di senso. In tale prospettiva, alcune pratiche e strumenti in uso per facilitare la partecipazione possono essere ricalibrate in funzione dell'orizzonte di divenire 'comunità di saperi'.

Circa la partecipazione, merita una nota la questione del tempo. Si sa che i processi partecipativi necessitano di tempi più lunghi, rispetto a quelli del decisionismo direttivo dall'alto. Il tempo psicologico non è lineare, ma accelera o rallenta a seconda se a dominare siano l'ansia e la paura o la fiducia e l'entusiasmo. Fiducia nel futuro e desiderio di contribuire sono i correlati della partecipazione. Nell'utopia dell''intelligenza collettiva' lo spazio del sapere si basa sui tempi interiori, sulla possibilità tecnica di associare le temporalità personali per creare una soggettività collettiva, facendo allo stesso tempo risuonare il tempo collettivo sulle soggettività individuali.

Uno strumento ideato specificamente nella prospettiva di comunità di saperi è il già menzionato 'alberi di conoscenze', per l'educazione e la gestione dinamica delle competenze, ovvero il riconoscimento, la valutazione e la gestione dei saperi. Ideato da Authier e Lévy, ed esposto al pubblico a partire dal gennaio 1992, il dispositivo degli 'alberi di conoscenze' è stato valutato da un numero elevato di specialisti e di potenziali utenti. Il sistema degli 'alberi di conoscenze' si avvale della tecnologia digitale interattiva e funziona su base volontaria, prevedendo la possibilità di tutte le appropriazioni locali dello stesso, e in diverse scale di organizzazione o aggregazione umana. Gli 'alberi di conoscenze' si fondano su principi di auto-organizzazione, democrazia e libero scambio nel rapporto col sapere, e l'economia della conoscenza misura il valore d'uso della stessa.[44]

---

[44] In 'alberi di conoscenze' il valore dei saperi è posizionale ed è relativo alla comunità. Ogni persona si caratterizza dall'insieme di competenze che possiede, da quelle elementari a quelle più sofisticate. La struttura del sapere di una comunità, così come di un individuo, è rappresentata

'Alberi di conoscenze' è pensato per la co-costruzione di 'cinecarte', dove tutte le particolarità sono situabili, e sono visualizzabili, in un mosaico in continua dinamica ricomposizione.[45]

Oltre al dispositivo degli 'alberi di conoscenze' e agli strumenti per la facilitazione di processi partecipativi, si aggiungono altri strumenti, tecniche e dispositivi disponibili per la sperimentazione e da calibrare in funzione dell'idea di 'comunità di saperi', associando la stessa all'obiettivo dello sviluppo della consapevolezza/coscienza, come ho tracciato nei paragrafi precedenti: la 'narrazione generativa'[46] per la

---

come un albero, in cui i saperi di base, ovvero quelli più diffusi nella comunità e acquisiti cronologicamente prima, permettendo la nascita degli altri saperi, definiscono il tronco, quelli specialistici formano i rami, e quelli personali le foglie. Nella parte alta dell'albero si troveranno le competenze che costituiscono i saperi in cui la comunità eccelle. La forma dell'albero è determinata dalla stessa comunità e non da una qualsiasi classificazione delle conoscenze poste a priori.

[45] La 'cinecarta', strumento proposto da Lévy (*L'intelligenza collettiva* ..., cit.), è la mappa cangiante dello spazio del sapere, rappresenta le interazioni di un intellettuale collettivo che naviga in un universo di informazioni, manifestando le qualità di tutti gli oggetti del sapere, ed esprimendo le relazioni che gli oggetti o gli attori intrattengono gli uni con gli altri, in una forma dinamica, in continua trasformazione.

[46] La locuzione 'narrazione generativa' è stato adottato nel progetto per una borsa di dottorato di ricerca industriale su bandi PON 2018-19, dal titolo "Narrazione generativa del paesaggio e nuove tecnologie", ideato dalla Cattedra UNESCO dell'Università della Basilicata. Con 'narrazione generativa' intendiamo una narrazione con un orientamento volontario, quindi consapevole, capace di generare vantaggio per l'insieme. L'orientamento è una posizione, la migliore possibile dalla quale vedere di più e meglio, più chiaramente. Nel processo per attivare una narrazione consapevole e orientata, un passaggio cruciale è la relativizzazione delle narrazioni/storiografie, ovvero la loro storicizzazione, con la comprensione delle associazioni

costruzione consapevole delle rappresentazioni/significazioni della realtà, la 'genealogia del presente'[47] per la relativizzazione delle narrazioni e la lettura dei livelli logici (entrambe le pratiche connotano e sono sviluppate attraverso la sperimentazione della Cattedra UNESCO dell'Università della Basilicata), la 'riduzione

---

tra narrazioni e contesti che le hanno prodotte. In questo c'è il collegamento con la 'genealogia del presente' (A. Colonna, *Genealogia del presente* ..., cit.). 'Narrazione generativa del paesaggio' è anche una linea di indagine della Cattedra UNESCO dell'Università della Basilicata. A. Colonna, *Narrazione generativa del paesaggio e sviluppo sostenibile*, in Cosimo Montenegro (a cura di), *Dal confine tutelato al paesaggio percepito. Puglia e Basilicata – Prospettive di sviluppo territoriale interregionale e salvaguardia del territorio*, WIP Edizioni, Bari 2020, pp. 25-39; A. Colonna, A. Faretta, M.C. Masciopinto, *Matera, storytelling e cinema*, in Maria Ines Pascariello e Alessandra Veropalumbo (a cura di), *La Città Palinsesto. Tracce, sguardi e narrazioni sulla complessità dei complessi urbani storici*, Atti del Convegno CIRICE, FedOA Federico II University Press 2020, Tomo secondo, pp. 123-130.

[47] 'Genealogia del presente' è la locuzione che ho adottato per intendere una storiografia che, ristrutturando il passato a partire da questo 'ora', diventa strumento per liberare il presente, restituendo a quest'ultimo le sue potenzialità. Per produrre consapevolmente un cambio di narrazione occorre storicizzare la narrazione, poiché storicizzare è relazionare, rimettere in una prospettiva relativa ciò che può apparire assoluto. Nel progetto, passando dall'automatismo delle soluzioni tecniche alla comprensione del contesto in cui si è formata la narrazione, diventa possibile scegliere come utilizzare il contesto, o addirittura operare per produrre il contesto desiderato. Nell'ambito dell'attività didattica e di ricerca della Cattedra UNESCO dell'Università della Basilicata vengono messi a punto e sperimentati strumenti per facilitare tali passaggi metodologici, in stretta relazione con l'idea di 'narrazione generativa'. A. Colonna, *Fenomenologia e Storiografia per una "Genealogia del Presente"*, in "AR Cadernos F.A.U.T.L.", numero monografico Genealogia e Fenomenologia da Arquitectura, n.8, marzo 2013, pp.67-72; A. Colonna, *Genealogia del presente e storiografia dell'architettura* ..., cit.

fenomenologica', che non è una semplice introspezione[48], il "Modello Sferico della Coscienza" come rappresentazione efficace ai fini delle sue applicazioni pratiche nei processi educativi[49], ma anche l'*Atlas Mnemosine* di Aby Warburg per la rappresentazione per immagini, spaziale e dinamica, di mondi di

---

[48] Con 'riduzione fenomenologica' Edmund Husserl intende il moto che nasce da un'immersione pre-riflessiva nel mondo, e che osserva il modo con cui il mondo si manifesta. Con la 'riduzione fenomenologica' non viene convalidata la dualità fondamentale soggetto/oggetto (quella che Husserl chiama 'la correlazione fondamentale'), e viene esercitata una libertà di giudizio relativa alla sospensione delle conclusioni (il 'mettere fra parentesi'). Con la neurofenomenologia Varela adotta la 'riduzione fenomenologica' come metodo e insieme di strumenti per allenare l'indagine dei fenomeni della coscienza. La riduzione è autoindotta, e quindi è una pratica attiva, e riguarda l'inversione della direzione del movimento del pensiero, che abitualmente è orientato al contenuto, rivolgendolo invece verso il sorgere dei pensieri stessi. F. Varela, *Neurophenomenology*. ..., cit.; Gallagher, D. Zahavi, *La mente fenomenologica. Filosofia della mente e scienze cognitive*, Cortina, Milano 2009 (Routledge, 2008).

[49] Il "Modello Sferico della Coscienza", di Patrizio Paoletti, è descritto, anche nelle sue applicazioni, in diversi articoli, tra cui: P. Paoletti, T. Dotan Ben Soussan, *The Sphere Model of Consciousness*...., cit.; P. Paoletti, T. Di Giuseppe, C. Lillo, G. Serantoni, G. Perasso, A. Maculan, F. Vianello, *La resilienza nel circuito penale minorile in tempi di pandemia*..., cit.; P. Paoletti, T.D. Ben-Soussan, *Reflections on Inner and Outer Silence and Consciousness Without Contents According to the Sphere Model of Consciousness*, cit.; A. Pintimalli, T. Di Giuseppe, G. Serantoni, J. Glicksohn, T.D. Ben-Soussan, *Dynamics of the Sphere Model of Consciousness: Silence, Space, and Self*, in "Frontiers in Psychology", 2020; P. Paoletti, T.D. Ben-Soussan, *Emotional Intelligence, Identification, and Self-Awareness According to the Sphere Model of Consciousness*, in S.G. Taukeni (a cura di), *The Science of Emotional Intelligence*, IntechOpen, London 2021.

significazione[50], la Mnemotecnica antica e il "Teatro della memoria" rinascimentale[51] per la mappatura degli spazi di rappresentazione della realtà tra mondo interno (la mente) e mondo esterno[52], gli strumenti della filosofia stoica per la pratica

---

[50] Con il progetto dell'Atlante Mnemosyne Warburg lavora allo studio delle sopravvivenze e delle migrazioni delle immagini come memoria della cultura occidentale; Mnemosyne è la costruzione e sperimentazione di un metodo. G. Didi-Huberman, *L'immagine insepolta. Aby Warburg, la memoria dei fantasmi e la storia dell'arte*, Bollati Boringhieri, Torino 2017 (Paris 2000); Kurt W. Foster, Katia Mazzucco, *Introduzione ad Aby Warburg e all'Atlante della Memoria*, Bruno Mondadori, 2002.

[51] Sulla Mnemotecnica e il "Teatro della memoria" si vedano: G. Camillo, *L'idea del theatro, con «L'idea dell'eloquenza», il «De transmutatione» e altri testi inediti*, a cura di L. Bolzoni, Adelphi, Milano 2015; L. Bolzoni, *La stanza della memoria. Modelli letterari e iconografici nell'età della stampa*, Einaudi, Torino 1995; L. Bolzoni, *La rete delle immagini. Predicazione in volgare dalle origini a Bernardino da Siena*, Einaudi, Torino 2002; K. Kuwakino, *L'architetto sapiente. Giardino, teatro, città come schemi mnemonici tra il XVI e il XVII secolo*, Leo S. Olschki, Firenze 2011.

[52] Una linea di indagine della Cattedra UNESCO dell'Università della Basilicata è su "Paesaggi esteriori / paesaggi interiori". In tale ambito è cruciale l'indagine sul funzionamento della memoria e dell'organizzazione del pensiero, che nella Cattedra UNESCO è sviluppata attraverso elementi tratti dalla storia della cultura, sulla relazione tra loci fisici e mentali e sulle *imagines agentes*, e sulla complessa relazione tra figure e idee, immagini e parole, che va dall'antica arte della retorica dei Greci, agli studi e alle teorie rinascimentali, con il Teatro della Memoria di Giulio Camillo Delminio, l'arte della memoria di Giordano Bruno, gli 'Architetti Sapienti', fino all'Atlante *Mnemosine* di Aby Warburg nel Novecento. In tale prospettiva, il Teatro della Memoria, così come l'*Atlas Mnemosine* sono utilizzati come dispositivi da cui trarre esercizi per la pratica per aumentare la consapevolezza e la volontà. A. Colonna, *Warburg e de Martino e l'idea di Atlante della memoria iconica della civiltà occidentale: appunti per una ricerca*, in E. Imbriani (a cura di), *Ernesto de Martino e il folclore* – Atti del convegno, Progedit, Bari, 2020, pp.48-78.

dell'interdipendenza tra il soggetto, gli altri e l'insieme[53]. A questi si aggiunge l'approccio e il metodo della Transdisciplinarità, per il superamento dei confini disciplinari e la costruzione di comunità di pratiche in cui la conoscenza attraversa l'esperienza e i vissuti di ciascun membro.[54]

L'Osservatorio Sassi per la gestione del sito UNESCO di Matera

L'istituzione dell'Osservatorio Sassi è il primo passo per l'attuazione del Piano di Gestione del sito UNESCO di Matera. L'Osservatorio ha funzioni di indirizzo e coordinamento delle politiche e delle azioni, di verifica e monitoraggio delle stesse, e

---

53 Sullo Stoicismo indagato come arte della pratica della consapevolezza Hadot costituisce un riferimento di grande utilità: oltre al suo già citato *Esercizi spirituali e filosofia antica*, si vedano anche P. Hadot (a cura di), *Manuale di Epitteto*, Einaudi, Torino 2006 (Paris 2000); P. Hadot, *La cittadella interiore. Introduzione ai «Pensieri» di Marco Aurelio*, Milano 1996 (Paris 1992).

54 Nel 1986 a Parigi, Basarab Nicolescu, Edgar Morin, Stéphane Lupasko e René Berger fondano il CIRET (*Centre Internacional de Recherche et Études Transdisciplinaires*), e nel 1994, al Primo Congresso Mondiale di Transdisciplinarità (ad Arrábida, in Portogallo), viene adottata la Carta della transdisciplinarità. Il Terzo Congresso Mondiale della Transdisciplinaritá si è tenuto on line nel 2020-21; tra gli organizzatori del Congresso c'è stata la Cattedra Transdisciplinare Unesco in "Sviluppo Umano e Cultura di Pace" dell'Università di Firenze.
https://www.tercercongresomundialtransdisciplinaricdad.mx/en/
L'approccio transdisciplinare, che è inserito nella *Dichiarazione delle Cattedre UNESCO italiane per la sostenibilità* come uno degli strumenti di lavoro da adottare nell'ottica della visione espressa, è anche uno approccio e un metodo in linea con quanto esposto in questo articolo, e funzionale al lavoro per la creazione dell'Osservatorio Sassi.

di incentivo allo sviluppo della conoscenza del sito. Gli obiettivi strategici dell'Osservatorio sono: l'armonizzazione delle politiche e delle azioni di governo prodotte dai soggetti istituzionali che hanno competenze sul sito, e l'incentivazione di processi partecipativi con il coinvolgimento della popolazione nella gestione del sito.

Nel 2016, mentre ancora stentava a partire l'attuazione del Piano di Gestione, viene istituita presso l'Università degli Studi della Basilicata la Cattedra UNESCO in "*Mediterranean Cultural Landscapes and Communities of Knowledge*"[55]. Proprio la Cattedra UNESCO diventa un luogo di sperimentazione per l'avvio dell'Osservatorio del Piano di Gestione.[56] Lo stesso titolo della Cattedra UNESCO contiene il termine 'comunità di saperi', un'idea caratterizzante nel Piano di Gestione del sito UNESCO di Matera, già dai Simposi preparatori per il Piano di Gestione, in cui tutti i partecipanti, esperti e abitanti, hanno contribuito nel ruolo di 'portatori di saperi'[57]. Così la Cattedra UNESCO ha sviluppato azioni di stimolo per la creazione dell'Osservatorio Sassi, cercando di catalizzare l'interesse collettivo e delle

---

[55] Dirigo la Cattedra UNESCO sin dalla sua istituzione.

[56] Nello specifico, tra gli obiettivi della Cattedra UNESCO c'è proprio quello di contribuire alla creazione dell'Osservatorio Permanente per la gestione del sito UNESCO di Matera. A. Colonna, *La Cattedra UNESCO "Paesaggi culturali del Mediterraneo e comunità di saperi" e l'Osservatorio per la gestione dei Sassi di Matera*, in Laura Marchetti (a cura di), *L'Umanità come Patrimonio. Complessità e intercultura nelle politiche educative UNESCO*, Andrea Pacilli editore, Manfredonia (FG) 2018, pp.205-212.

[57] A. Colonna, *Communities of knowledge and management of Sassi di Matera's UNESCO site*, in Baños J.E., Orefice C., Bianchi F., Costantini S. (a cura di), *Good Health, Quality Education, Sustainable Communities, Human Rights. The scientific contribution of Italian UNESCO Chairs and partners to SDGs 2030*, Firenze University Press, 2019, pp.231-236.

istituzioni pubbliche alla sua istituzione, e definendo il Progetto dell'Osservatorio.[58]

In riferimento a quanto esposto nei paragrafi precedenti, dove ho collegato la costruzione e l'allenamento di 'comunità di saperi' alla centralità della coscienza, della consapevolezza, dell'autoconsapevolezza e alla cognizione incarnata[59], provo a evidenziare il collegamento tra quei contenuti e le esperienze, le pratiche, le strategie nella sperimentazione dell'Osservatorio Sassi.

Come attività della Cattedra UNESCO abbiamo avviato una ricerca finalizzata alla messa a punto sperimentale e in itinere delle basi per un nuovo approccio alla conoscenza, conservazione, valorizzazione, gestione e progettazione partecipata del paesaggio e del patrimonio paesaggistico, centrato sull'idea di conoscenza incarnata e, quindi, sullo sviluppo della coscienza e dell'auto-consapevolezza. Tale ricerca ha costantemente nutrito le azioni per l'Osservatorio Sassi e il progetto dello stesso. Allo stesso tempo la ricerca si è avvalsa della sperimentazione sul campo, con le azioni realizzate nel processo di costruzione del Piano di Gestione del sito UNESCO dei Sassi, e con le comprensioni che in quel contesto sono maturate.

Così come l'intero percorso di progettazione del Piano di Gestione del sito UNESCO ha ruotato intorno all'idea di Piano come processo di processi, e ogni attività è stata anche la

---

[58] Nell'ambito delle attività della Cattedra UNESCO dell'Università della Basilicata nel 2021 ho progettato la struttura per l'avvio dell'Osservatorio Sassi. A. Colonna, *L'Osservatorio Sassi per la Gestione del sito UNESCO di Matera …*, cit.

[59] Ho messo in relazione il tema di 'comunità di saperi' con la consapevolezza anche in A. Colonna, *Creating communities of knowledge and connecting to landscape*, in UNESCO, *Humanist Futures: Perspectives from UNESCO Chairs and UNITWIN Networks on the futures of education*, Paris, UNESCO, 2020, pp.16-20.

sperimentazione del metodo, allo stesso modo nel Progetto dell'Osservatorio abbiamo utilizzato lo stesso principio e lo stesso approccio. Con l'Osservatorio come processo di processi si evidenzia la centralità della consapevolezza nella costruzione del percorso. Infatti si utilizzano esplicitamente e funzionalmente differenti livelli logici nelle azioni e nel percorso, e si punta a sviluppare maggiori livelli di consapevolezza per l'orientamento del processo agli obiettivi prefigurati. In questo caso consapevolezza si declina come capacità di partecipazione della comunità e di armonizzazione delle politiche: la competenza esercitata da diverse istituzioni di governo sul sito UNESCO dei Sassi e la presenza di una comunità nella funzione di abitanti di quell'ambito territoriale restituiscono un contesto di grande molteplicità e varietà, e di responsabilità e progettualità multiple, da armonizzare. La molteplicità è ricchezza di punti di vista, che devono guardare nella stessa direzione per una possibile polifonia armonica. La direzione, l'orientamento, l'orizzonte, sono dati dagli obiettivi di sostenibilità contenuti nell'Agenda 2030 dell'ONU, e dal valore universale del sito che viene assunto nella prospettiva della prefigurazione di un'umanità evolutiva, consapevole e pacifica.

Nella costruzione del processo partecipato per il Piano di Gestione del sito UNESCO dei Sassi e nella costruzione del Piano stesso un obiettivo chiaro è stato quello di dettagliare e divenire sempre più consapevoli delle aspirazioni della comunità insediata, nella comprensione della responsabilità verso l'insieme, come primi custodi di un patrimonio appartenente all'intera umanità. Solo a partire da questo livello si costruisce la visione, e diventa chiara la strategia delle azioni.

Per facilitare la crescita della capacità di partecipazione della comunità, sia nelle istituzioni che tra i cittadini, si è utilizzata l'idea che partecipare fosse assimilabile a 'portare saperi'. Ognuno contribuisce in quanto 'portatore di saperi', e la materia di scambio e condivisione è la conoscenza, ovvero i saperi delle istituzioni, quelli delle comunità, quelli delle persone. Dunque, per partecipare e per armonizzare la molteplicità occorre allenare le capacità per vedere ogni persona come identità di conoscenza, e rendere visibile l'identità del gruppo come struttura dinamica delle conoscenze dello stesso. Così, divenire 'comunità di saperi' sviluppa la consapevolezza attraverso lo sviluppo della sensibilità, con l'osservazione di sé e del gruppo, l'ascolto, l'attenzione.

Nel "Modello Sferico della Coscienza" di Paoletti abbiamo visto come radicamento e aspirazione sono i due poli dello stesso asse che rende possibile il cambiamento a partire dalla comprensione delle nostre istanze più intime e profonde. Nel processo partecipato per il Piano di Gestione dei Sassi abbiamo costruito un percorso di rilettura partecipata e di ri-attualizzazione dei valori del sito UNESCO come radice e come aspirazione. Dalla triade dello Stoicismo - io gli altri l'insieme - comprendo il ruolo dell'insieme (per lo Stoicismo è la Fisica, le leggi della natura e l'ordine universale), ovvero della scala maggiore come elemento che fa dialogare gli altri due poli della triade. È la dimensione superiore che fa dialogare le differenze, che corrisponde al 'sacro' nella ricerca di Bateson di una unità del tutto, e che è l'"identità planetaria' di Morin. Si tratta di una misura che, se praticata, modifica il nostro rapporto con noi stessi e con il mondo. L'aspirazione si nutre della scala dell'insieme. Nel Piano di Gestione è ben presente questa comprensione, ed è rappresentata in modo chiaro nella Mappa di sintesi del piano.[60] Il tema dell'aspirazione è centrale per

---

[60] La Mappa di Sintesi del Piano di Gestione del Sito UNESCO di Matera consiste in una tavola contenuta nel Piano, ed è uno strumento per navigare all'interno del Piano, cogliendo le relazioni tra gli elementi conoscitivi e le indicazioni progettuali, tra la scansione cronologica e i livelli delle analisi. Nella Mappa una parte è dedicata ai Paradigni, ovvero alla visione del mondo e alla trasformazione di questa nelle diverse epoche. L'asse definito dal tempo cronologico scandisce un

affrontare il tema dell'armonizzazione e per produrre prefigurazione[61], e per focalizzare i principi di 'terzo incluso', di livelli logici e di complessità dell'approccio transdisciplinare.

Sulla base della comprensione che sono possibili diversi gradi di consapevolezza (e di consapevolezza di sé), si è strutturata un'osservazione a più livelli di un oggetto quale il patrimonio, usando la strumentazione di 'Genealogia del Presente': da osservare il patrimonio a osservare le narrazioni del patrimonio, per storicizzarle/relativizzarle e renderle disponibili alla scelta consapevole, in collegamento anche con il lavoro sull'attualizzazione del valore del sito UNESCO. Il processo di osservazione a più livelli coinvolge anche la strumentazione della 'narrazione generativa', che si interroga sugli effetti della narrazione e sulla possibilità di scegliere narrazioni 'utili' all'evoluzione dell'insieme.

Allo stesso tempo il lavoro prevede che si ponga attenzione alla struttura/forma del sapere, di ognuno e del gruppo, utilizzando 'Alberi di Conoscenze', ovvero si inizia ad osservare come si funziona in relazione al sapere: ci si osserva osservare, si osserva il proprio funzionamento, sia come processo del singolo che del gruppo, e si co-costruiscono

---

tempo non omogeneo, e la discontinuità viene evidenziata in relazione con l'emergere dei Paradigmi a cui si associano i Modelli di Funzionamento. A. Colonna, D. Fiore, *Il piano di gestione de "I Sassi e il Parco delle chiese rupestri di Matera …*, cit., pp. 89-90, e Tavola allegata; A. Colonna, *Cartografia del tempo di una città senza tempo: i Sassi di Matera*, in Janeiro P. (a cura di), *Arquitecturas-imaginadas: representacao grafica e "outras-imagens"*, Caleidoscopio, Casal de Cambra – Portugal 2016, pp.195-210.

[61] Nel "Modello Sferico della Coscienza" di Paoletti la prefigurazione è il frutto di un orientamento volontario e di un allenamento orientato che, pur utilizzando le capacità della mente predittiva, trova una via di fuga dal suo circuito meccanico, in cui le memorie del passato condizionano automaticamente la previsione del futuro, e ci riesce attraverso la libertà dello stato della 'pre-esistenza'.

rappresentazioni spaziali dinamiche della forma del sapere del gruppo.

La 'narrazione generativa' è anche un allenamento al terzo tema dello Stoicismo di Epitteto e Marco Aurelio, la Logica, il dialogo interno ed esterno, la rappresentazione, ovvero il modo di pensare e di esprimersi, attraverso cui prendere coscienza delle proprie (di un individuo come di un gruppo) narrazioni per relativizzarle, e per assumere volontariamente le narrazioni utili, cioè evolutive. La 'narrazione generativa', in sintonia con la Logica dello Stoicismo, è uno strumento e un processo finalizzato all'osservazione del dialogo interno ed esterno, del singolo e di una comunità, osservazione che produce la relativizzazione delle narrazioni, e che agisce nella direzione della conoscenza di sé (un osservatore che osserva contemporaneamente l'oggetto dell'osservazione, se stesso che osserva e il processo dell'osservare).

La modalità di lavoro privilegiata per l'Osservatorio Sassi è quella laboratoriale, e la strategia è quella della sperimentazione metodologica e di processo, per mettere a punto procedure e strumenti e verificare il metodo in ogni fase di progettazione e realizzazione delle azioni. Per l'Osservatorio Sassi abbiamo previsto l'uso di una struttura modulare, 'molecolare', per sviluppare un processo a spirale, tra conoscenza, progetto, sperimentazione, monitoraggio. La strategia messa in campo risponde all'intento di orientare alla sostenibilità del processo e alla realizzazione di uno sviluppo autopoietico dell'Osservatorio, ovvero ogni parte dell'Osservatorio, mentre si definisce e si organizza, crea anche le condizioni per il proprio sviluppo.[62]

---

[62] Alberto Maturana e Francisco Varela coniarono il termine 'autopoiesi' per rappresentare il modo di funzionare dei sistemi viventi. La ricerca per l'Osservatorio Sassi si è nutrita degli stimoli derivanti da tale concetto, così come dalle prospettive aperte dalla

Per l'Osservatorio Sassi si propone una organizzazione che fa proprie, declinandole in strategie, strumenti e metodo, il modo con cui la vita si sviluppa ed evolve, apprendendo dallo stesso processo, che è anche il modo in cui noi conosciamo, apprendendo ad apprendere. Così, le 'comunità di saperi' si strutturano attraverso una 'dinamica del comporsi', e grazie all'esercizio di una 'mediazione immanente', ridefinendo continuamente l'equilibrio all'interno del processo, lungo percorsi per salti logici.

Nel progetto dell'Osservatorio è centrale il ruolo della relazione (tra le persone, tra i fenomeni, tra le parti del processo) e altrettanto lo è quello della contestualizzazione (dei fenomeni, delle interpretazioni, delle politiche). Entrambi questi due aspetti attengono all'approccio della 'conoscenza incarnata', e per entrambi occorre lo sviluppo della sensibilità, dell'ascolto pro-attivo, dell'intersoggettività e dell'intelligenza relazionale. L'Osservatorio si pone come occasione per sviluppare nella comunità tali competenze e per sperimentare pratiche efficaci in tale direzione, nell'ottica di una comunità che si impegna per diviene più consapevole, sostenibile, pacifica.

Bibliografia

Authier M., Lévy P., *Gli alberi di conoscenze. Educazione e gestione dinamica delle competenze*, Feltrinelli, 2000 (Paris 1992).

'neurofenomenologia' di Varela, dall'approccio della 'conoscenza incarnata', e ancora, dalla mappa di navigazione fornita dal "Modello Sferico della Coscienza" di Paoletti, e dalle altre idee che abbiamo incontrato nella nostra ricerca, provando a traslare quei riferimenti nel nostro contesto di indagine.

Bateson G., *Verso un'ecologia della mente*, Adelphi, Milano 2001 (Chandler Publishing Company, 1972).

Bateson G., *Mente e natura. Un'unità necessaria*, Adelphi, Milano 1984 (New York 1979).

Bateson G., Bateson M.C., *Dove gli angeli esitano. Verso una epistemologia del sacro*, Adelphi, Milano 1989 (G. Bateson, M. C. Bateson, 1987).

Bolzoni L., *La stanza della memoria. Modelli letterari e iconografici nell'età della stampa*, Einaudi, Torino 1995.

Bolzoni L., *La rete delle immagini. Predicazione in volgare dalle origini a Bernardino da Siena*, Einaudi, Torino 2002.

Camillo G., *L'idea del theatro, con «L'idea dell'eloquenza», il «De transmutatione» e altri testi inediti*, a cura di L. Bolzoni, Adelphi, Milano 2015.

Cappuccio M. (a cura di), Neurofenomenologia. Le scienze della mente e la sfida dell'esperienza cosciente, Bruno Mondadori, Milano 2009.

Clément G., *Giardini, paesaggio e genio naturale*, Quodlibet, 2013 (College de France, 2012).

Colonna A., *Genealogia del presente e storiografia dell'architettura. Appunti dalla didattica e per la ricerca*, Calebasse, 2015.

Colonna A., *Fenomenologia e Storiografia per una "Genealogia del Presente"*, in "AR Cadernos F.A.U.T.L.", numero monografico Genealogia e Fenomenologia da Arquitectura, n.8, Marzo 2013, pp.67-72.

Colonna A., *Cartografia del tempo di una città senza tempo: i Sassi di Matera*, in Janeiro P. (a cura di), *Arquitecturas-imaginadas: representacao grafica e "outras-imagens"*, Caleidoscopio, Casal de Cambra – Portugal 2016, pp. 195-210.

Colonna A., *La Cattedra UNESCO 'Paesaggi culturali del Mediterraneo e comunità di saperi" e l'Osservatorio per la gestione dei Sassi di Matera*, in Laura

Marchetti (a cura di), *L'Umanità come Patrimonio. Complessità e intercultura nelle politiche educative UNESCO*, Andrea Pacilli editore, Manfredonia (FG) 2018, pp. 205-212.

Colonna A., *Communities of knowledge and management of Sassi di Matera's UNESCO site*, in Baños J.E., Orefice C., Bianchi F., Costantini S. (a cura di), *Good Health, Quality Education, Sustainable Communities, Human Rights. The scientific contribution of Italian UNESCO Chairs and partners to SDGs 2030*, Firenze University Press, 2019, pp. 231-236.

Colonna A., *Narrazione generativa del paesaggio e sviluppo sostenibile*, in Cosimo Montenegro (a cura di), *Dal confine tutelato al paesaggio percepito. Puglia e Basilicata – Prospettive di sviluppo territoriale interregionale e salvaguardia del territorio*, WIP Edizioni, Bari 2020, pp. 25-39.

Colonna A., *Warburg e de Martino e l'idea di Atlante della memoria iconica della civiltà occidentale: appunti per una ricerca*, in E. Imbriani (a cura di), *Ernesto de Martino e il folclore* – Atti del convegno, Progedit, Bari, 2020, pp. 48-78.

Colonna A., *Creating communities of knowledge and connecting to landscape*, in UNESCO, *Humanist Futures: Perspectives from UNESCO Chairs and UNITWIN Networks on the futures of education*, Paris, UNESCO, 2020, pp. 16-20.

Colonna A., *L'Osservatorio Sassi per la Gestione del sito UNESCO di Matera. Il progetto per l'avvio e il metodo*, Calebasse 2023.

Colonna A., Faretta A., Masciopinto M.C., *Matera, storytelling e cinema*, in Maria Ines Pascariello e Alessandra Veropalumbo (a cura di), *La Città Palinsesto. Tracce, sguardi e narrazioni sulla complessità dei complessi urbani storici*, Atti del Convegno CIRICE, FedOA Federico II University Press 2020, Tomo secondo, pp. 123-130.

Colonna A., Fiore D., *Il Piano di Gestione de "I Sassi e il Parco delle chiese rupestri di Matera"*, pubblicato on line: http://www.comune.matera.it/piano-di-gestione-unesco ; https://www.regione.basilicata.it/giunta/files/docs/DOCUMENT_FILE_2992928.pdf

Common Worlds Research Collective, *Learning to become with the world: Education for future survival. Paper commissioned for the UNESCO Futures of Education Report,* UNESCO 2020. *Futures of Education Report*, pubblicato nel 2021.

Dichiarazione delle Cattedre UNESCO Italiane per la sostenibilità, 2021, http://unescoblob.blob.core.windows.net/pdf/UploadCKEditor/DICHIARAZIONE%20Cattedre%20UNESCO%20italiane_ottobre%202021%201.pdf

Didi-Huberman G., *L'immagine insepolta. Aby Warburg, la memoria dei fantasmi e la storia dell'arte*, Bollati Boringhieri, Torino 2017 (Paris 2000).

Foster K.W., Mazzucco K., *Introduzione ad Aby Warburg e all'Atlante della Memoria*, Bruno Mondadori, 2002.

Gallagher S., *Philosophical conceptions of the self: implications for cognitive science*, in "Trends in Cognitive Sciences", gennaio 2000, vol. 4, pp. 14-21.

Gallagher S., Zahavi D., *La mente fenomenologica. Filosofia della mente e scienze cognitive*, Cortina, Milano 2009 (Routledge, 2008).

Gazzaniga M.S., *La coscienza è un istinto. Il legame misterioso tra il cervello e la mente*, Raffaello Cortina, 2019 (Farrar, Straus and Giroux, 2018).

Gazzaniga M.S., *L'interprete. Come il cervello decodifica il mondo*, Di Renzo, 2007.

Hadot P., *Esercizi spirituali e filosofia antica*, Einaudi 2005 (Paris 2002).

Hadot P. (a cura di), *Manuale di Epitteto*, Einaudi, Torino 2006 (Paris 2000).

Hadot P., *La cittadella interiore. Introduzione ai «Pensieri» di Marco Aurelio*, Milano 1996 (Paris 1992).

Harari Y. N., *Sapiens. Da animali a dei. Breve storia dell'umanità*, Bompiani 2017 (Harvill Secker, 2014).

Harari Y. N., *Homo deus. Breve storia del futuro*, Bompiani 2018 (Harvill Secker, 2016).

Kuwakino K., *L'architetto sapiente. Giardino, teatro, città come schemi mnemonici tra il XVI e il XVII secolo*, Leo S. Olschki, Firenze 2011.

Lévy P., *L'intelligenza collettiva. Per un'antropologia del cyberspazio*, Feltrinelli, 1996 (Paris 1994).

Morin E., *I sette saperi necessari all'educazione del futuro*, Raffaelo Cortina 2001 (UNESCO, 1999).

Nicolescu B., *Il manifesto della transdisciplinarità*, Armando Siciliano Editore, Messina 2014 (Paris 1996).

Paoletti P., Dotan Ben Soussan T., *The Sphere Model of Consciousness: From Geometrical to NeuroPsycho-Educational Perspectives*, Logica Universalis, Springer, 2019.

Paoletti P., Ben-Soussan T.D., *Reflections on Inner and Outer Silence and Consciousness Without Contents According to the Sphere Model of Consciousness*, in "Frontiers in Psychology", 2020.

Paoletti P., Ben-Soussan T.D., *Emotional Intelligence, Identification, and Self-Awareness According to the Sphere Model of Consciousness*, in S.G. Taukeni (a cura di), *The Science of Emotional Intelligence*, IntechOpen, London 2021.

Paoletti P., Di Giuseppe T., Lillo C., Serantoni G., Perasso G., Maculan A., Vianello F., *La resilienza nel circuito penale minorile in tempi di pandemia: un'esperienza di studio e formazione basata sul Modello Sferico della Coscienza su un gruppo di educatori*, in "Narrare i gruppi – Etnografia dell'interazione quotidiana, prospettive cliniche e sociali, design", Latest, 10 luglio 2022.

Paoletti P., Leshem R., Pellegrino M., Ben-Soussan T.D., Tackling the Electro-Topography of the Selves Through the Sphere Model of Consciousness, in "Frontiers in Psychology", 2022.

Pintimalli A., Di Giuseppe T., Serantoni G., Glicksohn J., Ben-Soussan T.D., *Dynamics of the Sphere Model of Consciousness: Silence, Space, and Self*, in "Frontiers in Psychology", 2020.

Serres M., *L'uomo contemporaneo*, Lectio Magistralis, in Università degli Studi di Urbino – Facoltà di Sociologia, Conferimento della laurea honoris causa in Sociologia a Michel Serres, Urbino 2001.

Serres M., *Hominescence*, Paris 2001.

Varela F., *Neurophenomenology. A methodological remedy for the hard problem*, in "Journal of consciousness studies", 1996, 3, No. 4, pp. 330-349; trad. it. in M. Cappuccio (a cura di), *Neurofenomenologia. Le scienze della mente e la sfida dell'esperienza cosciente*, Mondadori, Milano 2006, pp. 65-93.

Varela F., Thompson E., Rosch E., *The embodied mind. Cognitive Science and Human Experience*, The MIT Press - Massachusetts Institute of Technology, Cambridge 1991.

Varela F., *Autopoiesi ed emergenza*, in Réda Benkirane (interviste a cura di), *La teoria della complessità*, Bollati Boringhieri, Torino, 2007.

Watzalawick P., Beavin J.H., Jackson D.D., *Pragmatica della comunicazione umana. Studio dei modelli interattivi delle patologie e dei paradossi*, Astrolabio, Roma 1071 (New York 1967).

La partecipazione nella gestione del patrimonio culturale: un inquadramento teorico e normativo, il modello organizzativo della Fondazione di Comunità e annotazioni per l'Osservatorio Sassi

Grazia Rutica

Introduzione

Il contributo nasce nell'ambito della ricerca svolta per conto della Cattedra UNESCO dell'Università degli Studi della Basilicata tra settembre 2019 e luglio 2020. La ricerca ha sviluppato e approfondito aspetti riguardanti l'istituzione di un Osservatorio Permanente, come strumento attuativo del Piano di Gestione per la tutela e la valorizzazione del patrimonio UNESCO della città di Matera. L'Osservatorio è inteso sia come strumento per l'attuazione e il monitoraggio del Piano, sia come canale attraverso cui promuovere la partecipazione della comunità ai processi di riconoscimento e valorizzazione del proprio patrimonio culturale.

Il ragionare sulla definizione di una proposta per la tutela e la valorizzazione di un patrimonio UNESCO ha, conseguentemente, aperto una riflessione rispetto ai riferimenti culturali e normativi europei, oltre che nazionali. Allo stesso tempo, è stato utile analizzare gli aspetti peculiari del patrimonio culturale italiano per contestualizzare la proposta per i Sassi e il Parco della Murgia materana in un più ampio contesto culturale e di politiche, strategie ed esperienze nazionali.

Il contributo intende offrire una panoramica sulle tematiche della partecipazione inquadrandone la rilevanza nella gestione del patrimonio culturale e introducendo i modelli finora adottati in Italia, mettendone in luce punti di forza e di debolezza. L'obiettivo è di proporre un campo semantico e valoriale di riferimento per la costruzione e la definizione dell'identità dell'Osservatorio Sassi.

A fronte della casistica dei modelli di gestione individuati ed analizzati, delle considerazioni emerse dall'analisi del contesto e degli spunti progettuali dati dai riferimenti europei e nazionali, viene proposta la Fondazione di Comunità, quale strumento idoneo per promuovere la tutela e la valorizzazione del patrimonio e la partecipazione della comunità nella gestione del sito UNESCO materano, sia in relazione al quadro valoriale in cui si inserisce sia in termini di forma giuridico-normativa.

Dal punto di vista giuridico le Fondazioni di Comunità si configurano come un particolare tipo di fondazione di partecipazione, in cui i membri sono "espressione della comunità" di uno specifico territorio. I caratteri propri di questo strumento sono stati individuati sia attraverso lo studio bibliografico sia attraverso l'analisi di casi esistenti in Italia.

Sulla scorta di queste analisi e considerazioni la ricerca si è arricchita di una proposta in forma di annotazioni per contribuire alla definizione dell'Osservatorio Sassi di Matera.

La partecipazione per la valorizzazione del patrimonio culturale: alcuni principi teorici e riferimenti normativi

La progressiva costruzione di politiche europee che alla base hanno una nozione di patrimonio culturale, in cui assumono un'importanza rilevante le comunità di riferimento, si intreccia con la sperimentazione di nuovi modelli di gestione per far fronte all'attuale condizione di emergenza in cui grava il patrimonio italiano. Nel corso degli anni, ciò ha portato alla sperimentazione di diverse modalità di gestione attraverso modelli nuovi e sempre più ibridi che vedono il coinvolgimento di enti privati e del terzo settore. Non esiste un modello unico, e attraverso la sperimentazione emergono punti di forza e di debolezza dei diversi modelli e si affina la capacità di definirne l'applicabilità e l'adattabilità ai diversi contesti.

A livello europeo, il documento che rappresenta un punto di riferimento imprescindibile per chi si occupa di patrimonio e del suo ruolo nella società contemporanea, è la Convenzione Quadro del Consiglio d'Europa sul valore del patrimonio culturale per la società, comunemente detta Convenzione di Faro. Difatti è a Faro in Portogallo, il 27 giugno del 2005, dove si svolge il primo incontro per la firma degli Stati membri del Consiglio d'Europa e per l'adesione dell'Unione Europea e degli Stati non membri. Il documento, entrato in vigore nel 2011 e firmato nel 2013 da ventuno Paesi tra cui l'Italia, in quanto Convenzione quadro, non ha valore vincolante per gli Stati firmatari, ma ne afferma principi ed aree d'azione condivisi e si radica in un percorso che si è sviluppato nel contesto internazionale a partire dalla fine degli anni Ottanta.

Tale percorso ha portato alla progressiva costruzione di una rinnovata nozione di patrimonio culturale, di cui l'elemento cardine e innovativo è costituito dall'aver spostato l'attenzione dall'oggetto – il patrimonio culturale e la necessità di conservazione dei beni ereditati dal passato – al soggetto – cittadini e comunità. Si tratta di un rovesciamento di prospettiva, che individua la persona e i valori umani quali elementi che concorrono a definire il patrimonio stesso.

Oltre che della preminenza dei soggetti, la Convenzione quadro si muove nella direzione di un generale riconoscimento dell'importanza dei processi per la significatività del patrimonio e della sua vitalità. Il valore del patrimonio, riconosciuto come qualcosa di socialmente costruito, è soggetto al riconoscimento e all'arricchimento da parte della comunità. Questa se ne appropria e lo ridefinisce in un processo di continua rigenerazione che dipende da fattori storici, sociali e culturali, nei loro aspetti tangibili e intangibili, strutturalmente interrelati.

Il patrimonio culturale, così come riportato nella Convenzione di Faro, viene definito come «*insieme di risorse ereditate dal passato che le popolazioni identificano, indipendentemente da chi ne detenga la proprietà, come riflesso ed espressione dei loro valori, credenze, conoscenze e tradizioni, in continua evoluzione*». Si pone, così, l'accento su un rapporto mutualmente istitutivo che intercorre tra il patrimonio e la comunità di riferimento.

Indipendentemente dalla loro proprietà, il patrimonio culturale viene identificato come una risorsa attraverso cui le comunità possono esprimere la propria identità. La conseguente indifferenza rispetto all'assetto proprietario, si riflette nella definizione del diritto al patrimonio culturale, che si concreta nel diritto di chiunque – individuo o collettività – di beneficiare del patrimonio culturale e di contribuire al suo arricchimento e, contemporaneamente, nella responsabilità – individuale e collettiva – di rispettare il patrimonio culturale, proprio e altrui.

In tal senso, la Convenzione di Faro compie un ulteriore passo avanti rispetto al concetto sancito dalla Dichiarazione universale dei diritti dell'uomo (Parigi 1948) e garantito dal Patto internazionale sui diritti economici, sociali e culturali (Parigi 1966), per cui la conoscenza e l'uso dell'eredità culturale rientrano fra i diritti dell'individuo a prendere parte liberamente alla vita culturale della comunità e a godere delle arti. La Convenzione di Faro, difatti, riconosce il ruolo attivo delle popolazioni nel riconoscimento dei valori dell'eredità culturale e invita gli Stati a promuovere un processo di valorizzazione partecipativo, fondato sulla sinergia fra pubbliche istituzioni, cittadini privati e associazioni, «*al fine di aumentare la consapevolezza sul suo valore, sulla necessità di conservarlo e preservarlo e sui benefici che ne possono derivare*».

La partecipazione dei cittadini e delle comunità diventa la chiave per leggere il patrimonio come volano per lo sviluppo sostenibile e il miglioramento della qualità della vita: «*Emphasising the value and potential of cultural heritage wisely used as a resource for sustainable development and quality of life in a constantly evolving society*» (CETS, n. 199, Preambolo)

L'attenzione alla comunità, quale luogo istitutivo di significati, e l'orientamento al futuro del patrimonio, quale processo evolutivo e quale fonte di sviluppo, si rispecchia nel concetto di *heritage community* (comunità patrimoniale), così definito: «*Una heritage community è costituita da un insieme di persone che attribuiscono valore ad aspetti specifici del patrimonio culturale, che esse desiderano sostenere e trasmettere alle generazioni future, nel quadro di un'azione pubblica*».

Sono definite come comunità flessibili, trasversali e aperte, più o meno spontanee, non necessariamente accomunate dai classici parametri quali la cittadinanza, l'etnia, la professione, la classe sociale, la religione. Possono avere un'estensione territoriale più o meno ampia (locale, regionale, nazionale, sovranazionale); essere temporanee o permanenti; essere formate da individui che appartengono allo stesso tempo a più gruppi; e così via, senza alcuno schema predefinito[1]. Ciò che unisce queste comunità è l'interesse rispetto a particolari aspetti del patrimonio culturale di cui possono farsi direttamente carico, nel quadro di un'azione pubblica, sostenendoli e trasmettendoli alle generazioni future.

Ciò si traduce nell'esigenza di un loro coinvolgimento nella 'gestione integrata' del patrimonio stesso, in concomitanza con tutti gli altri attori sociali, per concretizzare un'azione che vada nella direzione del diritto al patrimonio culturale, della responsabilità e della partecipazione gestionale delle comunità e dello sviluppo sostenibile.

In tal senso, il concetto di comunità patrimoniali è strettamente legato alle nozioni di 'accesso' e 'partecipazione' e, di conseguenza, diventano necessarie politiche e strategie capaci di favorire processi partecipati rispetto al patrimonio e ai processi decisionali ad esso relativi. In termini europei, ciò significa investire in interventi strategici e dinamici di *audience development* rispetto ad un pubblico inteso non semplicemente

---

[1] Carmosino C., 2013, *La Convenzione quadro del Consiglio d'Europa sul valore del patrimonio culturale per la società*, in "Aedon rivista di arti e diritto online", 1/2013.

come visitatore del patrimonio, bensì come comunità di riferimento.

Non si tratta semplicemente di incrementare i numeri della partecipazione e di diversificare le fasce di popolazione che usufruiscono di beni e attività culturali, ma anche e soprattutto di rafforzare il legame tra istituzioni culturali e cittadini, promuovendone la partecipazione ai processi decisionali e alle attività di gestione.

In sostanza, possiamo affermare che i concetti esposti finora, individuati come punti chiave della Convenzione di Faro, concorrono alla definizione di un quadro logico per iscrivere ciò che è considerato patrimonio culturale nella sfera dei *commons* (beni comuni): «*Sono Beni comuni le cose – materiali, immateriali e digitali – che per la loro natura e funzione, forme d'uso e gestione, utilità generate soddisfano diritti fondamentali e bisogni socialmente ed ecologicamente rilevanti, servendo immediatamente la collettività, la quale, nella persona dei suoi componenti, è ammessa istituzionalmente a goderne in modo diretto.*»

Un 'bene comune' è definito come uno specifico 'bene' condiviso e vantaggioso per tutti – o per la maggior parte – dei membri di una determinata comunità. Sono beni condivisi di cui beneficiano tutti, prescindendo dal loro assetto proprietario. Acqua, aria, ambiente sono beni comuni in senso globale.

Quanto detto è applicabile anche ad un patrimonio culturale inteso così come descritto nella Convenzione di Faro. Se è vero che il patrimonio culturale appartiene all'umanità ed è custodito per le generazioni future, nel caso di un centro storico di una città, un monumento, un museo locale, un giardino pubblico, un paesaggio, si parla di beni di cui beneficiano specifiche comunità e possono rappresentare elementi chiave dello sviluppo locale, contribuendo a migliorare la qualità della vita di quella comunità e producendo integrazione, coesione sociale e senso di appartenenza.

I principi della Convenzione Faro: parole chiave	
Cultural Heritage (Patrimonio Culturale)	Insieme di risorse ereditate dal passato che le popolazioni identificano, indipendentemente da chi ne detenga la proprietà, come riflesso ed espressione dei loro valori, credenze, conoscenze e tradizioni, in continua evoluzione
Heritage Community (Comunità Patrimoniale)	Insieme di persone che attribuiscono valore ad aspetti specifici del patrimonio culturale che esse desiderano sostenere e trasmettere alle generazioni future, nel quadro di un'azione pubblica
Commons (Beni Comuni)	Le cose – materiali, immateriali e digitali – che per loro natura e funzione, forme d'uso e gestione, utilità generate, soddisfano diritti fondamentali e bisogni socialmente ed ecologicamente rilevanti, servendo immediatamente la collettività, la quale, nella persona dei suoi componenti, è ammessa istituzionalmente a goderne in modo diretto
Heritage Commons (Patrimonio come Bene Comune)	

Nel contesto nazionale, il tema della tutela e della valorizzazione del patrimonio culturale è strettamente relazionato ai suoi aspetti peculiari, che concorrono a definirne il carattere unico, ma anche le sue specifiche problematiche.

L'Italia, spesso descritta come un museo a cielo aperto, è depositaria di uno straordinario patrimonio di beni culturali. In termini dimensionali parliamo di più di quattromilacinquecento beni edificati, di cui tremilaottocentoquarantasette musei, cinquecentouno monumenti e duecentoquaranta aree archeologiche - oltre a più di settecentocinquanta tra chiese, basiliche e conventi del FEC - Fondo Edifici di Culto. In termini di superficie si misurano più di 2,1 milioni di mq. In termini di 'patrimonio dell'umanità' conta con cinquantuno siti UNESCO (il più alto numero tra i Paesi al mondo).

Quello italiano è un patrimonio caratterizzato da quattro principali aspetti: la ricchezza, ovvero la presenza di numerosi siti di interesse archeologico storico e artistico nella stessa area geografica; la varietà di beni archeologici millenari, beni architettonici e artistici di epoche e civiltà differenziate (non è inusuale in una città leggere le tracce indelebili del susseguirsi delle civiltà); una varietà che si esprime anche nella diversità delle componenti del patrimonio (musei, biblioteche, archivi, monumenti, parchi, centri storici); la diffusione e la parcellizzazione del patrimonio in quasi tutti gli ottomila comuni; la complementarità che, di fronte ad un patrimonio che si configura come un sistema organico fortemente integrato con il territorio, richiede una capacità di gestione integrata che risulta particolarmente complessa in presenza di una pluralità di attori pubblici e privati.

I principali aspetti del Patrimonio Culturale Italiano	
RICCHEZZA	La ricchezza, ovvero la presenza di numerosi siti di interesse archeologico storico e artistico nella stessa area geografica
VARIETA'	La varietà di beni archeologici, beni architettonici e artistici di epoche e civiltà differenziate, che si esprime anche nella diversità delle componenti del patrimonio (musei, biblioteche, archivi, monumenti, parchi, centri storici).
DIFFUSIONE E PARCELLIZZAZIONE	La diffusione e la parcellizzazione del patrimonio in quasi tutti gli ottomila comuni.
COMPLEMENTARITA'	La complementarità che, di fronte ad un patrimonio che si configura come un sistema organico fortemente integrato con il territorio, richiede una capacità di gestione integrata che risulta particolarmente complessa in presenza di una pluralità di attori pubblici e privati.

L'enorme ricchezza, varietà e diffusione del patrimonio culturale rappresentano da una parte un'importante opportunità sulla base della quale costruire strategie di sviluppo, dall'altra un'enorme sfida per chiunque voglia contribuire alla salvaguardia e alla conoscenza di un sistema così complesso.

Le indagini, finalizzate a quantificare l'impatto economico del comparto culturale, evidenziano la rilevanza di tale settore sull'occupazione e sull'economia e riescono a far emergere il potenziale del patrimonio culturale come volano per lo sviluppo del Paese. Tuttavia il valore del patrimonio culturale in Italia non risiede solo nella sua componente economica, ma ha anche altre valenze, in primo luogo quella identitaria. L'enfasi sull'aspetto identitario è cruciale per una corretta analisi dei fenomeni che stanno interessando attualmente il patrimonio culturale italiano.

Salvatore Settis, ad esempio, mette in luce proprio la valenza identitaria del patrimonio nel 'modello Italia'[2], descrivendo efficacemente il patrimonio in termini di contiguità e continuità. Il patrimonio, considerato "un elemento portante irrinunciabile della società civile e dell'identità civica dei cittadini italiani", non è la mera numerosità di elementi culturali, singolarmente considerati, conservati e musealizzati, bensì «*la presenza diffusa, capillare, viva di un patrimonio solo in piccola parte conservato nei musei, e che incontriamo invece, anche senza volerlo e anche senza pensarci, nelle strade delle nostre città, nei palazzi in cui hanno sede abitazioni, scuole e uffici, nelle chiese aperte al culto;* [un patrimonio] *che fa tutt'uno con la nostra lingua, la nostra musica e letteratura, la nostra cultura*»"[3]. Continuità e contiguità diventano quindi le parole chiave per descrivere un patrimonio che "ci avvolge e che ci identifica" e si riconosce nelle "città nelle quali viviamo, le chiese in cui entriamo, le case e i palazzi in cui abitiamo o che visitiamo, le nostre coste e le nostre montagne." Ancora citando Settis, «*Il nostro patrimonio culturale non è un'entità estranea, calata da fuori, ma*

[2] Settis S., 2002, *Italia S.p.A. All'assalto del patrimonio culturale*, Torino, Einaudi, cap. II.

[3] *Ivi*, p.10.

qualcosa che abbiamo creato nel tempo [...] *Il nostro bene culturale più prezioso è il contesto, il continuum fra i monumenti, le città, i cittadini; e del contesto fanno parte integrante non solo musei e monumenti, ma anche la cultura della conservazione che li ha fatti arrivare fino a noi.*»

Un altro elemento da cui emerge la valenza identitaria del patrimonio è il forte "impegno dello Stato a proteggerlo o assicurandosene la proprietà o stabilendo norme di tutela applicabili anche a quanto resta in mani private"[4].

Glossario introduttivo ai fondamenti istituzionali	
BENI CULTURALI	Sono beni culturali le cose immobili e mobili appartenenti allo Stato, alle Regioni, agli altri Enti pubblici territoriali, nonché ad ogni altro ente ed istituto pubblico e a persone giuridiche private senza fine di lucro, ivi compresi gli enti ecclesiastici civilmente riconosciuti, che presentano interesse artistico, storico, archeologico o etnoantropologico, quali testimonianze aventi valore di civiltà.
COMPITI E FINALITÀ	In attuazione dell'articolo 9 della Costituzione, la Repubblica tutela e valorizza il patrimonio culturale al fine di preservare la memoria della comunità nazionale e del suo territorio e a promuovere lo sviluppo della cultura.
TUTELARE	La tutela consiste nell'esercizio delle funzioni e nella disciplina delle attività dirette, sulla base di un'adeguata attività conoscitiva, ad individuare i beni costituenti il patrimonio culturale ed a garantirne la protezione e la conservazione per fini di pubblica fruizione.
VALORIZZARE	La valorizzazione è ogni attività diretta a migliorare le condizioni di conoscenza e di conservazione del patrimonio culturale e ad assicurarne e incrementarne le migliori condizioni di utilizzazione e fruizione pubblica, così da trasmettere i valori di cui tale patrimonio è portatore.
COMPETENZE	La tutela è di competenza esclusiva dello Stato. La valorizzazione è svolta in maniera concorrente tra Stato e Regioni e prevede anche la partecipazione di soggetti privati.

[4] *Ivi*, p.11.

L'Italia è una delle poche nazioni al mondo ad aver inserito il principio della tutela del paesaggio e del patrimonio storico artistico all'interno della sua Carta Costituzionale. L'art. 9 recita infatti: "La Repubblica promuove lo sviluppo della cultura e la ricerca scientifica e tecnica. Tutela il paesaggio e il patrimonio storico e artistico della Nazione". Su queste basi, un'efficace gestione del patrimonio culturale italiano risulta fondamentale in termini di conoscenza, tutela e fruizione di una risorsa dal grande potenziale. Ad oggi, tuttavia, gran parte di tale risorsa verte in uno stato di abbandono e l'urgenza di intervenire assume una particolare rilevanza anche alla luce del carattere sociale ed identitario che assume il patrimonio culturale in Italia.

Indubbiamente le caratteristiche stesse del patrimonio culturale italiano pongono un significativo problema di risorse. Se in altri Paesi la possibilità di valorizzare un sito è spesso connesso alla particolarità e all'esclusività di quel luogo, in Italia ci troviamo nella condizione per cui in una limitata area geografica si contano decine (se non centinaia) di siti con caratteristiche simili. Ciò da un lato pone il problema degli investimenti per la tutela e la conservazione di un numero limitato di risorse a fronte di un numero molto significativo di siti, dall'altro il problema dell'eccesso di offerta culturale di pregio che abbassa l'attrattività del singolo sito[5].

In ogni caso, la spesa del nostro Paese per la "tutela e valorizzazione beni e attività culturali e beni paesaggistici" è inferiore rispetto a quella di altri Paesi come Francia (0,75%) o Spagna (0,67%). A livello nazionale, nel Mezzogiorno la spesa dei Comuni per la cultura è in media 4,8 euro per abitante, contro i 14,3 euro nel Nord e i 12,3 del Centro. Un divario che a livello internazionale si traduce in un *gap* competitivo del ritorno economico del patrimonio storico-artistico-culturale italiano rispetto ad altri Paesi e a livello nazionale si riflette anche sullo

[5] Consiglio S., Riitano A., 2015, *Sud Innovation. Patrimonio culturale, innovazione sociale e nuova cittadinanza*, Franco Angeli, Milano.

stato di conservazione degli edifici storici, con le regioni meridionali agli ultimi posti[6].

Tuttavia, come anche esposto da Stefano Consiglio e Agostino Riitano[7], la scarsa capacità da parte del governo italiano di sviluppare il potenziale del patrimonio italiano è da associare anche all'inadeguatezze dei modelli di gestione finora adottati. Consiglio e Riitano fanno riferimento a tre modelli di gestione, di cui evidenziano potenzialità e difficoltà attuative fino ad oggi riscontrate: il modello pubblicistico, il modello privato *for profit*, il modello volontaristico/associativo.

Modelli di Gestione del Patrimonio Culturale (da S. Consiglio e A. Riitano)	
MODELLO PUBBLICISTICO	Affidamento della responsabilità di gestire in modo integrato e unitario l'enorme patrimonio italiano ad un'unica organizzazione statale, il Ministero per i Beni e le Attività Culturali.
MODELLO PRIVATO *FOR PROFIT*	Serie di modelli incentrati sulle *partnership* pubblico-private e sul ricorso alle Fondazioni come modello di gestione del patrimonio culturale, anche grazie all'approvazione di una serie di importanti provvedimenti legislativi.
MODELLO VOLONTARISTICO /ASSOCIATIVO	Azioni di diversa natura che vedono la comunità direttamente ed attivamente coinvolta dall'organizzazione di campagne di sensibilizzazione fino ad attività di manutenzione ordinaria di luoghi patrimonio culturale.

[6] La Rocca G., 2015, *Welfare di comunità e innovazione sociale nel Mezzogiorno. Coi beni comuni.*, [online] disponibile a: https://www.secondowelfare.it/terzo-settore/fondazioni/beni-comuni-come-rafforzare-il-welfare-di-comunita-e-fare-innovazione-sociale-nel-mezzog%E2%80%A6 [ultimo accesso 10 gennaio 2020].
[7] Consiglio S., Riitano A., 2015, *Sud Innovation. Patrimonio culturale,* cit.

Circa il Modello Pubblicistico, coerentemente con la volontà di garantire l'unitarietà del patrimonio e la necessità di tutelare e salvaguardare il territorio, si è scelto di affidare ad un'unica organizzazione statale - il Ministero per i Beni e le Attività Culturali - la responsabilità di gestire in modo integrato e unitario l'enorme patrimonio italiano. Questa scelta, sebbene coerente con un quadro valoriale, ha comportato numerose difficoltà nei suoi risvolti applicativi. Inoltre ulteriori criticità sono emerse in relazione a due significativi provvedimenti. Nel 2001 con l'approvazione della legge costituzionale n. 3 del 2001 che ha modificato il Titolo V della Costituzione italiana si riserva allo Stato centrale esclusivamente la tutela del patrimonio e viene introdotto il concetto di potere legislativo concorrente tra Stato e Regioni in materia di valorizzazione dei beni culturali, promozione e organizzazione di attività culturali. Segue nel 2004 l'entrata in vigore del nuovo Codice dei Beni Culturali e del Paesaggio (il cosiddetto Codice Urbani). In questo quadro normativo, la struttura centrale del Ministero, cosi come le strutture periferiche territoriali si sono spesso trovate impreparate a gestire la complessità del patrimonio, in una situazione caratterizzata oltretutto da un taglio significativo delle risorse destinate alla manutenzione del patrimonio. La presenza e il ruolo dei soggetti pubblici è indubbiamente estremamente significativa per la gestione del patrimonio culturale. Da una parte per le caratteristiche e le dimensioni del patrimonio stesso, dall'altra per l'estrema attenzione della legislazione al valore identitario. Tuttavia ad oggi, anche rispetto all'attuale situazione in cui vertono, è difficile immaginare che le istituzioni pubbliche possano da sole trovare risposte adeguate ed efficaci.

Con il Modello Privato *for profit* l'ingresso dei privati nella questione della gestione dei beni culturali nasce in risposta alle difficoltà mostrate negli anni dal sistema pubblico nel tutelare e gestire il patrimonio culturale italiano, che si sono tradotte in inefficienza, lentezza e scarsa propensione all'innovazione del modello burocratico degli enti pubblici che hanno la responsabilità del patrimonio. Nel corso degli anni, si sono andati definendo una serie di modelli incentrati sulle partnership pubblico-private e sul ricorso alle Fondazioni come modello di gestione del patrimonio culturale, anche grazie all'approvazione di una serie di importanti provvedimenti legislativi, che hanno conferito ai soggetti pubblici la possibilità di esternalizzare, attraverso bandi pubblici, le cosiddette attività accessorie, oltre all'enfatizzazione della distinzione tra tutela e valorizzazione espressa dal codice Urbani e dalla riforma del titolo V della Costituzione.

Tuttavia, il ricorso al privato *for profit* difficilmente può essere considerata la risposta per la risoluzione del problema del patrimonio diffuso e abbandonato. L'attenzione degli operatori *profit oriented* si focalizza prevalentemente sui cosiddetti grandi attrattori, capaci di rendere sostenibile economicamente l'investimento. La grande maggioranza del patrimonio non presenta le condizioni che rendono possibile la produzione di risorse necessarie per garantire il ritorno sull'investimento che determina la sostenibilità dell'intervento per un privato.

Il terzo Modello è quello Volontaristico/Associativo. Ad oggi migliaia di cittadini, organizzati in grandi e piccole associazioni, si dedicano attivamente a proteggere siti archeologici, luoghi simbolici, chiese, aree protette dall'abbandono e dall'incuria. Si tratta di un fenomeno diffuso in tutto il paese che testimonia una grande sensibilità e attenzione rispetto all'emergenza del patrimonio abbandonato e alla cura dei luoghi in cui si identificano le proprie radici culturali. L'operato di questi cittadini, volto alla conoscenza e alla fruizione di questi luoghi, si traduce in azioni di diversa natura che vedono la comunità direttamente ed attivamente coinvolta dall'organizzazione di campagne di sensibilizzazione fino ad attività di manutenzione ordinaria di questi luoghi. Negli ultimi anni è in corso un processo di sensibilizzazione progressivo delle amministrazioni rispetto al valore di queste iniziative nate dalla dedizione e dall'impegno di tanti cittadini. Tuttavia non si può parlare di un quadro organico e diffuso su tutto il territorio nazionale, che dia sostenibilità e garantisca la continuità di una gestione di questo tipo. Spesso queste iniziative sono rese possibili grazie ad accordi formali ed informali tra micro organizzazioni e responsabili delle sovrintendenze o degli uffici comunali preposti. Inoltre, sebbene in questo mondo associativo spicchino alcune realtà più strutturate - come il Fondo Ambiente Italiano (FAI) - la mancanza di un modello di microsostenibilità economica, fa di queste realtà, in particolare quelle più piccole, esperienze episodiche, non ancora in grado di ridare vita in modo sistematico al patrimonio abbandonato[8].

La Fondazione di Comunità per la gestione partecipativa del patrimonio culturale: il modello organizzativo e i casi studio

"Le Fondazioni di Comunità sono enti non profit con personalità giuridica, privata e autonoma che nascono e si sviluppano anche su iniziativa di soggetti istituzionali, economici e del Terzo Settore di uno specifico territorio. Il loro scopo è quello di migliorare la qualità della vita della comunità presso la quale sorgono. Operano come snodo fra le parti sociali presenti in una specifica area geografica lavorando con loro sui bisogni emergenti e sull'implementazione della cultura e della pratica del dono." [9]

Questa tipologia atipica di fondazione si ispira alle *Community Foundations*, che nascono nel 1914 negli Stati Uniti, anno di costituzione della prima *community foundation*, la *Cleveland Foundation*, fondata in Ohio dal banchiere Frederick Harris Goff.

A partire dalla seconda metà degli anni Novanta si registra una diffusione esponenziale che investe tutti i continenti. Nel 2017 si contano mille ottocento fondazioni di comunità nel

---

[8] *Ivi*, pp. 19-22.

[9] https://italianonprofit.it/filantropia-istituzionale/fondazioni-di-comunita/.

mondo (settecento negli USA, seicento in Europa e cinquecento negli altri continenti). La crescita esponenziale e diffusa dimostra un'interessante capacità del modello di adattarsi ai diversi contesti culturali. Ad oggi, si può definire il fenomeno in più rapida crescita della filantropia istituzionale.

In Italia, le prime Fondazioni di Comunità nascono in Lombardia nel 1999 ad opera di Fondazione Cariplo, a Lecco e Como. Da allora, questa esperienza si è diffusa in tutto il Paese e già nel 2017 risultavano quarantuno quelle censite. La maggior parte nascono su spinta di altre Fondazioni (Fondazione Cariplo, Compagnia di San Paolo, Fondazione con il Sud, Fondazioni di Venezia), ma esistono anche casi di Fondazioni di Comunità nate su iniziativa di realtà locali.

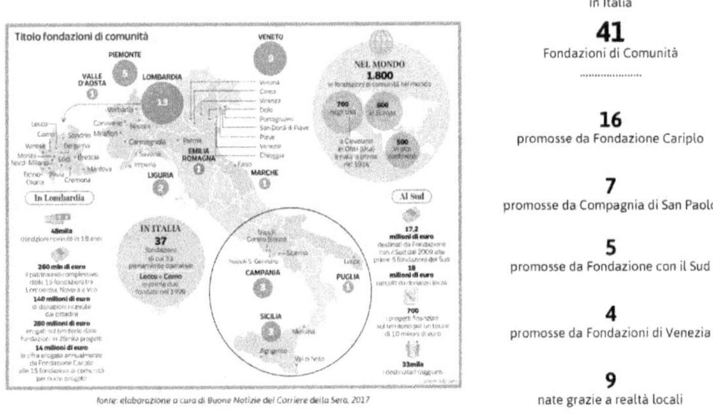

fonte: elaborazione a cura di Buone Notizie del Corriere della Sera, 2017

La loro caratteristica principale è quella di cercare direttamente nel territorio le risorse da redistribuire nello stesso ambito geografico. In generale, le Fondazioni di Comunità possono essere descritte come attori del welfare, quando investono in progetti di prossimità che migliorano la qualità della vita della comunità di riferimento, o come attivatori di risorse, quando attivano le energie e le capacità del territorio, generando valore di lungo periodo, o come catalizzatori di donazioni, quando raccolgono donazioni e erogazioni liberali dalla comunità e dai soggetti del territorio, valorizzandole grazie ad una gestione strategica, e infine come strumenti di sussidiarietà, quando intervengono laddove si manifesta il bisogno sociale e rispondono alle necessità andando ad integrare gli altri attori del welfare.[10]

Caratteristiche/Ruoli delle Fondazioni di Comunità	
ATTORI DEL WELFARE	Investono in progetti di prossimità che migliorano la qualità della vita della comunità di riferimento
ATTIVATORI DI RISORSE	Attivano le energie e le capacità del territorio, generando valore di lungo periodo
CATALIZZATORI DI DONAZIONI	Raccolgono donazioni e erogazioni liberali dalla comunità e dai soggetti del territorio, valorizzandole grazie ad una gestione strategica
STRUMENTI DI SUSSIDIARIETA'	Intervengono laddove si manifesta il bisogno sociale e rispondono alle necessità andando ad integrare gli altri attori del welfare

Nella pratica, le Fondazioni di Comunità presenti sul territorio nazionale, si configurano sia come fondazioni erogative, sia come fondazioni operative che, tramite l'apporto diretto di conoscenze, competenze e know-how, sviluppano progetti e metodologie innovative di risposta al bisogno.

Di seguito vengono analizzati alcuni casi studio che, in funzione della definizione dell'Osservatorio Sassi di Matera, forniscono elementi di valutazione circa quello che una

---

10 https://italianonprofit.it/filantropia-istituzionale/fondazioni-di-comunita/

Fondazione di Comunità per il patrimonio UNESCO può diventare. [11]

Un primo esempio analizzato è la Fondazione della Comunità di Mirafiori, che è una ONLUS.

Fondazione della Comunità di Mirafiori ONLUS	
Anno di costituzione	2010
Statuto	2012
Promossa da	Compagnia di San Paolo
Missione	La Fondazione svolge attività di solidarietà sociale e di pubblica utilità promuovendo, in particolare, lo sviluppo e il miglioramento della qualità della vita degli abitanti di Mirafiori.
Territorio di riferimento	Quartiere Mirafiori Sud – Torino Abitanti 38000 Superficie 11,5 km2

La Fondazione della Comunità di Mirafiori, una ONLUS, nasce dalla necessità di stabilizzare e dare continuità ai risultati di un processo avviato nel 2001 attraverso un PRU-Piano di Recupero Urbano, un piano che insieme a importanti interventi di riqualificazione dello spazio urbano, aveva finanziato percorsi paralleli di sviluppo della comunità. La storia è quella di un processo che ha portato alla sottoscrizione di uno Statuto condiviso nel 2008 tra diversi enti tra cui l'Associazione Mirafiori (associazione di secondo livello costituita da molte delle associazioni locali attive sul territorio).

[11] La raccolta dati, che è stata svolta durante il periodo di ricerca presso la Cattedra UNESCO dell'Università della Basilicata, è realizzata attraverso lo studio dei documenti associativi (statuti e bilanci) delle Fondazioni di Comunità prese in esame, incrociati con interviste e informazioni riportate nei siti internet specifici e dedicati alla comunicazione delle attività delle Fondazioni.

Questa fondazione ha la peculiarità di essere allo stesso tempo erogativa ed operativa. Finanzia idee e progetti di soggetti terzi, in linea ovviamente con i suoi obiettivi. Supporta la progettazione e favorisce la creazione di reti territoriali. Allo stesso tempo gestisce direttamente dei progetti, tra cui la Casa nel Parco. L'edificio, dato in concessione dal Comune, è diventato presidio territoriale e punto di riferimento per il quartiere. La Casa nel Parco, con la sua struttura organizzativa è, inoltre, il canale tramite cui vengono promosse attività di sviluppo locale dalla fondazione stessa.

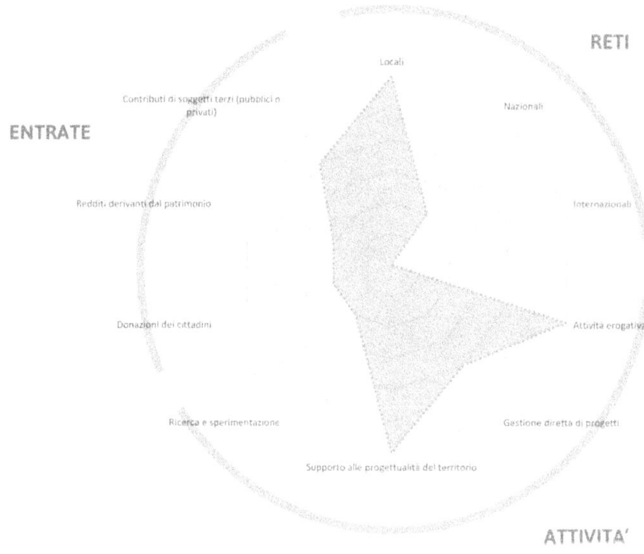

Grafico sulla relazione tra rete attività ed entrate, relativo alla Fondazione della Comunità di Mirafiori.
Grafico elaborato da Grazia Rutica.

Dal modello di Fondazione di Comunità di Mirafiori è possibile cogliere alcuni elementi d'interesse, come strumento per dare continuità ad un processo 'straordinario' come quello di Matera 2019, proprio nel carattere di fondazione finalizzata sia ad attività erogativa che operativa, con la gestione diretta di progetti. I grandi eventi, come Matera 2019, si collocano in una dimensione di straordinarietà la cui efficienza è garantita dal convergere di risorse ed energie eccezionali capaci di generare interventi e impatto sul territorio. La grande sfida però è quella di dare continuità e coerenza a quanto in queste occasioni viene promosso e mosso, passando e dando sostenibilità ad una modalità d'azione rinnovata che deve diventare ordinaria, radicata e costante. In tal senso, una Fondazione di Comunità può essere un veicolo per mettere a patrimonio i risultati di Matera 2019, soprattutto in termini di promozione della cultura come motore di sviluppo e di partecipazione attiva del cittadino. La struttura organizzativa e operativa di un Osservatorio pensato in questi termini, ha il potenziale per dar voce a tutti gli attori del territorio, promuovendone la partecipazione attiva rispetto agli interventi di tutela e valorizzazione del patrimonio UNESCO.

<table>
<tr><th colspan="3">Elementi del modello di Fondazione di Comunità per progettare l'Osservatorio Sassi</th></tr>
<tr><td>MODELLO
Fondazione della Comunità di Mirafiori ONLUS</td><td colspan="2">OSSERVATORIO Sassi</td></tr>
<tr><td rowspan="2">La Fondazione della Comunità di Mirafiori nasce dalla necessità di stabilizzare e dare continuità ai risultati di un processo avviato precedentemente, nel 2001 attraverso un Programma di Recupero Urbano, che insieme ad importanti interventi di riqualificazione dello spazio urbano, aveva finanziato percorsi paralleli di sviluppo della comunità.
Il processo ha portato alla sottoscrizione di uno Statuto condiviso tra diversi enti tra cui l'Associazione Mirafiori (associazione costituita da molte delle associazioni locali attive sul territorio).

Questa fondazione è sia erogativa che operativa. Finanzia idee e progetti di soggetti terzi, supporta la progettazione e favorisce la creazione di reti territoriali, gestisce direttamente dei progetti. L'edificio, dato in concessione dal Comune, la Casa nel Parco, è diventato presidio territoriale e punto di riferimento per il quartiere. La Casa nel Parco è anche un canale tramite cui la Fondazione promuove attività di sviluppo locale.</td><td>Elementi d'interesse</td><td>Strumento per dare continuità ad un processo 'straordinario' (come quello di Matera 2019), attività erogativa ed operativa, gestione diretta di progetti.</td></tr>
<tr><td>Riflessioni</td><td>I grandi eventi, come Matera 2019, si collocano in una dimensione di straordinarietà la cui efficienza è garantita dal convergere di risorse ed energie eccezionali capaci di generare interventi e impatto sul territorio. La grande sfida è dare continuità e coerenza a quanto realizzato con il grande evento, con il radicamento di quel risultato che si deve tradurre in una modalità d'azione rinnovata sostenibile, ordinaria, radicata e costante nel tempo.</td></tr>
</table>

Un secondo caso analizzato è quello della Fondazione di Comunità del Centro Storico di Napoli.

Fondazione di Comunità del Centro Storico di Napoli	
Anno di costituzione	2010
Statuto	2010-19
Promossa da	Fondazione con il Sud
Missione	La Fondazione vuole divenire il luogo di incontro tra chi può e desidera donare e chi ha bisogno d'aiuto, nella logica del bene comune che vede la Comunità territoriale quale soggetto attivo e partecipe dei processi di cambiamento e sviluppo. Un processo fatto di piccoli e concreti passi fianco a fianco con le persone che vivono il territorio. Lo scopo ultimo dell'iniziativa è di contribuire a far ritrovare il senso di appartenenza ad una sola, anche se composita Comunità.
Territorio di riferimento	II – IV – VI municipalità di Napoli Abitanti 200000 Superficie 14 km2

La Fondazione di Comunità del Centro Storico di Napoli promuove attività che interessano il centro storico, patrimonio UNESCO. Questa fondazione nasce nel 2010 grazie al bando di Fondazione con il Sud e vede tra i soci fondatori una varietà di soggetti tra atenei pubblici e privati, fondazioni di erogazione, imprese e organizzazioni del terzo settore. In questo caso c'è stata una volontà esplicita di non avere legami con organismi o organizzazioni politiche, confermata oltretutto da un articolo dello statuto.

Anche in questo caso, la Fondazione definisce obiettivi e macro-ambiti rispetto ai quali finanziare progetti e iniziative attraverso bandi, fondi patrimoniali nominativi creati a seguito di lasciti testamentari e di donazioni, progetti di rete, che coinvolgono una pluralità di soggetti, pubblici e del terzo settore. Oltre al finanziamento, la fondazione svolge attività di orientamento e accompagnamento di organizzazioni terze nella definizione di progettualità.

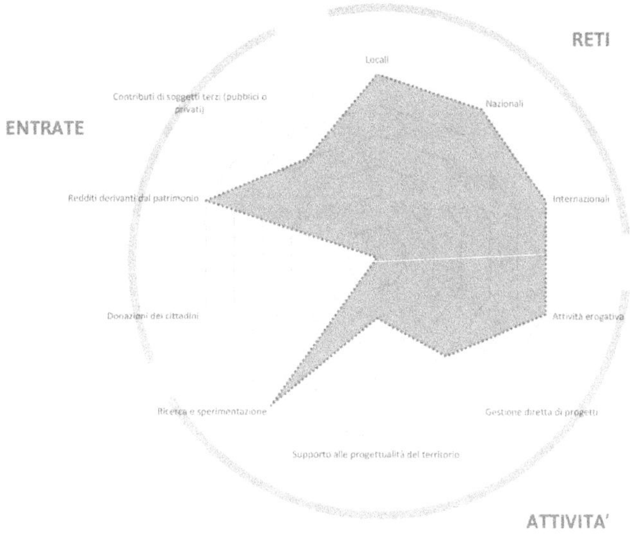

Grafico sulla relazione tra rete attività ed entrate, relativo alla Fondazione di Comunità del Centro Storico di Napoli.
Grafico elaborato da Grazia Rutica.

Nel caso della Fondazione di Comunità del Centro Storico di Napoli è interessante la coincidenza tra il territorio di riferimento e i Sassi di Matera, entrambi siti UNESCO. Rispetto alle diffuse tendenze che vedono i nostri beni culturali spesso investiti da fenomeni di abbandono, o nel migliore dei casi dalla loro trasformazione in luoghi magnetici per il turismo di massa, una Fondazione di Comunità diventa uno strumento per dare continuità alla vita culturale e alla fruizione dei beni culturali nel tempo, incentivando azioni promosse dalla comunità stessa che sostengano l'identità culturale, l'orgoglio e la comprensione del patrimonio e diventino fonte di esperienza anche per la vita presente e per il futuro della comunità e del patrimonio.

<table>
<tr><th colspan="3">Elementi del modello di Fondazione di Comunità per progettare l'Osservatorio Sassi</th></tr>
<tr><td>MODELLO
Fondazione di Comunità del Centro Storico di Napoli</td><td colspan="2">OSSERVATORIO Sassi</td></tr>
<tr><td rowspan="2">La Fondazione di Comunità del Centro Storico di Napoli definisce obiettivi e macro-ambiti rispetto ai quali finanziare progetti e iniziative attraverso bandi, fondi patrimoniali nominativi creati a seguito di lasciti testamentari e di donazioni, progetti di rete, che coinvolgono una pluralità di soggetti, pubblici e del terzo settore. Oltre al finanziamento, la fondazione svolge attività di orientamento e accompagnamento di organizzazioni terze nella definizione di progettualità.</td><td>Elementi d'interesse</td><td>Il patrimonio UNESCO quale oggetto d'interesse delle iniziative</td></tr>
<tr><td>Riflessioni</td><td>Una Fondazione di Comunità come strumento per dare continuità alla vita culturale e alla fruizione dei beni culturali nel tempo, incentivando azioni promosse dalla comunità stessa che sostengano l'identità culturale, l'orgoglio e la comprensione del patrimonio e diventano fonte di esperienza per la vita degli abitanti e per il futuro della comunità e del patrimonio</td></tr>
</table>

Un terzo caso di indagine è quello della Fondazione di Comunità di Messina.

Fondazione di Comunità del Centro Storico di Napoli	
Anno di costituzione	2010
Statuto	2013
Promossa da	Fondazione con il Sud
Missione	La Fondazione intende sperimentare nuovi paradigmi economico-sociali di tipo relazionale che sviluppano insieme crescita economica, legame sociale e capacità (*capacity building*) delle persone e delle comunità.
Territorio di riferimento	Messina Abitanti 230000 Superficie 215 km2

La Fondazione di Comunità di Messina è ancora diversa e molto peculiare nel suo approccio. Tra i soci fondatori c'è un'ampia rete di attori locali, ma anche importanti organizzazioni nazionali, tra cui Banca Popolare Etica. Nel corso del tempo ha, inoltre, avviato partenariati con enti come la Caritas ed altre reti nazionali ed europee. In generale, è stata capace di mobilitare soggetti nazionali e reti internazionali, facendo molta leva sulla ricerca scientifica e tecnologica, oltre che sulla responsabilità sociale ed ambientale.

La fondazione nasce con una dotazione di cinque milioni di euro ed il supporto della Fondazione con il Sud. La sua forte componente sperimentale si riflette sia negli obiettivi che nei metodi operativi. In linea con l'obiettivo di svolgere un ruolo di infrastrutturazione e di messa a sistema, la Fondazione ha implementato diversi interventi. Tra questi, la nascita di un distretto sociale evoluto che nasce contestualmente alla Fondazione. Il distretto è costituito dai vari cluster fondatori, tra cui Ecos-Med, e da altri soggetti locali che operano secondo principi di responsabilità sociale ed ambientale. Altra importante progettualità, che va in direzione analoga, è stata la costituzione di un'agenzia di sviluppo, che mira a promuovere nel territorio l'economia sociale e solidale. Lo fa attraverso varie azioni di accompagnamento, materiali e immateriali – dall'organizzazione di gruppi di acquisto al ricorso di strumenti di finanza etica. Proprio grazie all'agenzia, è stato costituito un gruppo europeo di economia civile a supporto della Fondazione e del distretto, che funge anche da attrattore e da attivatore di collaborazioni con soggetti e reti nazionali ed internazionali.

Inoltre, la fondazione sperimenta metodologie innovative. A titolo esemplificativo, rispetto ai temi della valutazione, si avvale di uno strumento di supporto alla valutazione e alla ri-programmazione delle proprie attività, ideato dalla rete REVES di cui è partner. Negli ultimi anni, sotto la spinta di diversi organismi internazionali, è stato avviato un percorso di internazionalizzazione per sperimentare i propri modelli di sviluppo in contesti svantaggiati nel Sud del mondo.

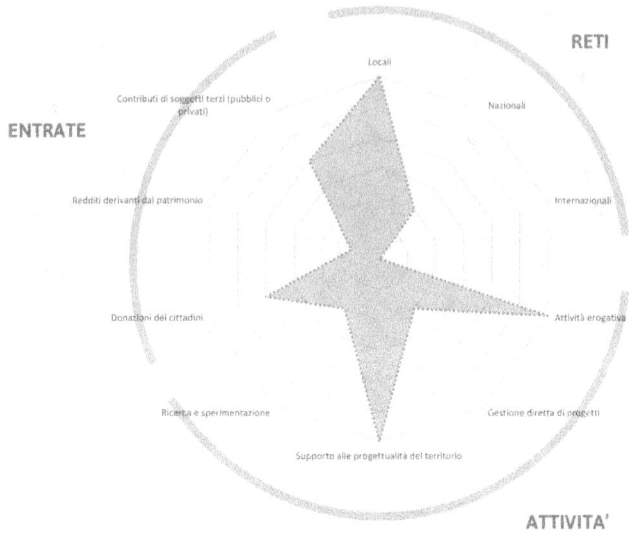

Grafico sulla relazione tra rete attività ed entrate, relativo alla Fondazione di Comunità di Messina.
(Grafico elaborato da Grazia Rutica)

Nel caso della Fondazione di Comunità di Messina è particolarmente interessante la vocazione a costruire reti nazionali ed internazionali, e ad agire come agenzia di sviluppo per un distretto sociale evoluto. La Fondazione di Comunità, pensata in questi termini, diventa uno strumento che promuove la ricerca delle risorse da re-distribuire nello stesso territorio che si preoccupa di tutelare e valorizzare. Il processo di metamorfosi del territorio, tuttavia, si avvale delle risorse interne ed ovviamente del capitale sociale, ma anche di strutture aperte a scambi di *know-how* e di conoscenze con l'esterno.

<table>
<tr><th colspan="3">Elementi del modello di Fondazione di Comunità per progettare l'Osservatorio Sassi</th></tr>
<tr><td>MODELLO
Fondazione di Comunità di Messina</td><td colspan="2">OSSERVATORIO Sassi</td></tr>
<tr><td rowspan="2">La Fondazione di Comunità di Messina ha tra i soci fondatori un'ampia rete di attori locali, importanti organizzazioni nazionali, e ha partenariati con enti e reti nazionali ed europee. Ha mobilitato soggetti nazionali e reti internazionali, facendo molta leva sulla ricerca scientifica e tecnologica, oltre che sulla responsabilità sociale ed ambientale.
La sua forte componente sperimentale si riflette sia negli obiettivi che nei metodi operativi. Un obiettivo prioritario è di svolgere un ruolo di infrastrutturazione. Con la Fondazione è nato un distretto sociale evoluto ed è stata costituita un'agenzia di sviluppo, che mira a promuovere nel territorio l'economia sociale e solidale.
Negli ultimi anni, sotto la spinta di diversi organismi internazionali, è stato avviato un percorso di internazionalizzazione per sperimentare i propri modelli di sviluppo in contesti svantaggiati nel Sud del mondo.</td><td>Elementi d'interesse</td><td>Costruzione di reti nazionali ed internazionali, distretto sociale evoluto, agenzia di sviluppo</td></tr>
<tr><td>Riflessioni</td><td>La Fondazione di Comunità, pensata in questi termini, diventa uno strumento che promuove la ricerca delle risorse da re-distribuire nello stesso territorio che si preoccupa di tutelare e valorizzare. Il processo di metamorfosi del territorio, tuttavia, si avvale delle risorse interne ed ovviamente del capitale sociale, ma anche di strutture aperte a scambi di know-how e di conoscenze con l'esterno.</td></tr>
</table>

Di seguito, e in sequenza, le Schede descrittive delle Fondazioni di Comunità analizzate, facilitano il confronto tra le stesse, sintetizzandone i dati principali.[12]

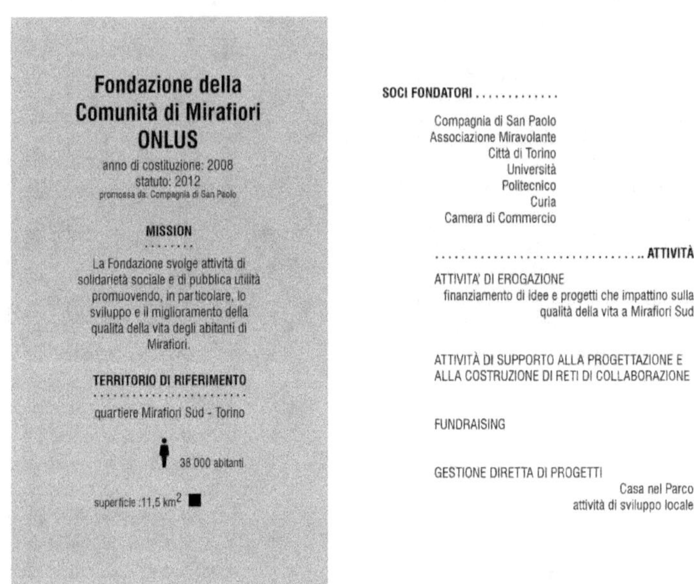

[12] Le schede sono state elaborate da Grazia Rutica.

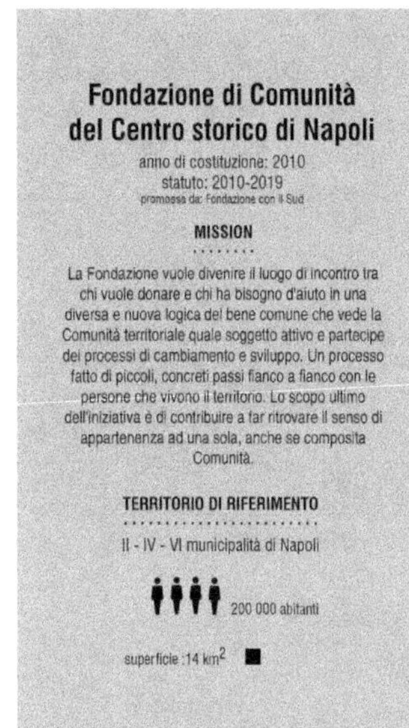

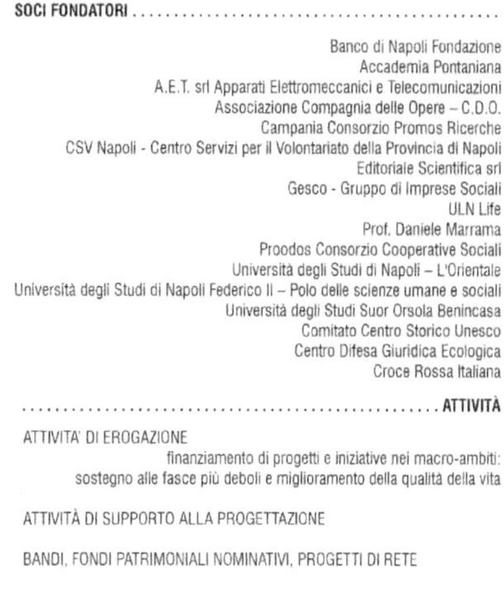
SOCI FONDATORI

Banco di Napoli Fondazione
Accademia Pontaniana
A.E.T. srl Apparati Elettromeccanici e Telecomunicazioni
Associazione Compagnia delle Opere – C.D.O.
Campania Consorzio Promos Ricerche
CSV Napoli - Centro Servizi per il Volontariato della Provincia di Napoli
Editoriale Scientifica srl
Gesco - Gruppo di Imprese Sociali
ULN Life
Prof. Daniele Marrama
Proodos Consorzio Cooperative Sociali
Università degli Studi di Napoli – L'Orientale
Università degli Studi di Napoli Federico II – Polo delle scienze umane e sociali
Università degli Studi Suor Orsola Benincasa
Comitato Centro Storico Unesco
Centro Difesa Giuridica Ecologica
Croce Rossa Italiana

ATTIVITÀ

ATTIVITA' DI EROGAZIONE
finanziamento di progetti e iniziative nei macro-ambiti: sostegno alle fasce più deboli e miglioramento della qualità della vita

ATTIVITÀ DI SUPPORTO ALLA PROGETTAZIONE

BANDI, FONDI PATRIMONIALI NOMINATIVI, PROGETTI DI RETE

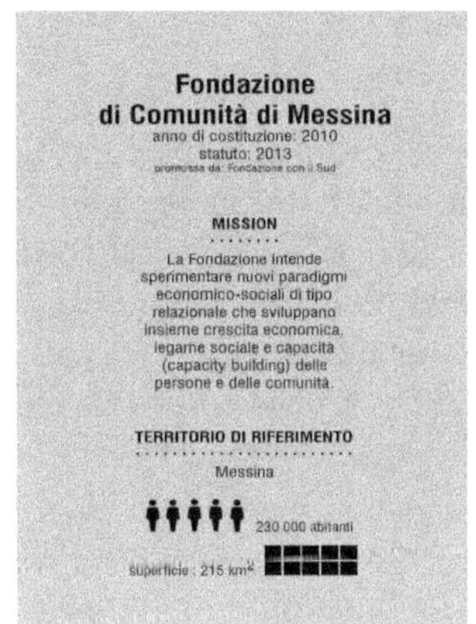

SOCI FONDATORI

Fondazione Horcynus Orca
Fondazione Padre Pino Puglisi
Consorzio Sol.E.
Ecos-Med
Confindustria Messina
ASP di Messina

Banca Popolare Etica
Parsec
Associazione Culturale Pediatri

con un partenariato strutturato con:
Caritas Italiana
REVES (rete europea per la promozione dell'economia sociale e solidale)
SEFEA (Società Europea delle Finanziarie e delle Banche Etiche ed Alternative)

ATTIVITÀ

ATTIVITA' DI EROGAZIONE E GESTIONE DIRETTA DI PROGETTI
macro-ambiti: green economy, infanzia, housing sociale e cultura

DISTRETTO SOCIALE EVOLUTO

AGENZIA DI SVILUPPO E AGENZIA DI FORMAZIONE

SPERIMENTAZIONE DI POLICY, METODOLOGIE E STRUMENTI INNOVATIVI

SPERIMENTAZIONE DEI PROPRI MODELLI DI SVILUPPO NEL SUD DEL MONDO

Questi tre casi analizzati ed altri esempi dimostrano come lo strumento giuridico-normativo della Fondazione di Comunità sia capace di tradursi in strutture diverse tra di loro per origini, dimensioni, visione e modalità di funzionamento (operative e/o erogative), ma anche organizzative (da una forte propensione imprenditoriale - sulla scia dell'impresa sociale - a organizzazioni che 'si limitano' ad assumere il ruolo di motore per l'attivazione sociale).

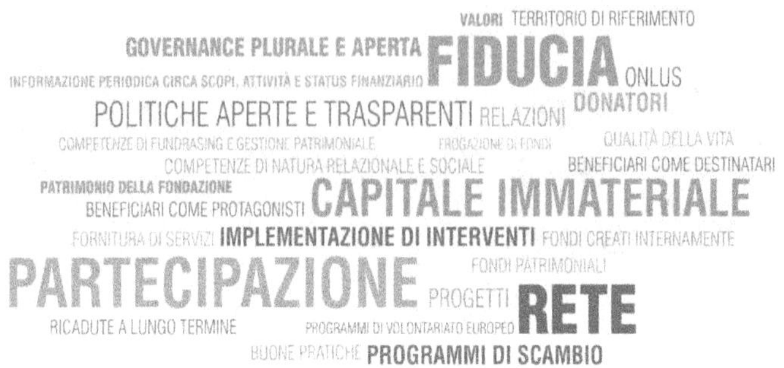

Mappa delle Parole Chiave per descrivere le Fondazioni di Comunità. Mappa elaborata da Grazia Rutica.

Nonostante la flessibilità del modello, ci sono punti di contatto tra i casi italiani, che permettono di individuare caratteri propri delle fondazioni di comunità. Risulta comune un forte radicamento nel territorio di riferimento, di cui le Fondazioni di Comunità ambiscono a migliorarne la qualità della vita, ma allo stesso tempo la potenzialità di diventare un canale per creare reti con altre realtà analoghe in Italia e all'estero. Comune è anche la scelta di una *governance* plurale ed aperta, in cui gli organi amministrativi sono composti da cittadini rappresentativi della comunità di riferimento. La prospettiva è la messa in pratica di politiche aperte e trasparenti. Questo vuol dire assumersi una responsabilità verso la comunità, anche attraverso un'informazione periodica circa scopi, attività e status finanziario, alla base per sviluppare fiducia e cultura del dono.

Inoltre, emerge la necessità di poter contare da una parte su competenze di *fundraising* e di gestione di un patrimonio, che si costruisce nel tempo grazie a fondi e risorse provenienti da un'ampia gamma di donatori, tra cui i cittadini abitanti, altri enti non profit e imprese. Dall'altra si fondano su competenze di natura relazionale e sociale per valorizzare il capitale immateriale della comunità (le relazioni, i valori e la fiducia). Centrale è la partecipazione dei cittadini, considerati come beneficiari ma soprattutto come protagonisti delle azioni progettate e realizzate. I servizi vengono modellati sugli interessi e la capacità di donare dei donatori, che, nella maggior parte dei casi, possono scegliere di donare al fondo patrimoniale o direttamente ad un progetto specifico.

Elementi comuni tra modelli di Fondazioni di Comunità italiani
Un forte radicamento nel territorio di riferimento, di cui ambiscono a migliorarne la qualità della vita, ma allo stesso tempo la potenzialità di diventare un canale per creare reti con altre realtà analoghe in Italia e all'estero
La scelta di una *governance* plurale ed aperta, in cui gli organi amministrativi sono composti da cittadini rappresentativi della comunità di riferimento
La messa in pratica di politiche aperte e trasparenti. Questo vuol dire assumersi una responsabilità verso la comunità, anche attraverso un'informazione periodica circa scopi, attività e status finanziario, alla base per sviluppare fiducia e cultura del dono
La necessità di poter contare da una parte su competenze di *fundraising* e di gestione di un patrimonio, che si costruisce nel tempo grazie a fondi patrimoniali provenienti da un'ampia gamma di donatori, tra cui cittadini locali, altri enti non profit e imprese. Dall'altra su competenze di natura relazionale e sociale per valorizzare il capitale immateriale della comunità (le relazioni, i valori e la fiducia)
La partecipazione dei cittadini, considerati come beneficiari ma soprattutto come protagonisti delle azioni progettate e realizzate. I servizi vengono modellati sugli interessi e la capacità di donare dei donatori, che, nella maggior parte dei casi, possono scegliere di donare al fondo patrimoniale o direttamente ad un progetto specifico

Annotazioni per l'Osservatorio Sassi

La volontà di approfondire lo studio del modello di *governance* per l'Osservatorio Sassi parte dal presupposto che gli strumenti che scegliamo abilitano opportunità e possibilità di azioni e di scelte. Tuttavia, tali strumenti sono a loro volta conseguenza di una scelta fatta in termini di visione, ovvero sul piano profondo dei paradigmi. In tal senso, la Fondazione di Comunità si presenta più che come un modello di politiche pubbliche, come un modello di comunità, capace di promuovere la coesione sociale

- in termini di cooperazione e partecipazione -, intesa come punto di partenza e non come conseguenza dello sviluppo.

Ciò comporta un cambio importante di approccio per una realtà come quella del Mezzogiorno - in cui si inserisce Matera, abituata a cercare risorse altrove e ad applicare spesso modelli di sviluppo estranei alla cultura e alle tradizioni locali. In generale, il tema dello sviluppo del Mezzogiorno è la grande questione che, nel corso dei decenni, non ha ancora trovato soluzione e, nella maggior parte dei casi, ha condannato il Sud ad una dimensione politica sostanzialmente di dipendenza. Nel tentativo di colmare un divario interpretato come prettamente economico, il Sud è stato spesso protagonista di politiche che lo hanno messo nelle condizioni di inseguire affannosamente il livello di reddito del Nord. L'Osservatorio Sassi, in tal senso, diventa uno strumento per tradurre in azioni un approccio diverso, che vede il patrimonio UNESCO come terreno ideale su cui promuovere la coesione sociale - abilitando spazi fisici e virtuali per la contaminazione di idee e la predisposizione al dialogo -, oltre che un modello di sviluppo diverso per le realtà del Sud Italia.

La lettura generale del contesto e l'indagine specifica rispetto al percorso di approvazione e attuazione del Piano di Gestione del sito UNESCO di Matera sono stati gli *step* preliminari per giungere a una sintesi. L'obiettivo è stato di identificare quei fattori da prendere in considerazione ai fini dell'elaborazione di una proposta progettuale, che individui obiettivi specifici, strategie e strumenti per l'Osservatorio Sassi. L'analisi SWOT, che si riporta di seguito, è stata elaborata grazie all'incrocio di dati quantitativi e dei risultati di un'indagine svolta sul territorio[13], attraverso l'"osservazione partecipante'[14] e le interviste ad alcuni attori chiave.[15] L'analisi restituisce gli elementi considerati caratterizzanti del territorio, oltre che delle sue dinamiche, anche alla luce del grande evento di Matera Capitale Europea della Cultura nel 2019 ('Matera 2019'). Nonostante sia ancora prematuro valutarne gli impatti, Matera 2019 ha sicuramente attivato e accelerato alcuni processi e generato nuove condizioni di contesto, in particolare rispetto all'ambito sociale e culturale. Questo momento si configura come una fase molto delicata per la realtà materana, durante la quale sarà importante mettere a sistema quanto promosso e mosso dal grande evento. Ciò per rileggere e dare continuità al processo di rilancio di una realtà periferica, ma anche per evitare quella che potremmo definire la 'sindrome di vedovanza', ovvero quel sentimento depressivo che può investire le comunità quando si sentono coinvolte in qualcosa di molto speciale e straordinario che poi improvvisamente finisce. Ciò porta le comunità a vivere con lo sguardo rivolto ad un passato considerato migliore del presente, distogliendo l'attenzione dal presente e impedendo di immaginare un futuro possibile.

La ricerca ha cercato, attraverso lo strumento SWOT, di fare sintesi e di mettere in evidenza in maniera quanto più esaustiva, gli elementi fondanti del progetto (*Strenghts*), opportunità da valorizzare (*Opportunities*), debolezze su cui

---

[13] L'indagine svolta sul territorio è stata condotta dal gruppo di ricerca della Cattedra UNESCO dell'Unibas nel periodo settembre-dicembre 2019.

[14] L'osservazione partecipante è una tecnica di ricerca etnografica incentrata sulla prolungata permanenza e partecipazione alle attività del gruppo sociale studiato da parte del ricercatore. Questo metodo di ricerca è stato reso celebre da Bronisław Malinowski ed è divenuto fondamentale per le scienze etno-antropologiche.

[15] L'individuazione degli attori chiave è avvenuta attraverso una prima mappatura dei potenziali *stakeholders*, che si è andata ad ampliare grazie agli esiti delle stesse interviste e dell'osservazione partecipante.

sviluppare un *focus* progettuale risolutivo (*Weaknesses*) e fattori di rischio da minimizzare nell'ambito del progetto (*Threats*).

Dall'analisi emergono come elementi di forza: l'accumulazione negli anni di una ricca ed eterogenea produzione di conoscenze disciplinari, di documentazione e di esperienze relative al patrimonio (e alla città) e alle sue problematiche, ad opera in particolare dell'Università e di associazioni del territorio sensibili al tema dei Sassi; la presenza sul territorio di una Cattedra UNESCO su "Paesaggi culturali del Mediterraneo e comunità di saperi", di scuole e di istituti di formazione, aperti alla sperimentazione e a collaborazioni innovative; la vivacità dal punto di vista dell'associazionismo; la sensibilizzazione ai processi di partecipazione e co-creazione durante il processo di 'Matera 2019'; le realtà culturali e creative che dopo l'esperienza di 'Matera 2019' contano con nuove conoscenze, competenze e visioni spendibili nella dimensione locale, ma anche nazionale ed internazionale; il risveglio di un sentimento di riscatto e orgoglio che ha fortificato il senso di appartenenza al territorio.

Elementi di debolezza sono: la mancanza di una mappatura esaustiva delle conoscenze del territorio, la mancanza di competenze e visioni condivise della classe dirigente per immaginare forme di gestione del patrimonio innovative e sostenibili; il numero limitato di spazi e momenti che si configurino come occasioni d'incontro delle realtà del territorio per la contaminazione di idee e la predisposizione al dialogo e alla collaborazione; la mancata attuazione da parte del Comune del Piano di Gestione del sto UNESCO dei Sassi.

Sono, invece, elementi di opportunità: la promozione a livello nazionale ed europeo dell'investimento in cultura e creatività; il momento di grande fermento per l'individuazione di strategie e strumenti per mettere a sistema l'eredità di 'Matera 2019'; la costruzione di reti nazionali e internazionali durante il periodo del grande evento.

Costituiscono elementi di minacce: l'assenza di una cultura del turismo che ha portato al verificarsi e al consolidarsi di fenomeni di consumo della città; conservatorismo, individualismo e scetticismo, che permane in modo più o meno radicato nella popolazione; una scarsa capacità di gestione dei conflitti tra le diverse istituzioni e all'interno delle stesse; la mancanza e/o la cattiva gestione delle risorse pubbliche; gli impatti negativi del post grande evento in termini di sviluppo economico – legato principalmente al prevedibile calo dei flussi turistici – e di immaginario collettivo.

Analisi SWOT degli elementi caratterizzanti la realtà materana dopo il grande evento di Matera Capitale Europea della Cultura nel 2019	
FORZE Elementi fondanti del progetto (*Strenghts*)	Accumulazione negli anni di una ricca ed eterogenea produzione di conoscenze disciplinari, di documentazione e di esperienze relative al patrimonio (e alla città) e alle sue problematiche, ad opera in particolare dell'Università e di associazioni del territorio sensibili al tema dei Sassi
	Presenza sul territorio di una Cattedra UNESCO, di scuole e di istituti di formazione, aperti alla sperimentazione e a collaborazioni innovative
	Vivacità dal punto di vista dell'associazionismo
	Sensibilizzazione ai processi di partecipazione e co-creazione durante il processo di 'Matera 2019'
	Realtà culturali e creative che dopo l'esperienza di 'Matera 2019' contano con nuove conoscenze, competenze e visioni spendibili nella dimensione locale, ma anche nazionale ed internazionale
	Risveglio di un sentimento di riscatto e orgoglio che ha fortificato il senso di appartenenza al territorio
DEBOLEZZE Elementi su cui sviluppare un focus progettuale risolutivo (*Weaknesses*)	Mancanza di una mappatura esaustiva delle conoscenze del territorio
	Mancanza di competenze e visioni condivise della classe dirigente per immaginare forme di gestione del patrimonio innovative e sostenibili
	Numero limitato di spazi e momenti che si configurino come occasioni d'incontro delle realtà del territorio per la contaminazione di idee e la predisposizione al dialogo e alla collaborazione
	Mancata attuazione da parte del Comune del Piano di Gestione del sito UNESCO dei Sassi
OPPORTUNITA' Elementi da valorizzare (*Opportunities*)	Promozione a livello nazionale ed europeo dell'investimento in cultura e creatività
	Momento di grande fermento per l'individuazione di strategie e strumenti per mettere a sistema l'eredità di 'Matera 2019'
	Costruzione di reti nazionali e internazionali durante il periodo del grande evento

MINACCE Fattori di rischio da minimizzare nell'ambito del progetto (*Threats*)	Assenza di una cultura del turismo che ha portato al verificarsi e al consolidarsi di fenomeni di consumo della città
	Conservatorismo, individualismo e scetticismo, che permane in modo più o meno radicato nella popolazione
	Scarsa capacità di gestione dei conflitti tra le diverse istituzioni e all'interno delle stesse
	Mancanza e/o cattiva gestione delle risorse pubbliche
	Impatti negativi del post grande evento in termini di sviluppo economico – legato principalmente al prevedibile calo dei flussi turistici – e di immaginario collettivo

Per una proposta per l'Osservatorio Sassi, la visione consiste nel contribuire allo sviluppo sostenibile e al miglioramento della qualità di vita degli abitanti di Matera, promuovendo e valorizzando nuovi, rinnovati e sinergici rapporti di senso tra il patrimonio culturale e la sua comunità di riferimento; la missione è quella di elaborare e sperimentare nuovi approcci economico-sociali per la gestione e la valorizzazione del patrimonio UNESCO, capaci di andare oltre i paradigmi dominanti, coinvolgendo la comunità in qualità di soggetto attivo e partecipe nei processi decisionali e nelle attività di ricerca, cosi come in quelle di particolare interesse per la conoscenza, tutela e fruizione del paesaggio culturale rappresentato dal sito materano.

Per una proposta per l'Osservatorio Sassi	
VISIONE	Contribuire allo sviluppo sostenibile e al miglioramento della qualità di vita degli abitanti di Matera, promuovendo e valorizzando nuovi, rinnovati e sinergici rapporti di senso tra il patrimonio culturale e la sua comunità di riferimento.
MISSIONE	Elaborare e sperimentare nuovi approcci economico-sociali per la gestione e la valorizzazione del patrimonio UNESCO, capaci di andare oltre i paradigmi dominanti, coinvolgendo la comunità in qualità di soggetto attivo e partecipe nei processi decisionali e nelle attività di ricerca, cosi come in quelle di particolare interesse per la conoscenza, tutela e fruizione del paesaggio culturale rappresentato dal sito materano.

Occorre elaborare e sperimentare nuovi approcci economico-sociali per la gestione e la valorizzazione del patrimonio UNESCO, capaci di andare oltre i paradigmi dominanti, coinvolgendo la comunità in qualità di soggetto attivo e partecipe nei processi decisionali e nelle attività di ricerca, cosi come in quelle di particolare interesse per la conoscenza, tutela e fruizione del paesaggio culturale rappresentato dal sito materano. Per la proposta per l'Osservatorio Sassi sono individuati due macro-ambiti di intervento: la ricerca e la costruzione di comunità. La ricerca sarà impostata per rispondere ai principi di sistematicità e organicità delle informazioni, di aggiornamento costante dei dati, e di esaustività ed attendibilità delle informazioni e dei dati. La ricerca opererà per svolgere un'attività sistematica di raccolta della documentazione e dei saperi orientata all'acquisizione, digitalizzazione, archiviazione e strutturazione di banche dati utili a narrare la città sia dal punto di vista storico sia dal punto di vista della sua evoluzione sociale, economica e urbanistica; per effettuare studi ed analisi per l'elaborazione di un sistema di monitoraggio - congiunto tra soggetti pubblici e privati - degli impatti sul patrimonio generati dalle azioni che si andranno a realizzare e dai fenomeni sociali, urbani e ambientali che hanno ripercussioni sul sito; il monitoraggio sarà volto, tra l'altro, alla tutela del patrimonio ed alla prevenzione del rischio e di situazioni di emergenza, attraverso l'emanazione di pareri e proposte per supportare la Pubblica Amministrazione nella definizione di politiche urbane di intervento. Coerentemente con quanto previsto dal Piano di Gestione e con i profili che la stessa UNESCO reputa di primaria importanza e sui quali ravvisa la necessità di concentrare l'attenzione, il monitoraggio verrà svolto rispetto allo stato di conservazione dell'integrità/autenticità del sito, ai fattori potenzialmente incidenti sui valori universali del sito, all'efficienza dell'apparato gestionale. Tale lavoro da una parte si inserisce nel ciclo "conoscere, programmare, realizzare, valutare, riprogrammare", dall'altra crea le pre-condizioni per rendere possibile il confronto delle *performance* dei diversi siti Unesco italiani grazie all'adozione di una metodologia di analisi condivisa e contribuendo all'attività dell'Osservatorio centrale del MiBACT.

Per quanto riguarda la costruzione di comunità, l'Osservatorio Sassi si propone di impegnarsi nella costruzione di una comunità informata, consapevole, coinvolta e attiva. In tal senso, opera rispetto ai seguenti ambiti: informazione, comunicazione e formazione; organizzazione e gestione di pratiche di democrazia partecipativa; orientamento e sostegno ai progetti promossi dalla comunità.

Informazione, comunicazione, formazione sono finalizzati a favorire e facilitare l'accesso alla conoscenza - premessa imprescindibile per i processi di partecipazione – e la sensibilizzazione della collettività. In tal senso, l'Osservatorio svolgerà un ruolo attivo nella promozione della circolazione delle informazioni e dei risultati delle attività svolte nel macro-ambito della ricerca. Lo farà prediligendo un linguaggio semplice, accessibile, trasparente e poco tecnico, avvalendosi di diverse metodologie comunicative (infografiche, video, podcast, opuscoli, mappe geografiche interattive, ecc) e combinando diversi canali di comunicazione e diffusione delle informazioni, offline (mostre temporanee, incontri, conferenze e seminari) e online (*social network*, *newsletter*, piattaforma web). Dall'altra, l'Osservatorio promuoverà iniziative - come ad esempio *workshop* e seminari – rivolte tanto ai cittadini quanto alle pubbliche amministrazioni per la formazione e l'aggiornamento rispetto alle buone pratiche legate alla gestione del patrimonio culturale, alla sua conservazione e riqualificazione, alla sostenibilità ambientale e al settore turistico rigenerativo, tra le altre. L'obiettivo di questo macro-ambito è mettere in comune dati e informazioni, per stimolare riflessioni, dibattito pubblico e proposte sul futuro del patrimonio.

Organizzare e gestire pratiche di democrazia partecipativa è un ambito di azioni volto a migliorare la qualità delle scelte pubbliche e il senso di appartenenza della cittadinanza, promuovendo momenti di dialogo e confronto tra le pubbliche amministrazioni, i tecnici ed i cittadini, per mettere a sistema le opinioni e i saperi della collettività ed i saperi specializzati e tecnici. L'Osservatorio lo farà promuovendo metodologie partecipative che integrino diversi strumenti, per facilitare il coinvolgimento di tutti i soggetti interessati. Da una parte strumenti come *focus group*, laboratori, incontri, seminari, *brainstorming*, dall'altra questionari online, piattaforme di discussione e *social network*, per citarne alcuni a titolo esemplificativo.

Per l'orientamento e sostegno ai progetti promossi dalla comunità, l'Osservatorio avrà il compito di favorire la catalizzazione di idee, energie creative e iniziative della comunità. Lo farà attraverso l'erogazione di fondi da un lato e supportando la progettazione dall'altro, attraverso l'apporto diretto di conoscenze, competenze e *know-how*, e favorendo la creazione di reti locali, ma anche nazionali ed europee.

Quanto agli aspetti organizzativi e alla sostenibilità, si propone per l'Osservatorio la forma giuridica ed organizzativa della Fondazione di Comunità, in quanto apre alla possibilità di coinvolgere in una gestione partecipativa tutti i soggetti interessati (istituzioni, soggetti privati e terzo settore), parificati per dignità e importanza. Tuttavia, per dare valore al progetto e soprattutto riconoscerne la valenza pubblica, è fondamentale la concretizzazione del coinvolgimento del Comune di Matera. Il ruolo del Comune potrebbe essere decisivo per il reperimento delle risorse finanziarie necessarie all'attivazione della Fondazione di Comunità. Il Comune stesso, insieme ad altre istituzioni come la Regione, potrebbero dare un importante contributo per la costituzione del patrimonio iniziale della Fondazione. In fase iniziale, si potrebbe immaginare di dare sostenibilità economico-finanziaria al progetto accedendo ai fondi che Fondazione con il Sud ha dedicato alla promozione della filantropia comunitaria, attraverso una linea di finanziamento specifico per il sostegno alle Fondazioni di Comunità. Concretamente, al raggiungimento di trecentomila euro, è possibile partecipare al bando che duplica il patrimonio e sostiene la Fondazione di Comunità durante i primi anni.

Un'ulteriore possibilità potrebbe essere quella di affidare direttamente alla Fondazione di Comunità la gestione di un patrimonio immobiliare di proprietà del Comune o, ancora, di investire in un'attività a carattere imprenditoriale.

Un aspetto molto importante, per dare sostenibilità nel lungo periodo all'operazione, risiede nella capacità di costruire e/o rafforzare le competenze sul territorio necessarie al funzionamento di un Osservatorio inteso in questi termini. Saranno necessarie competenze tecniche legate al mondo della comunicazione, dei processi partecipativi, della ricerca, della progettazione, del *fundraising* e della gestione del patrimonio della fondazione, ma anche competenze trasversali di natura relazionale e sociale, legate all'aspetto immateriale del lavoro della Fondazione di Comunità.

<table>
<tr><th colspan="3">Per una proposta per l'Osservatorio Sassi</th></tr>
<tr><td rowspan="7">RICERCA

La ricerca sarà impostata in modo da rispondere ai seguenti principi: sistematicità e organicità delle informazioni; aggiornamento costante dei dati; esaustività ed attendibilità delle informazioni e dei dati.</td><td>Raccolta della documentazione e dei saperi per narrare la città dal punto di vista storico e dal punto di vista della sua evoluzione sociale, economica e urbanistica.</td><td></td></tr>
<tr><td>Acquisizione, digitalizzazione, archiviazione e strutturazione di banche dati.</td><td></td></tr>
<tr><td>Studi e analisi per l'elaborazione di un sistema di monitoraggio - congiunto tra soggetti pubblici e privati - degli impatti delle azioni e dei fenomeni sociali urbani e ambientali sul patrimonio.</td><td></td></tr>
<tr><td rowspan="3">Monitoraggio</td><td>Dello stato di conservazione dell'integrità/autenticità del sito UNESCO</td></tr>
<tr><td>Dei fattori potenzialmente incidenti sui valori universali del sito UNESCO</td></tr>
<tr><td>Dell'efficienza dell'apparato gestionale del sito UNESCO</td></tr>
<tr><td>Emanazione di pareri e proposte per supportare la Pubblica Amministrazione nella definizione di politiche urbane di intervento sul patrimonio.</td><td></td></tr>
</table>

COSTRUZIONE DI COMUNITA' Costruzione di una comunità informata, consapevole, coinvolta e attiva.	Informazione, comunicazione, formazione per favorire e facilitare l'accesso alla conoscenza e la sensibilizzazione della collettività. Promozione della circolazione delle informazioni e dei risultati delle attività svolte nel macro-ambito della ricerca. Promozione di iniziative rivolte tanto ai cittadini quanto alle pubbliche amministrazioni per la formazione e l'aggiornamento sulle buone pratiche per la gestione del patrimonio culturale, la sua conservazione e riqualificazione, la sostenibilità ambientale e il settore turistico rigenerativo.	L'obiettivo è mettere in comune dati e informazioni, per stimolare riflessioni, dibattito pubblico e proposte sul futuro del patrimonio.
	Organizzare e gestire pratiche di democrazia partecipativa per migliorare la qualità delle scelte pubbliche e il senso di appartenenza della cittadinanza, promuovendo momenti di dialogo e confronto tra le pubbliche amministrazioni, i tecnici ed i cittadini, per mettere a sistema le opinioni e i saperi della collettività ed i saperi specializzati e tecnici.	Promuovendo metodologie partecipative che integrino diversi strumenti, per facilitare il coinvolgimento di tutti i soggetti interessati.

	Orientamento e sostegno ai progetti promossi dalla comunità, favorendo la catalizzazione di idee, energie creative e iniziative della comunità.	Attraverso sia l'erogazione di fondi sia supportando la progettazione attraverso l'apporto diretto di conoscenze, competenze e *know-how* e favorendo la creazione di reti locali, nazionali ed europee.
FONDAZIONE DI COMUNITA' La forma giuridica ed organizzativa della Fondazione di Comunità apre alla possibilità di coinvolgere in una gestione partecipativa tutti i soggetti interessati (istituzioni, soggetti privati e terzo settore), parificati per dignità e importanza.	Il Comune di Matera, insieme ad altre istituzioni come la Regione, potrebbero dare un importante contributo per la costituzione del patrimonio iniziale della Fondazione.	Saranno necessarie competenze tecniche legate al mondo della comunicazione, dei processi partecipativi, della ricerca, della progettazione, del *fundraising* e della gestione del patrimonio della Fondazione, ma anche competenze trasversali di natura relazionale e sociale, legate all'aspetto immateriale del lavoro della Fondazione di Comunità.

Il contributo al progetto dell'Osservatorio vuole sottolineare i valori e le tematiche della partecipazione in relazione al patrimonio culturale e alla sua gestione, cercando di mettere in evidenza l'importanza del coinvolgimento di chi, secondo varie modalità, abita i Sassi e il Parco delle Chiese Rupestri di Matera, patrimonio UNESCO. Al fine della partecipazione l'infrastrutturazione di opzioni tecniche dovrà essere accompagnata da un piano di politiche integrate, capaci di innestare ed accompagnare un processo di cui dovranno essere protagonisti tanto i cittadini quanto le pubbliche amministrazioni. Ciò costituisce un imprescindibile punto di partenza per riconoscere ed identificare collettivamente valori, problematiche e potenzialità, al fine di condividere una visione che orienti scelte capaci di contribuire alla costruzione di un nuovo e rinnovato senso per il patrimonio UNESCO di Matera.

Bibliografia

Agenzia Lama, 2019, *Luogo Comune. Progettare la rigenerazione urbana multistakeholder*, [online] disponibile a http://luogocomune.agenzialama.eu/ [ultimo accesso 10 gennaio 2020].

Assifero (traduzione italiana a cura di),2016, *Il valore della Filantropia di Comunità, Come le esperienze costruiscono asset locali, capacity e fiducia – e perchè questo funziona*, pubblicazione del Global Fund For Community Foundations con Aga Khan Foundation USA, Charles Stewart Mott Foundation e Rockefeller Brothers Fund, [online] disponibile a <http://assifero.org/wp-content/uploads/2016/09/Case-for-Community-Philanthropy-lo-res_ITA.pdf> [ultimo accesso 10 gennaio 2020].

Assifero, 2017, *Guida alle Fondazioni di Comunità in Italia*, [online] disponibile a <http://assifero.org/wp-content/uploads/2016/09/Guida-sulle-FdC-in-Italia.pdf> [ultimo accesso 10 gennaio 2020].

Associazione Civita, *Linee guida per la valorizzazione della cultura in italia attraverso la collaborazione pubblico/privato*, atti della Conferenza delle Regioni e delle Province Autonome, Roma, 22 novembre 2012, [on line] disponibile a <http://www.ilgiornaledellefondazioni.com/sites/default/files/FILE20121214093550936.PDF> [ultimo accesso 10 gennaio 2020].

Authier M., Lévy P., 2000, *Gli alberi di conoscenza. Educazione e gestione dinamica delle competenze*, Feltrinelli Editore, Milano.

Bandera L., 2017, *Fondazioni di comunità: per il Sud sono una provocazione culturale straordinaria*, [online] disponibile a: <https://www.secondowelfare.it/terzo-settore/fondazioni/le-fondazioni-comunitarie-del-mezzogiorno.html> [ultimo accesso 10 gennaio 2020].

Bandera L., 2017, *Filantropia comunitaria nel Mezzogiorno: la Fondazione di comunità del Salento*, [online] disponibile a: <https://www.secondowelfare.it/fondazioni/filantropia-comunitaria-nel-mezzogiorno-la-fondazione-di-comunita-del-salento.html> [ultimo accesso 10 gennaio 2020].

Bandera L., 2017, *Filantropia comunitaria nel Mezzogiorno: la Fondazione del Centro Storico di Napoli*, [online] disponibile a: <https://www.secondowelfare.it/terzo-settore/fondazioni/filantropia-comunitaria-nel-mezzogiorno-la-fondazione-del-centro-storico-di-napoli.html> [ultimo accesso 10 gennaio 2020].

Barbagallo F., 2013, *La questione italiana, il nord e il sud dal 1860 a oggi*, Edizioni Laterza, Bari.

Benkler Y., 2003, *The Political Economy of Commons*, su UPGrade - CEPIS rivista online, vol. IV, n° 3, [online] disponibile a http://www.cepis.org/upgrade/files/full-2003-III.pdf .

Borgomeo C., 2013, *L'equivoco del Sud, Sviluppo e Coesione Sociale*, Laterza, Roma-Bari.

Bruni L., Zamagni S., 2015, *L'economia Civile*, Il Mulino, Bologna.

Capriotti P., 2017, *Per un approccio integrato al patrimonio culturale*, in *Aedon rivista di arti e diritto online*, 1/2017, DOI: 10.7390/86382.

Carcione M., 2013, *Dal riconoscimento dei diritti culturali nell'ordinamento italiano alla fruizione del patrimonio culturale come diritto fondamentale*, in *Aedon rivista di arti e diritto online*, N. 2/2013.

Carmosino C., 2013, *La Convenzione quadro del Consiglio d'Europa sul valore del patrimonio culturale per la società*, in "Aedon rivista di arti e diritto online", 1/2013.

Colonna A., Fiore D., 2012, *Matera: i Sassi e il Parco delle chiese rupestri Verso il Piano di gestione del sito UNESCO. Idee per un laboratorio partecipato*, Antezza Tipografi, Matera.

Colona A., Fiore D., 2014, *I Sassi e il Parco delle Chiese Rupestri di Matera Patrimonio dell'Umanità. Piano di gestione 2014-2019*, [online] disponibile a http://www.comune.matera.it/piano-di-gestione-unesco

Colonna A., Morelli M., Percoco A., Santochirico V. (a cura di), 2019, *Sassi patrimonio comune. Per una nuova stagione*, (atti del convegno ERT 2018 della Cattedra UNESCO), F.E.E.M., Milano.

Commissione europea (2014), *Comunicazione della Commissione al Parlamento europeo, al Consiglio, al Comitato economico e sociale europeo e al Comitato delle Regioni. Verso un approccio integrato al patrimonio culturale per l'Europa*, [online] disponibile a <http://eur-lex.europa.eu/legalcontent/IT/TXT/HTML/?uri=CELEX:52014DC0477&from=it> [ultimo accesso 10 gennaio 2020].

Consiglio S., Riitano A., 2015, *Sud Innovation. Patrimonio culturale, innovazione sociale e nuova cittadinanza*, Franco Angeli, Milano.

Convenzione quadro del Consiglio d'Europa sul valore del patrimonio culturale per la società, Faro 27.10.2005; [online] disponibile a <https://rm.coe.int/CoERMPublicCommonSearchServices/DisplayDCTMContent?documentId=09000016800d3814> [ultimo accesso 10 gennaio 2020].

Da Milano C., 2018, *Dall'oggetto al soggetto. Verso un ruolo nuovo dei cittadini nella gestione del patrimonio culturale,* [online] disponibile a <https://www.labsus.org/2018/02/dalloggetto-al-soggetto-verso-un-ruolo-dei-cittadini-nella-gestione-del-patrimonio-culturale/> [ultimo accesso 10 gennaio 2020].

European Expert Network on Culture (EENC), 2015, *Participatory governance of cultural heritage. Ad hoc question.* [on line] disponibile a: <http://www.interarts.net/descargas/interarts2538.pdf> [ultimo accesso 10 gennaio 2020].

Il Giornale delle Fondazioni, *Report "Speciale Studi e Ricerche 2018"*, [online] disponibile a <http://www.ilgiornaledellefondazioni.com/sites/default/files/pdf/speciale_studiericerche_2018.pdf> [ultimo accesso 10 gennaio 2020].

La Rocca G., 2015, Welfare di comunità e innovazione sociale nel Mezzogiorno. Coi beni comuni., [online] disponibile a <https://www.secondowelfare.it/terzo-settore/fondazioni/beni-comuni-come-rafforzare-il-welfare-di-comunita-e-fare-innovazione-sociale-nel-mezzog%E2%80%A6> [ultimo accesso 10 gennaio 2020].

Laureano P., 2012, *I giardini di pietra. I sassi di Matera e la civiltà mediterranea,* Bollati Boringhieri, Torino.

Marras A., 2018, *Governance partecipativa dei beni culturali: riflessioni da una conferenza,* dalla conferenza "Participatory governance of built heritage" dellaHeritage Cultural Heritage Agency, Amersfoort, 3-4 ottobre 2018, [online] disponibile a <http://monitorappalti.it/notizia/governance-partecipativa-dei-beni-culturali-riflessioni-da-una-conferenza> [ultimo accesso 10 gennaio 2020].

Mazzolini N., 2014, *La cultura del dono nelle parole di Stefano Zamagni,* [online] disponibile a <https://www.doppiozero.com/materiali/chefare/la-cultura-del-dono-nelle-parole-di-stefano-zamagni> [ultimo accesso 10 gennaio 2020].

MateraHub, 2017, *Matera2019 e l'impatto delle industrie culturali e creative,* [online] disponibile a: <https://www.materahub.com/matera2019-impatto-industrie-culturali-creative/> [ultimo accesso 10 gennaio 2020].

Mininni M., 2017, *Matera Lucania 2017. Laboratorio Città Paesaggio*, Quodlibet studio, Macerata.

Pontrandolfi G., 2017, *Rigenerazione Urbana e Cittadinanza Attiva. L'esperienza del Progetto C.A.S.T.*, Librìa, Melfi.

Ricoveri G., 2013, *Elinor Ostrom e i beni comuni*, Relazione al seminario promosso dalla Associazione nazionale fra le Banche Popolari e il Centro Federico Caffè, Roma 12 giugno 2013.

Riitano A., 2019, Matera 2019. La co-creazione come volano per le imprese culturali del territorio, in *Io sono Cultura 2019 – L'Italia della qualità e della bellezza sfida la crisi*, Quaderni Symbola, Matera, pp. 182-184.

Romano G., 2015, *Fondazioni di partecipazione e gestione di beni e servizi culturali: problemi giuridici*, tesi di dottorato in "Diritto ed Economia dei Sistemi produttivi", Dipartimento di Giurisprudenza, Università degli studi di Sassari.

Santagati M. E., 2017, *Fondazioni di comunità sotto la lente: prima conferenza e prima guida by Assifero*, [online] disponibile a: <http://www.ilgiornaledellefondazioni.com/content/fondazioni-di-comunit%C3%A0-sotto-la-lente-prima-conferenza-e-prima-guida-assifero> [ultimo accesso 10 gennaio 2020].

Santagati M. E., 2017, *Fondazione di Comunità di Messina, un modello di successo ora al servizio delle periferie del sud del mondo*, [online] disponibile a: <http://www.ilgiornaledellefondazioni.com/content/fondazione-di-comunit%C3%A0-di-messina-un-modello-di-successo-ora-al-servizio-delle-periferie-del> [ultimo accesso 10 gennaio 2020].

Santagati M. E., 2018, *Quale ruolo per le fondazioni di comunità? Voci dalla conferenza nazionale,* [online] disponibile a: <http://www.ilgiornaledellefondazioni.com/content/quale-ruolo-le-fondazioni-di-comunit%C3%A0-voci-dalla-conferenza-nazionale> [ultimo accesso 10 gennaio 2020].

Santagati M. E., 2018, *Salento, la sfida culturale delle Fondazioni di Comunità,* [online] disponibile a: <http://www.ilgiornaledellefondazioni.com/content/salento-la-sfida-culturale-della-fondazione-di-comunit%C3%A0> [ultimo accesso 10 gennaio 2020].

Santuari A., 2018, *Le fondazioni di partecipazione nella riforma del terzo settore – d. lgs. 117/17,* [online] disponibile a: <https://www.personaedanno.it/articolo/le-fondazioni-di-partecipazione-nella-riforma-del-terzo-settore-d-lgs-117-17> [ultimo accesso 10 gennaio 2020].

Settis S., 2002, *Italia S.p.A. All'assalto del patrimonio culturale*, Torino, Einaudi, cap. II.

Zanelli N., 2016, *Economie collaborative e beni comuni. Forme di riappropriazione collettiva del patrimonio culturale*, Tesi di laurea in "Economia e gestione dei beni culturali e dello spettacolo", Università Cattolica del Sacro Cuore Milano.

SITOGRAFIA DI RIFERIMENTO

Percorsi di Secondo Welfare
https://www.secondowelfare.it/

Il giornale delle fondazioni
http://www.ilgiornaledellefondazioni.com/

Italia non profit
https://italianonprofit.it/risorse/definizioni/fondazioni comunita/

Fondazione della Comunità di Mirafiori ONLUS
https://www.fondazionemirafiori.it/

Fondazione di Comunità di Messina
http://www.fdcmessina.org/

Fondazione di Comunità del Centro Storico di Napoli
http://www.fondcomnapoli.it/

Comune di Matera
http://www.comune.matera.it/

Matera Capitale Europea della Cultura 2019
https://www.matera-basilicata2019.it/it/

MateraHub
https://www.materahub.com/
Il Consorzio Materahub gestisce progetti pilota internazionali, per supportare le industrie culturali e creative, favorendo l'innovazione sociale, l'innovazione tecnologica, la nascita di nuovi progetti imprenditoriali e lo sviluppo dei territori.

Assifero Associazione Italiana Fondazioni ed Enti della Filantropia Istituzionale
http://assifero.org/
Fondata il 14 luglio 2003, Assifero è l'associazione nazionale di categoria delle Fondazioni ed Enti filantropici italiani, soggetti no-profit di natura privatistica caratterizzati dall'attività erogativa (esclusiva o prevalente) per il sostegno degli enti del terzo settore e dei progetti da loro promossi.

ECFI European Community Foundation Initiative
https://www.communityfoundations.eu/home.html
L'European Community Foundation Initiative è una iniziativa congiunta che ha l'impegno di facilitare e promuovere la crescita delle fondazioni di comunità in Europa.

GFCF Global Fund for Community Foundations
http://www.globalfundcommunityfoundations.org/
Il Global Fund for Community Foundations (GFCF) è un movimento locale che lavora per promuovere e supportare le organizzazioni di filantropia istituzionale nel mondo.

L' Osservatorio quale strumento di valorizzazione del patrimonio culturale nella forma della fondazione di partecipazione: nessi con l'economia circolare

Dario Sammarro

Introduzione

L'Italia, tra risorse materiali ed immateriali, dispone di un patrimonio culturale immenso. È, infatti, il primo paese al mondo per numero di siti iscritti nel Patrimonio mondiale UNESCO: dei 936 siti riconosciuti, 47 sono situati nel nostro paese, a fronte dei 44 in Spagna, 38 in Francia, 37 in Germania e 28 nel Regno Unito. Se saputo sfruttare, il patrimonio culturale italiano potrebbe divenire il volano per favorire la nascita e lo sviluppo di numerosissime opportunità di crescita economica. Ecco che, quindi, il centro del dibattito diviene la capacità di valorizzazione del bene e gli strumenti necessari per raggiungere tale obiettivo.

Orbene, la valorizzazione di un bene culturale comprende l'esercizio delle funzioni e la disciplina di tutte quelle azioni riferibili alla c.d. Amministrazione del Patrimonio Culturale. Tale attività è volta a promuovere la conoscenza del patrimonio Nazionale e/o locale ed a garantire le migliori possibilità di fruizione e di utilizzazione del patrimonio stesso per l'intera collettività, al fine di accrescere la cultura degli utenti finali: i cittadini.

La valorizzazione, inoltre, esalta il nesso tra patrimonio culturale e scopi educativi al fine di migliorare le condizioni di conoscenza e, successivamente, anche di protezione dei beni ambientali aumentandone la fruibilità[1]. Essa, per legge, spetta alle

---

[1] A. Iacopino, *Modelli e Strumenti per la valorizzazione dei beni culturali, Spunti di riflessione nella prospettiva del risultato amministrativo*, Editoriale Scientifica Napoli, 2012.

Regioni ed ai Comuni[2]. La partecipazione dei cittadini, nel contesto dell'azione generale delle politiche di valorizzazione, rappresenta scopo di primaria importanza. Compito ulteriore della valorizzazione è, difatti, quello di dare linee di indirizzo ed incentivare il coordinamento di strategie che si possano muovere in sinergia con le strutture decentrate dell'Amministrazione Pubblica e che possano operare sul territorio, al fine di assegnare un ruolo rilevante alle identità locali ed ai loro componenti[3].

A tal proposito, grande attenzione è volta nei confronti del patrimonio di natura immateriale legato alle tradizioni, ai saperi ed alle creatività che nel corso dei secoli hanno caratterizzato la cultura dei popoli, costituendone un valore aggiunto. Ai sensi dell' art. 111 del Codice dei Beni culturali e del Paesaggio[4] la valorizzazione dei beni si consegue mediante la «*costituzione ed organizzazione stabile di risorse, strutture o reti, ovvero nella messa a disposizione di competenze tecniche o risorse finanziarie o strumentali, finalizzate all'esercizio delle funzioni ed al perseguimento delle finalità*» come segnalate dall'art. 6 dello stesso Codice[5].

---

[2] A. Mitrotti, *Il riparto di competenze in materia di beni culturali alla luce del felice coniugio tra redditività del patrimonio culturale e diritto di accesso ai beni culturali,* in "Rivista AIC", n. 4, 2018.

[3] D. Sammarro, *La valorizzazione del bene culturale e il quadro normative di riferimento: brevi osservazioni*; in "*Ratio Iuris*", 28.06.2019, Dottrina Osservatorio Corte Costituzionale.

[4] D.lgs. 22 gennaio 2004, n. 42.

[5] Art. 6: «*1. La valorizzazione consiste nell'esercizio delle funzioni e nella disciplina delle attività dirette a promuovere la conoscenza del patrimonio culturale e ad assicurare le migliori condizioni di utilizzazione e fruizione pubblica del patrimonio stesso, anche da parte delle persone diversamente abili, al fine di promuovere lo sviluppo della cultura. Essa comprende anche la promozione ed il sostegno degli interventi di conservazione del patrimonio culturale. In riferimento al paesaggio, la valorizzazione comprende altresì la riqualificazione degli immobili e delle aree sottoposti a tutela compromessi o degradati, ovvero la realizzazione di nuovi valori paesaggistici coerenti ed integrati.2. La valorizzazione è attuata in*

L'obiettivo della valorizzazione ha, quindi, determinato il sorgere di numerosi strumenti funzionali al raggiungimento dello scopo[6]: strumenti sia provenienti 'dal basso' (nel senso che vengono previsti piani di cooperazione e partecipazione dei soggetti privati) ma anche e soprattutto strumenti provenienti 'dall'altro' che, primariamente e in via quasi assorbente, hanno il compito di delineare le direttrici per la tutela dei beni culturali.

I Piani di Gestione dell'UNESCO

Tra i principali strumenti provenienti 'dall'alto', ruolo primario assumono i c.d. Piani di Gestione dell'Unesco. I beni culturali considerati di Eccezionale Valore Universale vengono iscritti nella Lista dei patrimoni dell'Umanità, in seguito ad iter specifico e rituale. Ciascuna richiesta di iscrizione nella Lista del Patrimonio Mondiale deve essere accompagnata da un c.d. Piano di gestione in cui viene descritto in che modo l'eccezionale valore del sito sarà tutelato e vengono individuate le linee di intervento affini e compatibili con le comunità di riferimento.

Il Piano di Gestione dell'UNESCO è il principale strumento giuridico previsto nell'ambito del sistema della Convenzione Internazionale UNESCO del 1972 per la tutela dei siti inseriti nella *World Heritage List* di *outstanding universal value*[7]. È dedicato a garantire nel tempo la conservazione di quei valori

---

forme compatibili con la tutela e tali da non pregiudicarne le esigenze.3. La Repubblica favorisce e sostiene la partecipazione dei soggetti privati, singoli o associati, alla valorizzazione del patrimonio culturale.»

[6] G. Sciullo, *Restauro, tutela e valorizzazione dei Beni Culturali*, 2 /2007, in Aedon – Rivista di Arti e diritto on line, quadrimestrale, diretto da Marco Cammelli, Il Mulino.

[7] UNESCO (1972), *Convention concerning the Protection of the World Cultural and Natural Heritage*, adottata dalla XVII sessione della Conferenza Generale, Paris, 16 novembre.

eccezionali sui quali si basa l'iscrizione del sito, esaminarne le forze di cambiamento presenti tanto nel campo culturale quanto in quello socioeconomico e, attraverso il coinvolgimento dei diversi soggetti portatori di interesse, definire le strategie che devono essere intraprese per garantire lo sviluppo durevole del sito insieme alla tutela e valorizzazione del suo patrimonio.

Il ruolo di un Piano di Gestione è definito da quanto si è verificato nel 2002: nel corso della sua 26° sessione, il Comitato del Patrimonio Mondiale ha adottato la "Dichiarazione di Budapest" invitando tutti i partner a sostenere la salvaguardia del Patrimonio Mondiale attraverso degli obiettivi strategici fondamentali, cercando di assicurare un giusto equilibrio tra conservazione, sostenibilità e sviluppo, in modo che i beni del Patrimonio Mondiale possano essere tutelati attraverso attività adeguate che contribuiscano allo sviluppo socio-economico e alla qualità della vita delle comunità; attraverso strategie di comunicazione, educazione, ricerca, formazione e sensibilizzazione; ricercando il coinvolgimento attivo degli enti locali, a tutti i livelli, nella individuazione, tutela e gestione dei beni del Patrimonio Mondiale.

Il Piano di Gestione rappresenta, quindi, un documento strategico e di coordinamento operativo che definisce gli obiettivi da conseguire e che provvede alla individuazione delle relative azioni e delle modalità attuative da intraprendere. È inoltre uno strumento volto a promuovere progetti di conservazione e di valorizzazione coordinati e condivisi dai diversi attori operanti nel territorio ai fini della tutela del sito. Il suo fine è, pertanto, quello di assicurare l'effettiva protezione a lungo termine del territorio iscritto nella Lista del Patrimonio Mondale e dei suoi valori, per le presenti e future generazioni. Il Piano di Gestione ha, quindi, una dimensione ultragenerazionale, avendo sguardo proiettato e orientato al futuro.

Obiettivo primario del Piano di gestione è quello di assicurare un'efficace protezione del bene, per garantirne la trasmissione alle future generazioni. Per questo motivo il Piano di gestione deve tener conto delle differenze tipologiche, delle caratteristiche e delle necessità del sito, nonché del contesto culturale e/o naturale in cui si colloca. Può inoltre recepire i sistemi di pianificazione già esistenti e/o altre modalità tradizionali di organizzazione e gestione del territorio. Nel caso di siti seriali, e/o transnazionali, il Piano di gestione deve garantire il coordinamento nella gestione delle diverse componenti del sito. In ambito nazionale, la legge 20 febbraio 2006, n. 77 "Misure speciali di tutela e fruizione dei siti italiani di interesse culturale, paesaggistico e ambientale, inseriti nella 'lista del patrimonio mondiale', posti sotto la tutela dell'UNESCO" introduce i Piani di gestione per i siti italiani già iscritti nella Lista, al fine di assicurarne la conservazione e creare le condizioni per la loro valorizzazione; la legge prevede l'approvazione dei Piani di gestione e misure di sostegno anche per la loro elaborazione.

Per questo motivo il Piano di gestione deve tener conto delle differenze tipologiche, delle caratteristiche e delle necessità del sito, nonché del contesto culturale e/o naturale in cui si colloca. Può inoltre recepire i sistemi di pianificazione già esistenti e/o altre modalità tradizionali di organizzazione e gestione del territorio.

L'UNESCO stabilisce gli standard normativi di disciplina dell'istituto a mezzo delle *Operational Guidelines for the Implementation of the World Heritage Convention* elaborate dall'*Intergovernmental Commitee for the protection of the world cultural and natural heritage*, le quali vengono poi recepite dai vari Stati[8].

---

8 S.A. Bruno, *Approccio partecipato dei piani di gestione UNESCO e dei piani strategici di sviluppo sociale*, in *ildirittoamministrativo.it*, dove si specifica anche che l'«*UNESCO ha chiesto l'adozione di "management plans" in particolare per i siti naturali, resi poi obbligatori per tutte le nuove candidature alla World Heritage List.*» Nel 2005 ne ha fornito le prime linee guida applicative. Si richiede un «*appropriato piano di gestione o un altro documentato sistema di gestione che dovrebbe specificare come il valore universale eccezionale del sito sarà mantenuto, possibilmente attraverso processi partecipativi*».

Il piano di gestione, proprio per la sua natura di strumento strategico e di governance, diviene il luogo privilegiato per avviare forme 'attive' di partecipazione della popolazione alla gestione dei beni culturali, secondo i principi della sussidiarietà orizzontale. Il piano, infatti, potrebbe individuare e regolare le iniziative partecipative da incentivare. Con la partecipazione si otterrebbe inoltre una maggiore conoscenza e consapevolezza dell'*outstanding universal value* del sito da parte delle comunità. Ad esempio, un caso estremamente noto di gestione partecipata del sito è quella del Centro Storico di Firenze ove è stata attuata una *multi-stakeholder strategy*[9]. Sebbene la maggioranza dei piani di gestione sinora approvati non sembra aver colto appieno le possibilità nascenti da una *governance* condivisa e partecipata, sono state recentemente realizzate alcune interessanti esperienze in tal senso[10].

La definizione stessa del piano di gestione richiama l'importanza di processi partecipativi. L'effettiva adozione di una *governance* partecipativa potrebbe risolvere anche il problema dell'*accountability*, citata al paragrafo 111, in quanto obbligherebbe, in un certo senso, le organizzazioni responsabili della gestione del sito a dare un riscontro sui risultati concretamente ottenuti a tutti gli *stakeholder* convenuti nel processo partecipativo di definizione degli obiettivi. L'adozione delle politiche partecipative renderebbe tutti gli *stakeholder* più consapevoli delle azioni in corso e maggiormente interessati a

---

[9] Si veda C. Francini, *La Maratona dell'Ascolto per il Centro Storico di Firenze Patrimonio Mondiale UNESCO*, in "Siti, rivista dell'Associazione beni italiani patrimonio mondiale UNESCO", n.10, 2017.

[10] Si veda sul punto E. Ercole, Annali del Turismo, VI, 2017, "*Governance, partecipazione e inclusione nei piani di gestione dei siti della world heritage list dell'Unesco*", Edizioni Geoprogress, pag.8.

verificare quanto è stato compiuto[11]. Si creerebbe un circolo virtuoso in termini di auto-responsabilità.

Gli Osservatori: profili generali

Le indicazioni, le idee e i progetti contenuti nel Piano di Gestione vengono concretizzate attraverso lo strumento dei c.d. Osservatori. L'Osservatorio è praticamente l'applicazione fattiva del Piano di Gestione, la messa in pratica di quanto in esso teoricamente contenuto.

Il 19 luglio 2000, a Strasburgo, è stata adottata dal Comitato dei Ministri del Consiglio d'Europa la Convenzione europea del paesaggio ed è stata aperta alla firma degli Stati membri dell'organizzazione a Firenze il 20 ottobre 2000. Firmando la convenzione gli stati membri si sono impegnati a «*stabilire e attuare politiche paesaggistiche volte alla protezione, alla gestione, alla pianificazione dei paesaggi*», e a «*integrare il paesaggio nelle politiche di pianificazione del territorio, urbanistiche e in quelle a carattere culturale, ambientale, agricolo, sociale ed economico, nonché nelle altre che possono avere un'incidenza diretta o indiretta sul paesaggio*». Questo impegno al miglioramento, nella prospettiva descritta, riguarda tutti i paesaggi: non solo quelli straordinari, riconosciuti per la loro eccezionale bellezza e importanza, ma anche quelli ordinari, quelli in cui ogni giorno le persone vivono e si muovono. In tale ottica diventa fondamentale l'opinione degli abitanti: la convenzione europea afferma che in tutto il territorio possono essere individuati paesaggi diversi, i cui caratteri dipendono dall'azione di fattori naturali e di fattori umani, e attribuisce alle persone la vera capacità di riconoscerne la qualità. Per questo motivo gli Stati che hanno firmato la convenzione si sono impegnati ad avviare procedure di partecipazione di tutti i

---

[11] F. Badia, *Monitoraggio e controllo della gestione dei siti UNESCO. Il piano di gestione come opportunità mancata?*, in "Tafter Journal", 2012, n.52, pag. 7.

soggetti coinvolti nella definizione e nella realizzazione delle politiche paesaggistiche, primi fra tutti gli abitanti[12].

Si sono impegnati a migliorare la sensibilità generale su questi temi, comunicando nelle scuole, nelle università, nel mondo delle professioni e in tutta la società civile, l'importanza di migliorare la conoscenza dei propri paesaggi, tenendo conto dei valori specifici che sono loro attribuiti dai soggetti e dalle popolazioni interessate. Strumento di applicazione della convenzione europea è un ente di iniziativa pubblica di natura locale o regionale noto col nome di "Osservatorio del paesaggio". L'Osservatorio ha lo scopo di rappresentare un luogo di contatto tra i vari livelli amministrativi di governo, le istituzioni, le Università, i settori professionali e l'insieme della società in materia di gestione del paesaggio. La sua funzione principale è di promuovere la conoscenza del paesaggio all'interno della società, creando una maggiore consapevolezza sull'importanza della sua tutela e buona gestione al fine di preservarne le peculiarità. Ciò avviene attraverso attività di sensibilizzazione e partecipazione che coinvolgono enti ed istituzioni pubbliche e private con lo scopo di promuovere ed elaborare forme di protezione, gestione e pianificazione del paesaggio in un'ottica di sviluppo sostenibile.

Un Osservatorio è pensato come strumento di decodificazione del paesaggio e si basa su una concezione che va oltre le singole peculiarità di un territorio: non è la singola emergenza ad essere meritevole di attenzione, ma il paesaggio nella complessità delle relazioni materiali e culturali che lo hanno prodotto in quanto frutto dell'azione storica delle collettività umane nell'insieme del territorio. Sul piano dell'azione politica, un Osservatorio si distingue per la fiducia verso la partecipazione e il coinvolgimento dei rappresentanti degli interessi locali. In Italia sono presenti Osservatori regionali, diversi Osservatori

---

[12] C. Barbati, M. Cammelli e G. Sciullo, *Diritto e gestione dei beni culturali* Il Mulino, 2011.

locali e due Osservatori nazionali (l'Osservatorio Nazionale per la Qualità del Paesaggio e l'Osservatorio Nazionale del Paesaggio Rurale, delle pratiche agricole e delle conoscenze territoriali); realtà che supportano la dimostrazione di validità di questo ente, se non altro per la stimolazione e diffusione di conoscenze, e la cui creazione ed attuazione vanno senz'altro considerate una priorità in diverse nostre realtà territoriali.

L'Osservatorio per la biodiversità in Puglia e l'Osservatorio permanente per il centro storico di Napoli sono esempi concreti degni di nota: la Regione Puglia, il 21.12.2011 ha sottoscritto con il Ministero per l'Ambiente il protocollo d'intesa per l'avvio delle attività degli osservatori regionali per la Biodiversità in attuazione della Strategia Nazionale per la Biodiversità. Con il D.G.R.[13] n. 538 del 20 marzo 2012 la Regione ha attribuito le funzioni dell'Osservatorio per la biodiversità all'Ufficio Parchi e Tutela della biodiversità con funzioni conoscitive e propositive per la conservazione, fruizione e valorizzazione della biodiversità e del patrimonio ambientale della Regione e dei caratteri identitari di ciascun ambito del territorio regionale. L'attività principale dell'osservatorio è promuovere la condivisione e la diffusione della conoscenza sulle diverse componenti della biodiversità, a supporto degli enti gestori delle aree protette, degli istituti di ricerca e dei singoli cittadini in sinergia con la Strategia Nazionale per la Biodiversità; in Campania, l'Osservatorio permanente per il centro storico di Napoli - Sito UNESCO, istituito con Delibera Consiliare n. 32/2013 presso gli uffici della Presidenza del Consiglio Comunale di Napoli, ha funzioni consultive e risponde alla finalità di promuovere il recupero e la valorizzazione del Centro Storico e del sito UNESCO. Ha inoltre lo scopo di sostenere e favorire processi formativi e partecipativi diffusi, anche coordinando i lavori con le Municipalità, il Laboratorio Napoli e gli Assessori competenti per lo sviluppo di una cultura

[13] Delibera di Giunta Regionale.

del paesaggio storico urbano del Centro storico di Napoli sito UNESCO.

Dai modelli considerati si deduce come quella degli Osservatori sia una funzione di importanza innegabile per quanto riguarda il rispetto, la salvaguardia, la conoscenza di territori che non possono essere lasciati a sé stessi se non al prezzo di perdere parti importanti di quella che è la nostra identità di esseri umani e di cittadini.

L'Osservatorio quale fondazione di partecipazione

Il proliferare di Osservatori sul territorio nazionale ha posto l'interrogativo circa la sua natura, al fine anche di individuare correttamente lo statuto normativo di riferimento.

Si ritiene che l'Osservatorio possa essere qualificato come una Fondazione di partecipazione per la duttilità della figura giuridica in esame.

Prima di tutto, però, giova prendere contezza, sebbene brevemente, di cosa sia una "Fondazione"[14]. Essa è un ente dotato di personalità giuridica privata regolato dal Codice Civile e basato su un patrimonio finalizzato a un preciso scopo lecito e di utilità sociale. Deve dunque avere un patrimonio che complessivamente risulti adeguato allo scopo perseguito. In quanto ente dotato di personalità giuridica di diritto privato, la Fondazione ha una personalità distinta da quella dei fondatori e da quella degli amministratori; i creditori possono rifarsi quindi solamente sul patrimonio della fondazione. È un ente diverso dall'Associazione[15] in quanto quest'ultima si basa sull'azione dei soci finalizzata allo scopo e prevede l'elezione democratica degli organi sociali. La Fondazione invece non ha soci e, eccetto casi particolari, l'organo di governo non viene democraticamente

---

[14] E. Bellezza, F. Florian, *Le fondazioni del Terzo Millennio- Pubblico e Privato per il non-profit*, Firenze 1990.

[15] https://italianonprofit.it/risorse/definizioni/fondazioni/ .

eletto bensì designato nelle modalità previste dallo statuto. Inoltre nella Fondazione non è possibile cambiare le finalità di destinazione del patrimonio, salvo che sia previsto dallo Statuto o in casi particolari vi sia un provvedimento governativo. Essa deve essere costituita per atto pubblico o per disposizione testamentaria; in seguito alla costituzione viene annoverata nel Registro delle Persone Giuridiche Private. Se l'operatività della Fondazione è nazionale e riguarda una delle materie di esclusiva competenza dello Stato, il Registro è curato dalla competente Prefettura, altrimenti dalla Regione. È retta da un Consiglio di Amministrazione e può prevedere altri organi tra i quali un'assemblea, il cui ruolo è determinato dallo statuto. Deve essere munita di un organo di controllo contabile che verifichi tra l'altro anche la corretta tenuta della contabilità e del bilancio.

Le modalità di designazione del Consiglio d'Amministrazione e degli eventuali altri organi di governo è definita dallo statuto e dall'atto costitutivo, il presidente ne è di norma il rappresentante legale. Una Fondazione può avere personale, può avere volontari, può essere un Ente del Terzo Settore alle condizioni della legge di riferimento (D. Lgs. 117/2017), può avere entrate di natura commerciale e componenti dell'Organo Direttivo possono essere pagati[16].

---

[16] Casi speciali di fondazioni sono: a) le Fondazioni di Origine Bancaria: nate dalla scissione dell'attività filantropica e dell'attività creditizia di alcune banche italiane poste sotto controllo pubblico, che gestiscono beni di rilievo pubblico (collezioni d'arte, biblioteche, palazzi e ville storiche...), progetti in ambito sociale, sanitario, educativo, formativo ed effettuano erogazioni a beneficio di enti pubblici e non profit. Nel tempo sono state regolate dalle leggi 218/1990, 461/1998 e dal Decreto Legislativo 153/1999; b) le Fondazioni Lirico-Sinfoniche: istituite dal Decreto Legislativo 367/1996 che ha trasformato in fondazioni di diritto privato gli enti autonomi lirici, le istituzioni concertistiche e altri enti lirici, coreutici, musicali di rilievo nazionale precedentemente

Sono presenti diverse tipologie di Fondazione: differiscono l'una dall'altra per modalità di intervento, operatività e sostegno agli enti, spinta fondativa, ecc. Una Fondazione può essere definita 'operativa' se gestisce direttamente progetti, servizi o cura un bene pubblico (parchi, collezioni d'arte, monumenti, biblioteche, archivi...), 'd'erogazione' o '*grant-making*' se eroga risorse (finanziarie, competenze, ecc.,) a terzi: molte fondazioni adottano entrambe le modalità d'intervento.

Nella categoria delle Fondazioni in generale è possibile rintracciare una sotto-categoria particolarmente specifica e ibrida: la fondazione di partecipazione. Sono costituite da una pluralità di attori, che in base allo statuto mutuano alcune caratteristiche tipiche dell'associazione, come la possibilità di far entrare nuovi membri e l'assemblea dei soci. In genere sono realtà operative che valorizzano il contributo di tutti i membri. a fondazione di partecipazione è un fenomeno ibrido nato dalla necessità di avere da una parte la gestione e il coordinamento tipici degli enti pubblici, dall'altra l'efficienza e l'efficacia del privato. In sintesi, si tratta di una collaborazione tra gli enti pubblici e le strutture private per fini di interesse pubblico. Si tratta di un fenomeno articolato e in continua evoluzione che può coinvolgere qualsiasi tipo di istituzione pubblica o privata, comprese

---

istituiti dalla Legge 800/1967. Alcune fondazioni, poi, rientrano all'interno di quanto prevede il Codice Civile senza che esso le abbia differenziate o catalogate. Esse comprendono: a) le Fondazioni di Famiglia o d'Impresa: sono fondazioni istituite per portare avanti i valori e le idee del capostipite, o, nel caso di un'impresa, valorizzare le esternalità positive (competenze, beni prodotti, tecnologie sviluppate) e limitare le esternalità negative; b) le Fondazioni di Comunità: sono fondazioni, costituite da una pluralità di attori, destinate a raccogliere donazioni e valorizzarle per il benessere di un determinato territorio e in taluni casi a gestire beni pubblici di rilievo locale promuovendo e implementando il Terzo Settore e l'impegno dei cittadini.

onlus e cooperative. Dunque, è un concetto a metà tra la fondazione classica e l'associazione. La fondazione di partecipazione e la fondazione tradizionale non sono dunque propriamente la stessa cosa. La fondazione, secondo il significato classico del termine, è un ente morale senza scopo di lucro, la cui disciplina è regolata dal libro primo del codice civile.

I beni legati alla fondazione sono dunque destinati al raggiungimento di un fine, di uno scopo, costituente l'ideale della fondazione stessa, agli obiettivi che la contraddistinguono. Ha dunque organi di governo propri e i fondi e i beni a disposizione vengono utilizzati per lo scopo per il quale è stata costituita. È regolamentata da un insieme di norme contenute nello statuto che regola l'attività e la gestione dell'ente. È essenziale la presenza del patrimonio, elemento necessario per lo svolgimento delle attività. In mancanza o in insufficienza del patrimonio, l'ente viene a cessare e gli eventuali beni residui verranno trasferiti ad enti analoghi. La fondazione di partecipazione, invece, non è istituita da un unico soggetto, il fondatore, bensì si tratta della collaborazione di più enti che condividono gli stessi obiettivi. Si tratta di un mezzo operativo 'ibrido', che alla base ha sì elementi tipici della fondazione tradizionale, ma anche dell'associazione. In sintesi, questo tipo di fondazione persegue anch'essa un obiettivo senza scopo di lucro con alla base un patrimonio che ne supporti i costi, il cui ammontare viene fissato nell'atto costitutivo, ma in questo caso i fondatori partecipano attivamente alle decisioni e alla gestione della fondazione stessa, cosa tipica dell'associazione. Nel caso della fondazione, il 'peso' dei partecipanti alla gestione può essere comunque diversificato.

La fondazione di partecipazione è caratterizzata da due elementi: un elemento patrimoniale e uno personale. Il primo è composto dal fondo di dotazione, ovvero la parte del patrimonio che non è possibile toccare (il patrimonio di riserva fondamentalmente) e che può essere composto tanto da somme di denaro quanto da beni materiali o immobili, e il fondo di gestione, ovvero la parte di patrimonio utilizzabile per finanziare le attività. Quest'ultimo può essere costituito da donazioni, rendite provenienti da attività della fondazione stessa, contributi pubblici o privati. Il modello giuridico è aperto, nato per raggiungere diversi scopi tramite la collaborazione tra pubblici, privati e volontari cittadini, che diventano così elementi attivi della fondazione stessa. Questo tipo di fondazione viene utilizzato soprattutto dagli enti pubblici per realizzare progetti e iniziative volti al benessere della collettività, come ad esempio attività sociali e di assistenza, attività culturali, scientifiche e di volontariato. Si tratta dunque di un valido strumento per coinvolgere privati e incanalare risorse per fini di pubblica utilità. Questo tipo di fondazione coinvolge più soggetti giuridici, enti pubblici e organizzazioni private. Successivamente alla costituzione, possono aderire altri soggetti a mano a mano, permettendo la compresenza di enti pubblici territoriali o privati, anche in momenti diversi. È la partecipazione del pubblico e del privato per il raggiungimento di scopi di interesse generale: oggi sempre più spesso partecipano aziende, enti pubblici ed organizzazioni senza scopo di lucro. Di conseguenza, può essere annoverata tra gli enti del Terzo Settore previsti dal d. lgs. n. 117/2017.

Dunque, la fondazione potrebbe assumere la denominazione di 'ente filantropico', divenendo anche impresa sociale. Con l'entrata in vigore del Registro Unico Nazionale del Terzo Settore (RUNTS) le Fondazioni che hanno i requisiti per il riconoscimento come Ente del Terzo Settore, previsti dal Codice del Terzo Settore, o per un tipo particolare di Ente del Terzo Settore (ad esempio Ente Filantropico), possono chiederne la registrazione. In tal caso migreranno dal Registro delle Persone Giuridiche Private al RUNTS[17].

È evidente che, alla luce di quanto poc'anzi esposto, si può concludere sostenendo che la Fondazione di partecipazione rappresenta, ad oggi, lo strumento giuridico maggiormente idoneo ad inglobare l'Osservatorio, stante la varietà delle sue funzioni. In estrema sintesi si può giustificare tale assunto per almeno cinque motivi:

a) la duttilità del modello che riesce a far convivere diversi interessi coinvolti in gioco: un modello che dà rilevanza alle diversità dei soggetti che faranno parte dell'Osservatorio;
b) una prassi applicativa diffusa e consolidata in materia di gestione del patrimonio culturale da parte delle fondazioni di partecipazione;
c) il perseguimento di un fine di interesse pubblico – valorizzazione e fruizione del patrimonio culturale-sovrapponibile al fine dell'Osservatorio (che lo persegue espletando molteplici funzioni);
d) la liberalità delle forme organizzative e delle modalità di finanziamento che consentono elasticità programmatica, statutaria e gestionale;
e) la legittimazione in termini di legge.

L'economia circolare: strumento di rivitalizzazione del patrimonio culturale

La protezione dell'ambiente e l'attenzione ai cambiamenti climatici sono il tema che più di tutti – soprattutto negli ultimi

[17] È opportuno precisare che non tutte le Fondazioni possono essere Enti del Terzo Settore e che la legge delega (L 106/16) che ha portato poi al Codice del Terzo Settore esclude esplicitamente l'applicazione della Riforma alle Fondazioni di Origine Bancaria.

anni – ha mobilitato moltissimi giovani. Il movimento di protesta iniziato da Greta Thunberg e sviluppatosi nei *Fridays For Future* è riuscito a portare in strada a manifestare milioni di persone, tanto che la politica tradizionale, per sua natura non orientata al 'verde', ha dovuto necessariamente attivare delle politiche recettive delle istanze provenienti 'dal basso'.

Inevitabilmente, i temi della sostenibilità e della tutela ambientale, nel nuovo 'paradigma' di sviluppo, si intersecano, compenetrandosi ed influenzandosi, con la nozione di economia circolare, cioè «*un'economia industriale concettualmente rigenerativa e riproduce la natura nel migliorare ed ottimizzare in modo attivo i sistemi mediante i quali opera*». La paternità della definizione va ascritta alla Ellen MacArthur Foundation[18]: l'economia circolare è «*un sistema economico pensato per potersi rigenerare da solo con due tipi di materiale: biologici, quelli che possono essere reintegrati nella biosfera e tecnici, destinati ad essere rivalorizzati senza entrare nella biosfera*».

A ben vedere, il modello economico, cui è improntata l'economia circolare, si basa su una concezione di ricchezza e benessere non più contraddistinta dalla tradizionale espansione reiterata di flussi, ma dall'accrescimento quantitativo del capitale umano, naturale e sociale, oltre che di tipo economico/finanziario. L'economia circolare presuppone, nondimeno, un modello di economia in cui le attività siano concatenate in tutte le loro fasi tanto da consentire che i 'rifiuti' (prodotti fondamentali nella prospettiva del riuso e della rigenerazione) di qualcuno, diventino risorse per qualcun altro.

---

[18] La *Ellen MacArthur Foundation*, ha sede a Chicago e la Fondazione sostiene le varie organizzazioni senza scopo di lucro in circa 50 paesi. La fondazione ha assegnato 5.5 miliardi di dollari da quando iniziò ad assegnare i suoi primi contributi economici nel 1978. La fondazione offre circa 225 milioni di dollari annui in sovvenzioni e investimenti relativi al programma "Economia circolare". La Fondazione ha il dichiarato obiettivo di «*Sostenere le persone creative e le istituzioni impegnate a costruire un mondo più giusto, verde, e pacifico*».

Il diretto precipitato applicativo dell'economia circolare è la realizzazione di una crescita economica che deve muoversi entro il modello della sostenibilità e della rigenerazione, in cui i beni di oggi rappresentano le risorse di domani, in un'ottica, quindi, di riciclo, riuso e minimizzazione degli sprechi.

Sviluppo sostenibile, economia circolare, cambiamento climatico, sostenibilità ambientale sono temi che, irrompendo sempre più frequentemente nel dibattito globale, hanno intercettato anche il patrimonio culturale. Che sia per gli evidenti rischi a cui sono sottoposti molti beni culturali per effetto dei cambiamenti climatici[19], che sia per la necessità di modelli di gestione sostenibile del patrimonio o per il contributo della cultura allo sviluppo sostenibile[20], la mobilitazione di esperti, professionisti, attori pubblici e privati è ormai evidente[21]: la valorizzazione dell'ambiente naturale e culturale, da un lato, e l'economia circolare e sostenibile, dall'altro, rappresentano delle variabili fortemente correlate tra loro che, per i loro intrinseci connotati, sono naturalmente predisposte a interagire[22].

---

[19] Venezia ne è il caso emblematico.

[20] Il Consiglio dell'UE ha adottato il 21 novembre 2020 una risoluzione sulla dimensione culturale dello sviluppo sostenibile.

[21] https://www.agenziacult.it/esteri/sviluppo-sostenibile-economia-circolare-e-patrimonio-culturale-strumenti-per-un-riuso-generativo/.

[22] Tra le iniziative più recenti, si pensi al lancio del *Climate Heritage Network* lo scorso 24 ottobre 2020 a Dublino, al Forum dei Ministri della cultura tenutosi a Parigi lo scorso 19 novembre sul tema "*Culture and public policy for sustainable development*", stesso tema della conferenza annuale di NEMO *Network of European museums organizations* "*Museums 2030 – Sharing recipes for a better future*", tenutasi dal 7 al 10 novembre a Tartu in Estonia, ma anche all'iniziativa #museumsforfuture lanciata da professionisti museali, facendo eco al movimento *#fridaysforfuture*, con la proposta di 10 azioni in vista del quarto sciopero per il clima del 29 novembre. In questo dibattito si inserisce il progetto europeo di ricerca "*CLIC – Circular models Leveraging Investments in Cultural heritage*

Il settore culturale può dare un contributo essenziale al bilancio economico del nostro Paese. Sebbene occupi lo 0.2% dell'intera superficie terrestre, l'Italia ospita infatti quasi il 70% dei beni culturali mondiali ed il più alto numero, pari a 57, di siti UNESCO. Il nostro Paese si conferma, in tal senso, come depositario di un immenso patrimonio di beni culturali concentrati nei centri urbani o diffusi sul territorio comprendenti monumenti, edifici e complessi di valore storico-artistico-architettonico, siti archeologici, musei e gallerie.[23]

---

adaptive reuse", finanziato dal programma "*Horizon 2020*" sotto la *Call* "*Innovative financing, business and governance models for adaptive re-use of cultural heritage*" (SC5-22-2017): «*il progetto CLIC ha individuato il patrimonio culturale come campo di sperimentazione per modelli innovativi di finanziamento, di* business *e di* governance *in grado di promuovere e abilitare il riuso del patrimonio culturale nelle città e nei paesaggi culturali europei, nella prospettiva dell'economia circolare come modello di sviluppo sostenibile*»" (Oppido e Daldanise, 2019: 1352).

[23]Si vedano sul punto, i dati riportati da F. Pollice e C. Rinaldi, in "*La valorizzazione del patrimonio culturale in Italia*", progetto di ricerca, Centro Universitario Europeo per i Beni culturali (2012), che sebbene non recentissimi danno un'idea dell'impatto in termini occupazionali del patrimonio culturale: «*A titolo esemplificativo si può riflettere sul fatto che ogni sito UNESCO italiano riesce a generare un PIL di circa 750 milioni di euro, a fronte dei circa 2 miliardi di euro dei siti di Francia e Germania e dei quasi 3 miliardi di euro nel Regno Unito. La situazione non è molto diversa se si osserva il settore dal punto di vista occupazionale: l'Italia conta circa 470 mila addetti pari al 2% degli occupati totali, a fronte di valori prossimi al 3% di Germania e Regno Unito. Complessivamente, quindi, la ricchezza derivante dal settore culturale è molto più consistente negli altri paesi europei, che hanno sviluppato una maggiore capacità di generare valore economico nel settore cultura, soprattutto attraverso le "creative industries.*» In altri termini, sono enormi le potenzialità di crescita non ancora sfruttate.

L'economia circolare[24], allora, potrebbe essere utilizzata quale strumento capace di identificare modelli virtuosi che promuovano la cura condivisa e responsabile del patrimonio culturale anche attraverso la metodologia della conservazione preventiva e programmata[25].

Non solo. La promozione del patrimonio culturale, volta a sostenere modelli gestionali innovativi e sostenibili, può rappresentare anche un importante presupposto per lo sviluppo delle imprese e dei territori e per la generazione di un valore che, nella misura in cui tocca la cultura, è allo stesso tempo economico e sociale. La quarta rivoluzione industriale grazie all'accresciuta capacità di interconnettere e far cooperare le risorse produttive - *asset* fisici, persone e informazioni lungo la catena del valore - può favorire l'introduzione di nuovi modelli di business e trasformare profondamente le dinamiche grazie alle quali questi modelli producono valore, innovazione, occupazione e benessere.

L'innovazione dei processi di lavoro offre la possibilità di stabilire nuove e importanti connessioni tra conoscenze tradizionali e nuovi saperi anche per il recupero di settori tradizionali di attività e la promozione di un nuovo sviluppo. Le politiche per la promozione dell'industria culturale aprono le porte non solo a nuovi settori di attività ed a nuovi lavori strettamente legati al modello di società 4.0, ma anche ad un

---

[24] G. Daldanise, A. Gravagnuolo, S. Oppido, S. Ragozino, M. Cerreta, G. Esposito De Vita, "*Economie circolari per il patrimonio culturale: processi sinergici di riuso adattivo per la rigenerazione urbana*", Atti della XXI Conferenza Nazionale SIU, *Confini, Movimenti, Luoghi. Politiche e progetti per città e territori in transizione*, 2019, pp. 1348-1361.

[25] "*Il Convegno – L'economia circolare per la rigenerazione del patrimonio culturale storico italiano*", resoconto del Convegno tenutosi in data 24 novembre 2022, presso Palazzo Litta, Milano – https://lombardia.beniculturali.it/il-convegno-leconomia-circolare-per-la-rigenerazione-del-patrimonio-culturale-storico-italiano/.

quadro di competenze innovative, di natura trasversale e trasformazionale legate alla digitalizzazione, all'internet delle cose ed all'intelligenza artificiale. Tutto questo all'interno di un modello di economia circolare volto alla conservazione ed alla valorizzazione del patrimonio naturale e culturale in un contesto di sviluppo circolare e sostenibile.

È evidente, quindi, che l'economia circolare, nella misura in cui diventa un fenomeno importante (e sempre più dominante) non può più essere affrontata dal legislatore in ottica esclusivamente settoriale ed ambientale, sganciata cioè da tutti gli altri settori economici e giuridici. Si deve creare una fitta rete di interconnessioni, di scambi biunivoci capaci di apportare migliorie nei rispettivi campi di applicazione. In altri termini, l'economia circolare, per la sua duttilità, per la sua capacità di permeare nelle maglie della società e di rispondere con efficacia ed efficienza ai sempre più avvertiti bisogni di tutela e rispetto ambientale, diventa un sicuro strumento anche per la valorizzazione di quei campi che, apparentemente, esulerebbero dal suo raggio di azione. Diventa uno strumento che, se ben puntellato, riesce, nella sua trasversalità, a rispondere sapientemente ai bisogni delle nuove e delle future generazioni.

La sfida, pertanto, non si appunterà tanto sull'interrogativo se la tutela dei beni culturali è perpetrabile con lo strumento dell'economia circolare, domanda a cui – stante la ricostruzione appena svolta – si potrebbe con tranquillità dare risposta positiva. Del resto, i 'beni usati', ossia gli oggetti che vengono re-immessi in circolazione nell'ottica di riutilizzo tipica dell'economia circolare, rientrano pienamente nella definizione di 'beni mobili' utilizzata nel Codice dei Beni Culturali[26]. Specificamente, secondo il Codice, sono beni culturali le cose immobili e mobili che, ai sensi degli artt. 10 e 11, presentano

---

[26] A. Giuliani, *Beni culturali ed Economia circolare: il vulnus inatteso*, in https://www.leotron.com/beni-culturali-ed-economia-circolare-vulnus-inatteso, 2021.

interesse artistico, storico, archeologico, etnoantropologico, archivistico e bibliografico e le altre cose individuate dalla legge o in base alla legge quali testimonianze aventi valore di civiltà.

La sfida, invece, si appunterà sulla corretta individuazione, da parte del legislatore, degli strumenti tecnici e giuridici che meglio consentiranno di raggiungere l'obiettivo della sostenibilità. L'obiettivo, quindi, dovrà essere quello di promuovere e sensibilizzare su alcune *best practice* da adottare, finalizzate a diffondere il concetto di riuso del patrimonio culturale, nella prospettiva dell'economia circolare quale veicolo anche di una sempre maggiore coesione sociale, e di tramandare questa sensibilità anche alle future generazioni. Se da un lato la fruizione di massa 'consuma' i grandi attrattori culturali, dall'altro la maggior parte del patrimonio culturale esistente è opaco ai processi di rigenerazione urbana e rappresenta una passività nello sviluppo di capitale sociale e culturale. In una logica di economia circolare si potrebbe sviluppare una transizione da una visione polarizzata (bene culturale da conservare) ad una visione di infrastruttura culturale (capitale da valorizzare e riprodurre).

In tale visione, il capitale culturale rappresenta il *driver* di un processo di rigenerazione a scala urbana o metropolitana nel quale le interconnessioni trasversali tra i cicli produttivi del riuso adattivo del patrimonio disponibile, sia nella fase di adeguamento che in quella gestionale, configurano un processo circolare di produzione multidimensionale di valore[27].

Considerazioni conclusive

Dall'analisi finora svolta, emerge chiaramente come il quantitativo di risorse culturali, armonicamente dislocate sul

[27] G. Daldanise, A. Gravagnuolo, S. Oppido, S. Ragozino, M. Cerreta, G. Esposito De Vita, *Economie circolari per il patrimonio culturale: processi sinergici di riuso adattivo per la rigenerazione urbana*, cit.

territorio nazionale, assegna necessariamente all'Italia un ruolo di responsabilità: le istituzioni e il legislatore nazionale hanno l'obbligo morale, prima che giuridico, di non disperdere la ricchezza, intesa proprio come ricchezza culturale. È necessario, quindi, implementare lo sviluppo di tutti i beni culturali e definire anche nuovi strumenti capaci di valorizzarli, rendendoli fondamentalmente più fruibili[28], sì da apportare significative ricadute sull'economia nazionale, soprattutto in virtù del fatto che si tratta di comparti dalla rilevanza economica e occupazionale tutt'altro che trascurabile. In altri termini, le potenzialità di crescita non ancora sfruttate sono enormi.

La ragione del 'sottosviluppo' ancora esistente, risiede nel fatto che spesso si tende a privilegiare altri settori di intervento che hanno la capacità di generare un maggiore e più immediato ritorno economico e di consenso. Purtroppo, infatti, è ancora poco diffusa la consapevolezza del ruolo delle risorse culturali in termini di valore economico e di sviluppo territoriale.

Vero è che molto è stato fatto, ma molto ancor c'è da fare nell'ottica di rendere i beni culturali che caratterizzano il patrimonio artistico italiano dei veri e propri poli di attrazione e di generazione di ricchezza, sfruttando anche le nuove possibilità di sviluppo messe a disposizione da quegli strumenti, come l'economia circolare, che consentirebbero uno sviluppo e una tutela dei beni culturali più sostenibile.

---

[28] Cfr. A. Mitrotti, *Il riparto di competenze in materia di beni culturali alla luce del felice coniugio tra redditività del patrimonio culturale e diritto di accesso ai beni culturali*, cit. Si sottolinea in particolare quanto segue: «*Si è già precisato, fin qui, come l'autorevole interpretazione della Corte Costituzionale avesse ricondotto alla valorizzazione qualsiasi tipo di attività diretta "soprattutto [alla] fruizione del bene culturale", in quanto disciplina legislativa finalizzata proprio a perseguire l'obiettivo di una migliore conoscenza, conoscibilità e fruizione possibile dei beni culturali.*»

Bibliografia

Badia, F., 2012, *Monitoraggio e controllo della gestione dei siti UNESCO. Il piano di gestione come opportunità mancata?*, in Tafter Journal, n.52.

Barbati, C., Cammelli, M., Sciullo, G., 2011, *Diritto e gestione dei beni culturali*, Il Mulino, Bologna.

Bellezza E., Florian, F., 1990, *Le fondazioni del Terzo Millennio- Pubblico e Privato per il non-profit*, Firenze.

Daldanise, G., Gravagnuolo, A., Oppido, S., Ragozino, S., Cerreta, M., Esposito De Vita, E., 2019, *Economie circolari per il patrimonio culturale: processi sinergici di riuso adattivo per la rigenerazione urbana*, in AA.VV., *Atti della XXI Conferenza Nazionale SIU | CONFINI, MOVIMENTI, LUOGHI. Politiche e progetti per città e territori in transizione*, 2019, Planum Publisher, Milano-Roma, pp. 1348-1361.

Ercole, E., 2017, *Governance, partecipazione e inclusione nei piani di gestione dei siti della world heritage list dell'Unesco*, in *Annali del Turismo*, vol. VI, Edizioni Geoprogress, Novara, pp.177-194.

Francini, C., 2017, *La Maratona dell'Ascolto per il Centro Storico di Firenze Patrimonio Mondiale UNESCO*, in "Siti, rivista dell'Associazione beni italiani patrimonio mondiale UNESCO", n.10.

Giuliani, A., 2021, *Beni culturali ed Economia circolare: il vulnus inatteso*, in https://www.leotron.com/beni-culturali-ed-economia-circolare-vulnus-inatteso.

Iacopino, A., 2017, *Modelli e Strumenti per la valorizzazione dei beni culturali. Spunti di riflessione nella prospettiva del risultato amministrativo*, Editoriale Scientifica, Napoli.

Mitrotti, A., 2018, *Il riparto di competenze in materia di beni culturali alla luce del felice coniugio tra redditività del patrimonio culturale e diritto di accesso ai beni culturali*, in "Rivista AIC", n. 4.

Sammarro, D., 2019, *La valorizzazione del bene culturale e il quadro normative di riferimento: brevi osservazioni*; in "Ratio Iuris", 28.06.2019, Dottrina Osservatorio Corte Costituzionale.

Sciullo, G., 2007, *Restauro, tutela e valorizzazione dei Beni Culturali*, 2 /2007, in "Aedon – Rivista di Arti e diritto" on line, quadrimestrale, diretto da Marco Cammelli, Il Mulino, Bologna.

Narrare il Paesaggio. Pratiche di visione e antropologia dei luoghi

Michele Claudio D. Masciopinto

Premessa

Primavera 2020. Seduto alla scrivania, davanti al monitor del computer, mi accorgo della presenza di un silenzio irreale attorno a me. Non ci sono suoni di auto, di persone che parlano, di attività lavorative. Mi alzo e vado alla finestra, la apro e osservo: è tutto immobile, cristallizzato; si respira una sensazione di vuoto, di uno spazio espanso, di un tempo sospeso. Quello che si palesa al mio sguardo è un paesaggio a tratti estraneo, sconosciuto, che vedo per la prima volta. Eppure è il paesaggio urbano del mio paese, avvolto in una atmosfera strana, surreale, dovuta dal rispetto delle prescrizioni imposte per il contenimento del virus Covid-19. Chiudo gli occhi, la mente mi riporta a luoghi a me cari, spazi marittimi, tra barche e lanterne, con il suono delle onde e dei gabbiani e il vento tra i capelli, sento nelle narici la brezza marina del mare. Ad un tratto, il grugare dei piccioni mi riporta al presente. Riapro gli occhi: sono a casa, sul mio balcone, in un paese deserto, da solo.[1]

Queste considerazioni sono state scritte nel marzo 2020, durante la prima fase del *lockdown* avvenuto in Italia a causa del virus Covid-19; riflessioni che nascono all'interno di un esercizio del corso *WUC - Workshop of UNESCO Chair* 2020, intitolato "Matera città resiliente", ove si chiedeva agli studenti di esercitare la loro attenzione e il loro sguardo sul paesaggio, attraverso la produzione di una serie di foto scattate dalla finestra della loro casa, da montare in seguito in un breve video clip nel quale fare emergere le proprie considerazioni, percezioni e emozioni.

[1] Mia nota riflessiva, 21 marzo 2020.

Un esercizio dedicato all'attenzione sui particolari, alla pratica dello sguardo sui luoghi, all'osservazione del cambiamento del paesaggio circostante a livello fisico, sonoro, intimo. Un lavoro che ho svolto anche io, come tutor d'aula, che mi ha permesso di riflettere sulle modalità con le quali osservo un luogo, lo descrivo, lo rappresento.

L'emergenza sanitaria nazionale ha precluso la possibilità di vivere il paesaggio, di attraversarlo, di agire su di esso attraverso l'attività quotidiana, ma esso non risulta passivo: cambia dinanzi ai nostri occhi, adattandosi al rallentamento della quotidianità umana, manifestando nuove prospettive e nuovi particolari che prima faticano ad essere notati a causa del susseguirsi di impegni giornalieri che impediscono di cogliere quei caratteri esteriori e interiori che danno forma al nostro paesaggio.

Per comprendere ciò è necessario collocare il paesaggio «*nell'alveo delle manifestazioni culturali e quindi dentro l'universo rappresentativo degli individui e della società, riconoscendo l'importanza e la priorità del rappresentare*»[2].

I dibattiti degli ultimi anni hanno fatto emergere l'impossibilità di ridurre gli interventi di tutela dei luoghi alla sola componente ambientale e naturalistica, poiché il paesaggio è rappresentazione del territorio, campo di ricerca, spazio nel quale individui e società[3] narrano e interpretano le loro storie. Questa concezione implica una duplice relazione dell'uomo con il paesaggio: come soggetto agente, in grado di trasformare l'ambiente di vita imprimendo il segno della propria azione, e come osservatore capace di guardare e capire il senso del suo agire sui luoghi che frequenta.

Nel paesaggio ritroviamo quindi il riflesso della nostra azione, il modo di vivere ed agire il territorio, elementi con i quali la comunità costituisce la propria identità, la propria storia e la

---

[2] Turri 1998, pag. 11.

[3] Cfr. Goffmann 1969.

propria memoria. Per questo motivo possiamo affermare che il paesaggio è una narrazione collettiva, espressione e fondamento dell'identità delle popolazioni: non esiste di per sé, ma prende forma solo se c'è qualcuno che lo osserva, lo abita, lo costruisce. La narrazione si genera nell'esplorazione degli spazi e dei luoghi e nella loro continua rigenerazione messa in atto dalle relazioni stabilite tra la comunità e i diversi contesti territoriali. Il paesaggio è quindi il risultato di un processo collettivo di riconoscimento e di costruzione di significati capace di dare voce alla complessità della realtà contemporanea.

Il paesaggio come narrazione del contemporaneo

«*La nostra epoca è decisamente quella del paesaggio, almeno per quanto riguarda la sua riproduzione verbale e iconica*»[4], con queste parole Michael Jacob illustra in modo chiaro la complessità del dibattito contemporaneo sul paesaggio, capace di coinvolgere campi disciplinari differenti quali la geografia, l'antropologia, la filosofia e l'archeologia, assumendo in tale modo "la forma di una babele paesaggistica incessante che invade tutti i domini della vita".

In particolare, grazie alla circolazione globale di immagini che ne propongono diverse rappresentazioni, il paesaggio è stato investito di un significato in grado di oltrepassare le frontiere linguistiche, in un processo che in vari ambiti disciplinari è stato osservato come una trasformazione del mondo in 'immagine', in una visibilità estrema che ha portato a una sovraesposizione culturale del concetto in questione, tale da indurre lo stesso Jakob a coniare il termine 'onnipaesaggio'.

Il paesaggio sarebbe allora «*uno dei mezzi essenziali che contribuiscono alla globalizzazione crescente dei concetti e degli schemi visivi*»[5]. Per tale motivo, il paesaggio sembra essere un *medium* per leggere e affrontare i problemi sociali e ambientali connessi a un

---

[4] Jakob, 2009, pag. 7.

[5] Ivi, pag. 8.

territorio in rapida evoluzione e in continua trasformazione, ove spesso si fa esperienza della perdita di riferimenti nei luoghi che percorriamo, nel quotidiano confronto con i 'non-luoghi'[6] , con le aree urbane e industriali abbandonate e le aree residuali istituite dallo sviluppo extraurbano, problematiche da affrontare attraverso l'ausilio di nuovi strumenti di ricerca e analisi.

In questa prospettiva, l'antropologia può offrire un interessante apporto al dibattito sul paesaggio, poiché la riscoperta del paesaggio si lega ad un problema identitario di restituzione di percezione, intesa come lettura da parte di chi vive ed attraversa i territori e le realtà comunemente vissute. I luoghi su cui si esercita lo sguardo antropologico sono quelli delle identità narrate, delle comunità di pratica e dei processi di acculturazione e apprendistato: i luoghi mappano identità possibili, e le identità dei luoghi non si manifestano di per sé, ma per chi li vive e li abita. Differenti letture del territorio, assieme a molteplici pratiche della località, producono molti tipi di paesaggio, tanto da poter asserire che un luogo è una rappresentazione sia di 'comunità di pratica'[7] sia di 'comunità di paesaggio'[8].

Attraverso l'identificazione degli elementi che compongono un determinato luogo, gli abitanti costruiscono i loro ambienti, e vivendoci e frequentandoli danno una forma riconoscibile, condivisa, ai loro luoghi, ponendo le basi perché quel luogo possa costituire un paesaggio: «*il paesaggio diventa tale se riusciamo a dare un senso, un significato culturale alle sue componenti, trasformandole in segni, attraverso i quali comunichiamo con gli altri*»[9].

Una prospettiva che riprende un punto di vista etnografico di grande interesse per le modalità di costruzione dinamica e corporea della conoscenza dei luoghi, ovvero

---

[6] Cfr. Augé, 2003.
[7] Cfr: Lave, Wenger, 1991.
[8] Cfr: Bonesio 2007.
[9] Turri, 2000, pag. 24.

l'esperienza del camminare, dell'avventurarsi attraverso scenari urbani o naturali, ripercorrendoli e affinando forme di conoscenza dei luoghi legati intrinsecamente alla modalità della loro fruizione. Una metodologia di ricerca che affianca al lavoro sul campo l'idea della narrazione come strumento utile ai fini della lettura e comprensione del paesaggio, del suo senso e dei suoi significati, capace di contribuire alla costruzione e continua trasformazione della identità culturale dei luoghi.

Il discorso antropologico: una "Storia delle storie"

Il termine 'narrazione' è utilizzato nell'analisi di miti, leggende, storie di vita e nell'analisi della conversazione. Le narrazioni possono essere personali ed avere carattere autobiografico; possono essere o meno frutto di invenzione; a volte può trattarsi di favole tradizionali comprendenti elementi mitici o fantastici, ma anche di altri tipi di racconto tradizionale di cui fanno parte elementi 'reali'.

In quasi tutti gli scritti antropologici contemporanei, il tema del racconto chiama subito in causa l'etnografia ed apre il problema della sua definizione. Un antropologo 'scrive', sostiene Clifford Geertz, poiché è necessario, "rappresenta la prova di essere stati (là)"[10], ma questo pone degli interrogativi sulle modalità con le quali trascriviamo il nostro lavoro sul campo e su come comunichiamo i risultati della ricerca.

Per mestiere e necessità, l'antropologo deve sviluppare una serie di capacità narrative, al fine di istituire le specificità del suo sapere; scrivendo racconta, ma non come uno scrittore, deve cercare di cogliere il nuovo contesto in cui si trova: un ambiente infatti non è composto solo di pratiche culturali da descrivere, ma anche di sensazioni fisiche, di memorie vive, di relazioni tra individui. È un'analisi ora complicata, ora facilitata da segni ed indizi da decifrare, che l'etnografo rinviene per strada: radici di

[10] Cfr. Geertz, 1990.

un paradigma indiziario[11] che parte da contesti di vita 'altri', particolari e concreti, per gettare, attraverso le interferenze dell'antropologo, nuova luce su ordini simbolici e sistemi di comportamento 'nostri'.

E se i contesti, le circostanze di tutta l'alterità di questo mondo possono essere immaginati come altrettante, infinite storie, allora le innumerevoli narrazioni dell'umanità, dal punto di vista di una 'scienza dello *storytelling*', delineano l'antropologia come una 'Storia delle storie': una rete per pescare storie, memorie e narrazioni, capace di diventare essa stessa una storia. In questa prospettiva, la 'narrazione' si manifesta come un elemento utile sia per cogliere le produzioni culturali che emergono nei contesti indagati, sia per pensare alle modalità con le quali divulghiamo i risultati della ricerca.

Solitamente si pensa che il paesaggio sia qualcosa di fermo, di fisso, di lontano, come se fosse niente di più che lo sfondo del nostro agire. Questa è un'idea da rimuovere: il paesaggio vive con noi, è impastato col nostro vivere, pensare, lavorare, respirare. Esso riflette il nostro agire nel mondo, e al tempo stesso condiziona il nostro agire nel mondo[12].

Comunicare il paesaggio pone riflessioni continue sulla relazione tra chi vede e chi è visto, sulla sperimentazione delle metodologie visive e sull'intero processo di produzione del materiale audio-visivo, mettendo in discussione, attraverso una pratica di riflessività, le interazioni tra autore/ricercatore e soggetti, i ruoli e le relazioni che di volta in volta si instaurano e che cambiano la percezione soggettiva interagendo a vari livelli sulla costruzione dei contenuti del racconto e la percezione dello sguardo sulla realtà.

Una 'narrazione generativa del paesaggio' basata su incontri diretti, interviste e passeggiate esplorative, integrati alla ricerca scientifica (analisi territoriale) e all'utilizzo di strumenti di

---

[11] Cfr. Ginzburg, 1986.

[12] Turri 2000, pp. 23-24.

comunicazione (fotografia, video, *storytelling*), al fine di riflettere sulle pratiche dell'abitare, sul senso e sull'identità tanto del paesaggio quanto della comunità, che con le proprie rappresentazioni culturali consente di accedere alle forme di costruzione dello stesso, in una dimensione della ricerca capace di condurre alla sperimentazione di una 'scrittura urbana' che raccoglie prospettive e sguardi dei membri della comunità per individuare i 'percorsi di senso' del loro territorio: "Il paesaggio non è una narrazione, ma contiene molteplici narrazioni"[13].

In questo quadro il paesaggio potrebbe assumere la valenza di mediatore del rapporto dell'abitante con il suo territorio, ponendosi come «… *condizione fondamentale per ogni intervento sul territorio, sia che parta da iniziative di chi nel territorio vive (abitante o* insider*) sia di chi (da* outsider*) è delegato a realizzare l'intervento. Essa infatti consente di acquisire quella conoscenza – che riguarda la dimensione fisico-ambientale e, non secondariamente, quella storico-culturale – su cui si basa il riconoscimento dell'identità locale*»[14].

La lettura del paesaggio si manifesta quindi come l'insieme di valori in cui una società si riconosce, assumendo il ruolo di esercizio volto al riconoscimento dei valori storici e geografici su cui si fonda la società; «*una funzione di continua scoperta da parte dell'abitante del proprio spazio di vita, come creazione continua o ricostruzione incessante, al passo della storia, dei nostri scenari di vita*»[15]. La narrazione del paesaggio è quindi un'operazione culturale in base alla quale il territorio stesso, attraverso la scoperta delle molteplici narrazioni che vi sono iscritte, diventa paesaggio.

---

[13] Bellini 2008, pag. 98.

[14] Turri 2000, pag. 24.

[15] Ibidem.

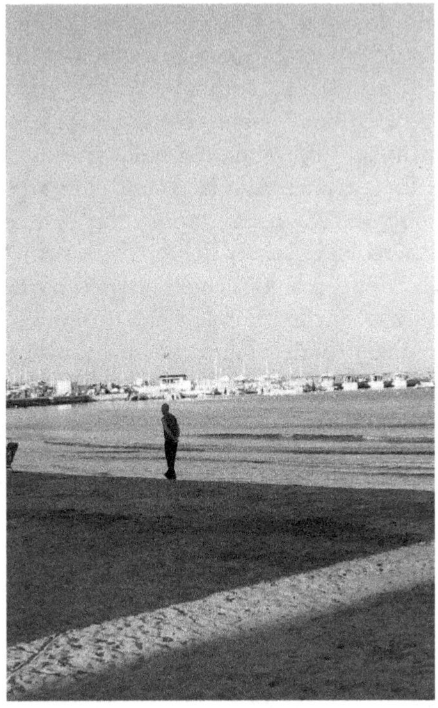

Figura 1 – Un uomo che cammina sulla spiaggia (foto dell'autore).

Conclusione

L'immagine di questo uomo che cammina sulla spiaggia (Figura 1) permette di marcare il valore dell'elemento narrativo all'interno dell'etnografia dei luoghi e del paesaggio: l'essere umano agisce sul paesaggio percorrendolo, rigenerando i suoi significati, i suoi valori e il suo senso attraverso lo sguardo sul contesto circostante, generando tanto nella sua persona quanto nella comunità locale un bisogno costante di interrogare se stessi, di prendere coscienza di un'identità, culturale e territoriale, che va costantemente ricostruita e che passa, inevitabilmente, attraverso il paesaggio.

L'analisi narrativa è dunque uno strumento privilegiato per la ricognizione del significato della vita umana. Tale analisi non comporta solo l'accurata ricostruzione documentaria di una vita, ma lo sviluppo di una trama in cui si offre una mappatura della narrazione nel confronto con la temporalità e lo spazio, attraverso una indagine che mira a osservare il territorio come una rete di significati entro il quale è eticamente implicato il ricercatore che la sta interpretando[16]. La possibilità di comprendere "una vita all'interno di una cultura e una cultura all'interno di una vita"[17] dipende dalla possibilità di costruire e di condividere narrazioni, che è una peculiarità distintiva dell'umanità e della sua tradizione culturale. Vita ed esperienza si offrono all'uomo come storie e testi da interpretare e raccontare e includono personaggi, scene, copioni, situazioni, azioni che vengono ad essere conosciuti e pensati in termini narrativi, e ciò dà all'uomo la percezione di una continuità temporale interna che lega la sua "storia" alla "storia dei luoghi"[18].

La narrazione si manifesta allora come mezzo formativo e strumento di ricerca, in quanto permette di raccogliere dati e materiali relativi a configurazioni esperienziali, a vissuti personali, a significati culturali di specifiche esperienze, di particolari comportamenti, scelte, percezioni ed offre per essi una prospettiva interpretativa, collocandoli in una cornice spazio-temporale e riferendoli a determinate dimensioni contestuali e culturali.

---

16 Cfr. Ricouer 1988.

17 Cfr. Clemente 2013.

18 Cfr. Orefice 2001.

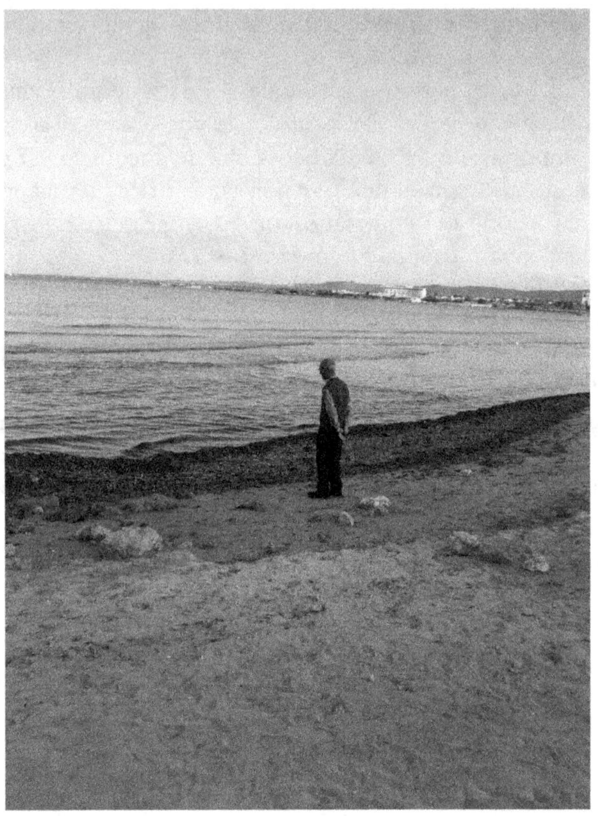

Figura 2 – L'uomo che osserva il mare.

Attraverso la narrazione è possibile sperimentare in contesti reali un approccio antropologico integrato al progetto di valorizzazione dei territori e dei siti di interesse storico-culturale. Le sperimentazioni progettuali permettono di operare in diretta connessione con la realtà applicativa della valorizzazione e fruizione del paesaggio e permettono di confrontarsi con gli strumenti a disposizione.

I progetti sono una sperimentazione di sintesi e gestione delle variabili culturali ambientali e normative del contesto culturale e socio-economico, e mirano a concretizzare i processi di sviluppo locale al fine di integrare le differenti necessità, le differenti risorse e i diversi interlocutori.

Un approccio che risulta particolarmente stimolante ed efficace nel momento in cui le comunità vanno incontro alla contemporaneità di un mondo che continua a cambiare e a trasformarsi, in un progetto capace di delineare il paesaggio interiore della comunità che segna gli edifici, i luoghi e gli spazi 'narrativi', consentendo in tal modo di leggere i luoghi di vita attraverso i sistemi di classificazione simbolica che la comunità adotta nelle pratiche di costruzione identitarie, in un lavoro partecipativo con la stessa per raccogliere e valorizzare i saperi, le memorie e il 'senso di identità' custoditi nel paesaggio.

Un modo per riscoprire il paesaggio, allo stesso modo di un uomo sulla spiaggia che lo vede con occhi nuovi in un tardo pomeriggio di settembre (Figura 2): in piedi, di fronte al vasto orizzonte del mare e del cielo, egli è un custode della memoria storica del suo paesaggio, consapevole del presente che vive e capace di pensare e immaginare il futuro di quel luogo.

Bibliografia

Augé M. (1993) *Nonluoghi: introduzione ad una antropologia della surmodernità*, Elèuthera.

Bateson G. (1984) *Mente e natura*, Adelphi.

Bellini A. (2008) "*Paesaggi: dalle definizioni alla tutela, dall'estetica all'etica*", in Salerno R., Casonato C. (a cura) *Paesaggi culturali. Cultural landscape*, Gangemi.

Bonesio L. (2007) *Paesaggio, identità e comunità tra locale e globale*, Diabasis.

Clément G. (2005) *Manifesto del terzo paesaggio*, Quodlibet.

Clemente P. (2013) *Le parole degli altri. Gli antropologi e le storie della vita*, Pacini Editore.

Frankl V. (2006) *Man's Search for Meaning*, Beacon Press.

Geertz C. (1990) *Opere e vite. L'antropologo come autore*, Il Mulino.

Geertz C. (1998) *Interpretazione di culture,* Il Mulino.

Ginzburg C. (1986) *Miti, emblemi, spie*, Einaudi.

Goffmann E. (1969) *La vita quotidiana come rappresentazione*, Il Mulino.

Gottschall J. (2014) *L'istinto di narrare. Come le storie ci hanno reso umani*, Bollati Boringhieri.

Grasseni C. (2009) *Luoghi Comuni. Antropologia dei luoghi e pratiche della visione*, Lubrina.

Ingold T. (2016), *Ecologia della cultura*, Meltemi.

Jakob M. (2009) *Il paesaggio*, Il Mulino.

Lai F. (2000) *Antropologia del Paesaggio*, Carocci.

Lanzani A. (2003) *Paesaggi italiani*, Meltemi.

Lave, J., Wenger, E. (1991) *Situated Learning. Legitimate Peripheral Participation*, Cambridge University Press.

Malinowski B. (1922) *Argonauts of the Western Pacific*, G. Routledge & Sons.

Marrone G., Dusi N., Lo Feudo G. (2007) *Narrazione ed esperienza. Intorno a una semiotica della vita quotidiana*, Meltemi.

Orefice P. (2001) *I domini conoscitivi. Origine, natura e sviluppo dei saperi dell'homo sapiens sapiens*, Carocci.

Ricoeur P. (1988) *Tempo e racconto*, 3 voll., Jaca Books.

Turri E. (1998), *Il paesaggio come teatro. Dal territorio vissuto al territorio rappresentato*, Marsilio.

Turri E. (2000) "*Il paesaggio: il tempo e lo spazio, la storia e la geografia*", in *Opinioni sul paesaggio*, Ordine degli Architetti della Provincia di Como.

Wagner R. (1992) *L'invenzione della cultura*, Mursia.

Patrimoni di eredità. Il contributo della ricerca archeologica alla realizzazione dell'Osservatorio dei Sassi di Matera

Francesca Sogliani, Ester Annunziata

La ricerca archeologica a Matera. Eredità e prospettive per la costruzione dell'Osservatorio Sassi[1]

Vorrei prendere le mosse da un presupposto che ritengo indispensabile per le riflessioni che seguiranno e cioè che l'archeologia costituisce lo strumento esegetico predominante per ricomporre le testimonianze materiali delle società antiche e indispensabile chiave di lettura per individuare il succedersi di eventi, fenomeni, soluzioni e trasformazioni insediative, per comprendere aspetti culturali e rituali e in definitiva per decodificare l'eredità delle società umane che ci hanno preceduto. Altrettanto imprescindibile si configura il contributo dell'archeologia nell'identificare il rapporto dell'uomo con l'ambiente e quindi le tracce dell'antropizzazione dei paesaggi naturali attraverso i secoli, tracce che hanno contribuito a definire luoghi, contesti rurali e urbani, ambiti produttivi, luoghi di culto e strutture di difesa, in un succedersi di culture e di saperi.

Le conquiste della ricerca archeologica negli ultimi decenni e le innovazioni metodologiche assieme agli aggiornamenti interdisciplinari hanno fatto sì che il contributo della ricerca archeologica e la valorizzazione del patrimonio archeologico siano entrati con sempre maggior incidenza nel dibattito contemporaneo dedicato ai diversi ambiti del Patrimonio Culturale, grazie anche alla diffusione dell'Archeologia Pubblica sia a livello europeo che italiano[2].

---

[1] Il primo capitolo si deve a Francesca Sogliani.

[2] SOGLIANI 2016b e, da ultimo, VOLPE 2020.

Nuove frontiere si aprono inoltre per il coinvolgimento dell'archeologia nella ideazione e realizzazione di modelli organizzativi, di *change management*, di *best practices* e *empowerment* personale a vantaggio dei territori e delle comunità e delle persone.

Il 'caso Matera' si propone ora come un laboratorio di estremo interesse per continuare a sperimentare soluzioni innovative di connessione tra passato e presente, che consentano di trasferire i dati elaborati e riconosciuti dalla ricerca archeologica della millenaria storia dell'insediamento urbano alla comunità civile, plausibilmente consentendo alla scienza e alla ricerca di essere chiamate al tavolo della politica e del governo urbano per costruire un modello efficace di narrazione del patrimonio[3].

Qualche tempo fa un'amica che si occupa con grande impegno ed efficacia di comunicazione[4] mi ha fatto questa domanda: "67 anni fa Matera venne battezzata Vergogna d'Italia, Infamia Nazionale. Che ruolo ha avuto l'archeologia in questi anni per modificare quegli orrendi aggettivi? Se la ricerca e la scienza fossero state chiamate al tavolo della politica, si sarebbe potuto conservare il millenario modello sociale dei Sassi?". Tento di dare alcune risposte, senz'altro non esaustive, nelle prossime righe, cogliendo l'occasione del processo di costruzione dell'Osservatorio dei Sassi, elaborato sotto l'egida della Cattedra Unesco "Paesaggi culturali del Mediterraneo e comunità di saperi", al cui progetto ha partecipato la Scuola di Specializzazione in Beni Archeologici dell'Università degli Studi della Basilicata che mi onoro di aver diretto dal 2014 al 2022[5].

---

[3] SOGLIANI 2019.

[4] Ringrazio Elena Sacco per le suggestioni che mi ha offerto in occasione di una interessante chiacchierata sul ruolo della ricerca archeologica nel Progetto Matera Capitale europea della Cultura 2019 (https://elenasacco.it/).

[5] SOGLIANI 2016a.

L'archeologia a Matera prende forma a partire dalla fine del XIX secolo grazie a Domenico Ridola (Ferrandina 1841 - Matera 1932), figura eclettica di studioso al pari di molti altri studiosi del suo tempo, medico, politico ed archeologo illustre di Matera e fondatore del Museo Archeologico cittadino. Ridola fu membro dell'Istituto Archeologico Germanico, dell'Accademia Francese di Archeologia, dell'Accademia Pontaniana e della Società Magna Grecia. Nominato Ispettore onorario degli scavi e dei monumenti, Ridola, in contatto con i più noti archeologi italiani dell'epoca, Luigi Pigorini, Paolo Orsi, Quintino Quagliati, Ugo Rellini, fu iniziatore e protagonista delle ricerche sull'età preistorica del territorio materano, volgendo lo sguardo anche alle testimonianze di età romana, tardoantica e altomedievale. Fu una donna in seguito, caso abbastanza eccezionale per il periodo, a ereditare la direzione del Museo archeologico. L'archeologa torinese Eleonora Bracco (Torino 1905 – Roma 1973), concluso il suo alunnato presso la Scuola Archeologica di Roma e presso la Scuola Archeologica italiana di Atene, nel 1933 arrivò a Matera dove rimarrà fino al 1961. Con la sua venuta l'istituzione assunse una diversa determinazione in ordine alla ricerca, alla tutela e alla valorizzazione del patrimonio archeologico, sia di Matera che del territorio. Solo nel 1964 verrà poi istituita la Soprintendenza archeologica della Basilicata, diretta dal suo primo Soprintendente Dinu Adamesteanu (Toporu, Romania 1913 – Policoro 2004).

Dagli anni '60 del secolo scorso è iniziata una lunga stagione di ricerche e di attività di tutela e valorizzazione del patrimonio archeologico materano che ha visto la partecipazione di studiosi provenienti da Università italiane e straniere e una forte incentivazione da parte della Scuola di Specializzazione in Beni Archeologici dell'Università degli Studi della Basilicata, fin dai primi anni della sua fondazione più che trentennale[6].

[6] SOGLIANI, c.s.

Nella letteratura locale, sia scientifica che divulgativa, così come nel dibattito più generale, appare evidente come il rapporto tra una tradizione in definitiva abbastanza recente della ricerca e della tutela archeologica nella città di Matera e il tema più cogente dello sfollamento dei Sassi avvenuto negli anni '50, in virtù di una legge dello stato emanata dal ministro Alcide De Gasperi sia sbilanciato verso un'attenzione maggiore nei confronti della dimensione sociologica, antropologica ed economica della città, dei suoi spazi, dei suoi abitanti. La cura del patrimonio archeologico, il suo valore identitario, la sua conoscenza sono concetti più recenti, legati alla ricerca condotta dall'Università, all'attività di tutela della Soprintendenza e di valorizzazione del Museo, nonché al rispetto delle Convenzioni europee del Paesaggio e di Faro.

Oggi sicuramente l'archeologia ha molto da offrire ai percorsi di valorizzazione e restituzione del patrimonio culturale della città, potendo raccontare la storia e le trasformazioni degli insediamenti più antichi di età preistorica fino alla città medievale e offrendo gli strumenti per riconoscere gli spazi e le modalità abitative di un paesaggio rupestre del tutto peculiare del luogo, che vanta una storia millenaria. Sono convinta a tal proposito che una forte sinergia tra la ricerca universitaria, la tutela del patrimonio e amministrazioni intelligenti e sensibili, con l'accompagnamento anche dell'iniziativa privata potrebbe rendere questa prospettiva una strategia vincente per la crescita delle persone e dei territori.

In questa direzione la Scuola di Specializzazione in Beni Archeologici di Matera, afferente al DiCEM-Dipartimento delle Culture Europee e del Mediterraneo dell'UniBas ha portato avanti da alcuni decenni importanti attività di ricerca e valorizzazione, molte delle quali svolte negli ultimi anni nell'ambito del progetto CHORA (CHOrus of Resource for Archaeology - Laboratori di Archeologia in Basilicata 2016-2021), coordinato dalla Scuola stessa in partenariato con l'Università degli Studi di Roma Tor Vergata - Dipartimento di Scienze Storiche, Filosofico-Sociali, dei

Beni Culturali e del Territorio e con l'École Pratique des Hautes Études de Paris - PSL.

Parte integrante di CHORA sono due progetti tuttora in corso, diretti da chi scrive, dedicati a Matera, dedicati l'uno alla realizzazione della carta del potenziale archeologico di Matera e del territorio circostante (Progetto CAM)[7] e il secondo alla redazione dell'Atlante Digitale del Patrimonio Rupestre di Matera (Progetto DARHEM – Digital Atlas of Rupestrian Heritage of Matera). Entrambi offrono la possibilità di contribuire, con la mole di dati conoscitivi elaborati al loro interno, alla costruzione del '*layer*' archeologico per arricchire l'Osservatorio del patrimonio culturale dei Sassi di Matera. La Carta del potenziale archeologico è espressione di una ricerca sulla storia di Matera, intrapresa dalla Cattedra di Archeologia cristiana e medievale di chi scrive, in collaborazione con la Cattedra di Storia medievale del DiSU Unibas (Prof. F. Panarelli), per le fasi post-antiche e con la Soprintendenza per i Beni Archeologici della Basilicata. La Carta è finalizzata alla comprensione dell'esperienza insediativa, delle sue fasi di sviluppo e delle sue trasformazioni, dal secondo millennio a.C. alla piena età medievale. Il centro urbano di Matera - come del resto tutto il territorio circostante, potremmo aggiungere - è un palinsesto straordinario di stratificazioni insediative che prendono avvio in età molto remota, in conseguenza di una morfologia peculiare che coniuga una serie di elementi fondamentali per lo sviluppo della frequentazione umana.

Il progetto DARHEM riguarda il censimento e la documentazione in 3D del ricchissimo patrimonio insediativo

---

[7] SOGLIANI 2015. La ricerca è attualmente oggetto di una borsa di Dottorato del DiCEM, DM 117 (XXXIX ciclo) dal titolo: "Carta delle potenzialità archeologiche di Matera. Processi di digitalizzazione dei dati su piattaforma GIS e progettazione integrata per la valorizzazione e la gestione del patrimonio archeologico", dottorando Dott. Antonio Nenna (Tutor Francesca Sogliani, Dimitris Roubis).

rupestre di Matera e della gravina antistante il centro urbano . I dati elaborati e le schede e di approfondimento su luoghi di culto, ambienti produttivi, complessi abitativi e necropoli, implementati su piattaforma GIS, popoleranno a conclusione del progetto un portale webGIS a disposizione della comunità scientifica e della comunità civile. Ulteriore sviluppo della ricerca, negli ultimi due anni, ha riguardato un progetto di visita e di restauro virtuale di una chiesa rupestre, S. Giovanni in Monterrone, realizzato nell'ambito delle attività presso la Casa delle Tecnologie emergenti di Matera da B. Gargiulo, assegnista di ricerca del DiCEM UniBas, finalizzato alla sperimentazione di tecnologie innovative per la conoscenza, la fruizione e la valorizzazione del patrimonio archeologico di Matera.

Un palinsesto, quello dell'insediamento rupestre, segnato anche da molte criticità relative alla sua fragilità intrinseca, che necessità di attività di ricerca finalizzate al monitoraggio dello stato di conservazione e ai necessari interventi di restauro. A tal fine un ulteriore attività di studio ha riguardato l'identificazione tipologica dei beni archeologici presenti, sia mobili che immobili, nella diacronia e il trattamento delle informazioni attraverso la tecnologia GIS, funzionale alla creazione di relazioni di tipo gerarchico dei diversi oggetti nello spazio e nel tempo[8]. Ulteriori ambiti di indagine si rivolgono ad aspetti più propriamente tecnici, quali l'analisi dei fattori di rischio, la redazione della carta dei vincoli, la collaborazione alle attività di pianificazione urbanistica e alle azioni di tutela e salvaguardia, comprese il restauro e la manutenzione. In particolare la realizzazione della carta del rischio geo-archeologico, cui abbiamo lavorato in

---

[8] SOGLIANI 2008; 2023. La ricerca è attualmente oggetto di una borsa di Dottorato del DiCEM, DM 118 (XXXIX ciclo) dal titolo: "Approcci computazionali e tecniche di Remote Sensing per l'interpretazione, il monitoraggio e la conservazione del patrimonio Culturale", Dottorando Dott. Enrico La Macchia (Tutor F. Sogliani, N. Masini).

collaborazione con il Prof. F. Sdao dell'Ateneo lucano, e di cui alcuni risultati sono stati già presentati in convegni internazionali[9], rende disponibili informazioni importanti relativamente alle criticità di conservazione e al valore del patrimonio archeologico rupestre e allo stesso tempo costituisce il necessario preliminare approccio per la realizzazione di progetti tesi al restauro e alla valorizzazione di tale patrimonio.

A valle di quanto detto, appare evidente come la ricerca archeologica a Matera ricopra un ruolo fondamentale per costruire un modello di città che ingloba conoscenza, storia, evoluzione, creatività e narrazione.

La ricerca inoltre può e deve fare molto in termini di analisi dei fenomeni che come di consueto si accompagnano a situazioni di 'successo improvviso', di creazione di nuovi attrattori, di ritmi discordanti. Matera è una città di piccole dimensioni, una città 'tradizionale' del Sud, dai ritmi lenti, dove la vita è piacevole e molto più facile che altrove, dove è possibile toccare con mano l'esperienza costruttiva eccezionale del paesaggio rupestre e allo stesso tempo seguire le trasformazioni della città moderna e contemporanea. I suoi spazi sono definiti dall'evoluzione nei secoli delle dinamiche abitative, delle compagini sociali, dell'uso delle risorse, come quella idrica ad esempio. Tutto questo deve essere raccontato, offrendo a chi arriva a Matera per visitarla i codici interpretativi corretti ed efficaci per intercettare il '*genius loci*' di questo particolare contesto urbano. La narrazione della storia di Matera, costruita attraverso le diverse fasi insediative che la ricerca archeologica ci ha restituito e che come gruppo di ricerca della Cattedra di Archeologia cristiana e medievale e della Scuola di Specializzazione in Beni Archeologici dell'Università della Basilicata stiamo elaborando nella realizzazione della Carta archeologica della città e insieme attraverso la lettura dei suoi monumenti e delle sue tradizioni, può aiutare il turista, o meglio

[9] SOGLIANI, SDAO 2014.

il 'cittadino temporaneo' a mettere in atto quei meccanismi di assimilazione della conoscenza dei luoghi che consentono una visita consapevole ed emotiva, fisicamente 'immersiva', di lungo ricordo e, in definitiva, più appagante.

I numerosi esempi di luoghi e insediamenti archeologici aperti al pubblico nel corso delle ricerche e dei momenti di studio, in cui le persone osservando il lavoro dei ricercatori, possono entrare direttamente a contatto del lavoro di analisi e documentazione di ciò che con pazienza e tempo viene scoperto e anche alcune sperimentazioni di visita ai magazzini delle Soprintendenze e dei Musei in cui si conservano i reperti archeologici costituiscono dei modelli di percorsi narrativi assolutamente efficaci. In un posto straordinario come Matera, è facile pensare a una città/museo dove si possano ripercorrere tutti i momenti della storia attraverso degli itinerari che tocchino le tracce archeologiche e monumentali delle diverse epoche, accompagnati da un racconto che si potrebbe immaginare in tanti modi.

Un progetto alternativo insomma, un percorso che potrebbe partire da un Museo della Città, dove si racconta tutta la sua evoluzione nel tempo, con l'ausilio di piattaforme multimediali ma anche di *storytellers* e di supporti tradizionali, e che potrebbe poi attraversare gli spazi urbani legati alla storia della città, entrare nel Museo archeologico, percorrere la città rupestre, entrare nelle chiese rupestri e nei complessi monastici, osservare le cisterne, i palmenti, le case dove viveva la popolazione dei Sassi fino al secolo scorso. Un percorso per tutti, un *Open Air Museum* dove finalmente le nostre ricerche archeologiche potrebbero essere messe a disposizione di tutti.

Perché quindi è così importante contribuire alla creazione e alla realizzazione dell'Osservatorio dei Sassi con l'apporto della ricerca archeologica e dei suoi dati sul patrimonio insediativo urbano ed extraurbano di Matera?

Io direi perché Matera è uno degli esempi di insediamento rupestre più importanti nel mondo, perché il paesaggio naturale della gravina antistante, costellata di villaggi neolitici e di chiese rupestri e di monasteri costituisce un palinsesto insediativo di estremo interesse, perché i condizionamenti ambientali e sociali ne hanno fatto da sempre un luogo di forte resilienza, perchè il suo patrimonio culturale materiale e immateriale è ricchissimo e per molti versi unico e ad altissimo 'indice di rappresentatività'. Perché Matera è iscritta dal 1993 nella lista dei Siti Unesco Patrimonio dell'Umanità e perché Matera è stata la Capitale europea della Cultura 2019.

Ma ancora perché a Matera c'è l'Università degli Studi della Basilicata con il Dipartimento delle Culture europee e del Mediterraneo e la Scuola di Specializzazione in Beni Archeologici che costituiscono insieme un laboratorio permanente di ricerca e formazione sul patrimonio archeologico, artistico, architettonico, antropologico e in generale culturale su Matera. Perché presso l'Università è istituita la Cattedra Unesco "Paesaggi culturali del Mediterraneo e comunità di saperi". Perché a Matera il Museo archeologico nazionale D. Ridola, dal 2020 divenuto Museo autonomo in uno con il Museo d'arte medievale e moderna di Palazzo Lanfranchi, è il più antico Museo della Basilicata, istituito nel 1911.
Perché tutta la potente eredità del passato di questa città è uno stimolo per la conoscenza, la ricerca, la creatività, la partecipazione.

L'archeologia e gli itinerari archeologici a Matera[10]

Raccontare la lunga e articolata storia di Matera a un vasto pubblico non è facile. Molto spesso guide e accompagnatori turistici si trovano a doversi confrontare con gruppi numerosi e culturalmente disomogenei. La situazione è complicata dalla

[10] Il secondo capitolo si deve a Ester Annunziata.

difficoltà fisica dei percorsi e dalle condizioni climatiche, spesso non molto favorevoli. I Sassi di Matera inoltre sono architetture in negativo, scavate nella roccia, metaforicamente assimilabili a un labirinto in quanto costituiti da un inestricabile e irregolare intreccio di strade, cunicoli, antri e piazzette; essi rappresentano la traduzione in forme abitative, spontanea o a volte anche involontaria e quasi casuale, di sistemi di vita e di relazioni tuttora in continua evoluzione.

Nonostante i numerosi sforzi, finalizzati alla ricostruzione storica, da parte di studiosi locali ma anche di professionisti[11], risulta oggi ancora difficile fare chiarezza sui molti particolari che si palesano come indelebili tracce del passato nel centro storico materano e che spesso suscitano la curiosità dei visitatori. In realtà, la mancanza di sicure seriazioni stratigrafiche, le poche campagne di scavo condotte e la perdita di numerosi dati archeologici hanno notevolmente limitato la conoscenza della città e del territorio materano[12]. Molto spesso le guide turistiche, per le ragioni sopracitate, tendono a raccontare la storia di Matera mettendone in evidenza la parte che meglio si conosce, cioè quella a partire dagli anni '40 del secolo scorso.

In realtà un approccio di questo tipo finisce per ridurre le potenzialità culturali di Matera, che vanno viste non solo nell'ottica degli episodi, per così dire, terminali che ne hanno

---

[11] Tra gli altri si vedano ad esempio gli studi di Domenico Ridola (RIDOLA 1906); C.D. Fonseca (FONSECA *et alii* 1999); R. Demetrio (DEMETRIO 2013).

[12] La maggior parte dei lavori è stata attuata da D. Ridola agli inizi del secolo scorso, pertanto è troppo datata e copre solo in minima parte l'area potenzialmente indagabile; molti dati archeologici sono andati irreversibilmente persi a causa di restauri anche recenti. Più recenti indagini hanno riguardato complessi cimiteriali e alcuni complessi rupestri, per la bibliografia più aggiornata si veda SOGLIANI 2017; SOGLIANI, GARGIULO, VITALE 2018.

determinato la fama nazionale e internazionale, ma anche, direi soprattutto, in quella di lungo periodo pienamente giustificata dalla remotissima ascendenza dei primi fenomeni insediativi. Pur non essendo questa la sede per dilungarsi nei dettagli, voglio tuttavia brevemente ampliare questo concetto. L'area che comprende il territorio del materano fu sede favorevole per numerosi insediamenti dall'età preistorica fino ai giorni nostri. Studi e indagini archeologiche attestano la presenza umana a partire dal neolitico, poi nell'età del Bronzo[13], del Ferro, nel periodo arcaico[14], per arrivare poi fino al IV secolo a.C.[15], alla

---

[13] Nell'età del Bronzo il comprensorio si presenta caratterizzato da resti di abitati sparsi in maniera omogenea. Nell'area urbana alcuni rinvenimenti dei primi decenni del Novecento lasciano ipotizzare una frequentazione abbastanza capillare nell'area della Civita-Cattedrale e in località Ospedale Vecchio. Tale situazione si protrae fino alla prima età del ferro. FONSECA *et alii* 1999.

[14] Nell'età arcaica vi è un forte incremento delle attestazioni distribuite sullo sperone della Civita e lungo i valloni naturali del sasso Caveoso a sud e del Barisano a nord. FONSECA *et alii* 1999; COLUCCI *et alii* 2008.

[15] Il passaggio al IV sec. a.C. segna una ridefinizione degli assetti territoriali. In tale periodo la maggiore documentazione deriva dalle necropoli distribuite in due aree, una intorno alla Civita e l'altra nel Sasso Caveoso. Verso la fine del IV sec. grandi trasformazioni nell'organizzazione del territorio regionale furono determinate dal processo di romanizzazione e dalla definitiva conquista del territorio magno greco da parte di Roma. FONSECA *et alii* 1999; COLUCCI *et alii* 2008.

romanizzazione[16], nonché all'età longobarda, a quella bizantina e infine a quella normanna, sveva e angioina[17].

Su questi cardini s'impernia il tema del luogo che oggi chiamiamo Matera, la cui più intima essenza risiede, non nella cristallizzazione di singoli contesti o momenti storici e nella loro reclusione entro gli stretti confini di una sorta di teca museale, ma piuttosto nell'imponente meccanismo di relazioni, antefatti e conseguenze, da cui sono scaturiti gli esiti che oggi sono sotto gli occhi di tutti. In questo contesto s'inserisce il Progetto CAM (Carta archeologica di Matera) intrapreso a partire dal 2008 dalla Scuola di Specializzazione in Beni Archeologici di Matera (SSBA Unibas) in collaborazione con la Soprintendenza per i Beni Archeologici della Basilicata e con il Comune di Matera e finalizzato alla comprensione dell'esperienza insediativa della città, delle sue fasi di sviluppo cronologico e delle sue trasformazioni, a partire dal secondo millennio a.C. fino al medioevo[18].

L'acquisizione di nuovi dati e la conseguente redazione di una carta archeologica (strumento imprescindibile per lo svolgimento del progetto) rappresentano momenti fondamentali e indispensabili per una corretta e consapevole gestione della città: sarebbe infatti auspicabile la redazione di carte del

---

16 L'area della Civita Cattedrale ha inoltre restituito reperti databili all'età romana. Tuttavia l'esiguità di questi materiali e l'assenza di informazioni derivanti da fonti documentarie non agevolano la ricostruzione della *forma urbis*, e non attestano la presenza di una città in epoca romana.

17 Alcuni documenti, datati all' VIII sec. d.C. testimoniano la presenza del controllo politico longobardo su Matera, da parte del Ducato longobardo di Benevento ed, in seguito, dopo la *Divisio Ducatus*, negli ultimi decenni del IX secolo, del Principato di Salerno. Verso la fine del IX secolo la città passò gradualmente sotto il controllo politico bizantino e in seguito, dalla seconda metà dell'XI secolo, venne assorbita nell'orbita della politica normanna. SOGLIANI 2010.

18 SOGLIANI 2015.

sottosuolo mirate non solo a ridurre il rischio di impatto sulle preesistenze, ma anche alla registrazione di altre tipologie di informazioni, quali ad esempio quelle di natura pedologica, geomorfologica, etc. Il Progetto CAM si inserisce nel più vasto ambito del Progetto CHORA – Laboratori di Archeologia in Basilicata, di cui si è detto nella prima parte di questo contributo. Il Progetto CHORA, attraverso un approccio integrato e fortemente connotato sotto il profilo tematico e territoriale e in un'ottica pluri-comprensoriale, nasce anche dalla necessità di mobilitare il complesso e diffuso patrimonio archeologico e storico-culturale presente in Basilicata al fine di accrescere in maniera sostenibile la competitività nazionale e internazionale delle destinazioni turistiche regionali. Le azioni di progetto in tal senso si prefiggono di favorire il processo di destagionalizzazione dei flussi turistici attraverso il miglioramento e la diversificazione dell'offerta ricettiva e il sostegno all'orientamento al mercato dei pacchetti turistici locali[19].

Proprio da tali progetti e dalle esigenze sopra rappresentate prende spunto l'elaborazione e la messa a punto di percorsi culturali archeologici e urbani da parte della ricerca condotta dalla Cattedra di Archeologia cristiana e medievale del DiCem UniBas. Tale iniziativa, attualmente ancora in corso, ha dato luogo alla creazione di itinerari di vario genere, ragionati sulla base di dati scientifici e finalizzati a garantire un servizio di alta qualità, concepiti per essere condivisi e offerti a quanti, enti, Associazioni, operatori turistici, singoli fruitori, vogliano usufruire di un racconto del patrimonio archeologico scientificamente validato. I percorsi sono stati pensati sia sotto forma di itinerari di carattere cronologico, volti a spiegare Matera in tutte le sue fasi, ma anche seguendo indirizzi tematici.

Tra questi ultimi, ad esempio, possiamo ricordare l'itinerario urbano "mura e castelli" che comprende la visita di

---

[19] SOGLIANI 2016a, b.

torri, porte e circuiti murari medievali, pertinenti a differenti fasi cronologiche. I percorsi culturali nascono da un'attenta analisi che mette a frutto il dato archeologico e vede l'archeologia, per usare le parole di Juan Antonio Quirós Castillo, «*come disciplina finalizzata alla produzione di conoscenza storica, come strumento per la costruzione e la gestione del patrimonio, dando un senso alle cose e risolvendo i conflitti intorno alla materialità della storia, e infine come strumento critico per analizzare la nostra società a partire dalla costruzione della memoria e delle sue omissioni, ricostruendo la relazione tra il nostro presente e il nostro passato*»[20].

Un ultimo punto da sviluppare è quello della formazione e della ricerca: oltre a ovvie considerazioni sull'opportunità di offrire attività professionalizzanti ai numerosi allievi della Scuola di Specializzazione in Beni Archeologici e dei corsi di Laurea triennale in Operatore dei Beni Culturali e in Studi umanistici e magistrale internazionale in Archeologia e Storia dell'Arte nonché del Dottorato dell'Università degli Studi della Basilicata, si potrebbe pensare a cantieri aperti alla cittadinanza (troppo spesso propagandati in molti progetti di archeologia urbana, ma raramente realizzati in Italia, al contrario di quanto accade in altri paesi europei, come ad esempio Inghilterra e Spagna) nei quali si possa condividere con una larga fetta della popolazione della città obiettivi, modalità e risultati parziali delle indagini.

La sensibilità e l'attenzione ai temi che vi ho appena esposto ci riportano sia agli argomenti del Workshop "l'osservatorio per la gestione del paesaggio culturale: buone pratiche e sinergie" che si tenne a Matera nel giugno 2017, sia ai contenuti della *Official Opening Conference* della Cattedra Unesco che si tenne pure a Matera nell'ottobre dello stesso anno (SOGLIANI 2019). In entrambi i casi l'obbiettivo comune, fortemente propugnato dall'UNESCO, era quello di avviare un lavoro sul territorio per condividere conoscenze, buone pratiche, esperienze, progettualità e creare sinergie efficaci per la gestione

---

[20] MOSCATELLI 2015; QUIRÓS CASTILLO 2013, pp. 9-34.

del paesaggio culturale. Tutto ciò, naturalmente, per contribuire a costruire strategie sostenibili, condivise e partecipate di governo, e per produrre efficaci sinergie tra la ricerca scientifica, il progetto delle azioni e il governo dei processi.

Vorrei infine terminare queste riflessioni ribadendo che "progetto di archeologia urbana a Matera" significa pensare la città in modo nuovo, in quanto non solo e non tanto ci permette di conoscere e rendere fruibile la storia di un centro urbano e del suo territorio, ma soprattutto vuol dire anche avere la consapevolezza delle migliori modalità di gestione, tutela e, perché no, di trasformazione e adeguamento degli spazi urbani alle esigenze di chi oggi ci vive e ci opera. Un "progetto di archeologia urbana" che possa e debba coinvolgere anche altri contributi disciplinari, dalla storia e dall'antropologia, all'architettura, all'urbanistica e alle discipline dell'ambiente, in una dimensione crescente di forte partecipazione della società civile.

Bibliografia

COLUCCI R., MARCHETTA I., OSANNA M., SOGLIANI F. 2008, Un progetto di archeologia urbana a Matera. Ricerche preliminari per la redazione della Carta Archeologica di Matera (CAM) tra antichità e Medioevo in Siris 9, 2008, pp.101-129.

DEMETRIO R. 2013, *Matera. Forma et imago urbis,* Irsina.

FONSECA C. D., DEMETRIO R., GUADAGNO G. 1999, *Le città nella storia d'Italia. Matera,* Roma- Bari.

MOSCATELLI U. 2015, *Archeologia e mondo contemporaneo:quattro opinioni su La materialidad de la historia,* in "Siris. Studi e ricerche della Scuola di Specializzazione in Beni Archeologici Di Matera" 15, 2015, pp. 199-212.

QUIRÓS CASTILLO J.A. (a cura di) 2013. *La materialidad de la historia. La arquaelogía en los inicios del siglo XXI*, Madrid.

RIDOLA D. 1906, *Le origini di Matera,* Roma.

SOGLIANI F. , ROUBIS D. 2011, *Strategies and new technologies for urban archaeology: Matera, a town of Unesco World Heritage,* in *In/Visible Towns Archaeology and Cultural Heritage in Urban Areas.* Proceedings of Vienna 15th International Congress *Cultural Heritage and New Technologies* (Vienna, 15-17 november 2010), Wien, pp. 283-298.

SOGLIANI F. 2010, *Matera tra tarda antichità e alto medioevo,* in G. VOLPE (a cura di), *Paesaggi e insediamenti urbani in Italia meridionale fra tardoantico e altomedioevo,* Secondo Seminario XVIII Réunion de l'Association pour l'Antiquité Tardive (Foggia – Monte S. Angelo 27-28 maggio 2006), Bari 2010, pp. 175-191.

SOGLIANI F. 2015, *Archeologia urbana a Matera. Dall'indagine stratigrafica alla condivisione dei dati: lo scavo di S. Giovanni Battista – S. Maria La Nova,* in F. Anichini, G. Gattiglia, M.L. Gualandi (a cura di), *Mappa – Data Book 1*, Roma, pp. 1-16 http://mappaproject.arch.unipi.it/mod/Archive.php?pk=558aa21c0bd9a0.92850257).

SOGLIANI F. 2016a, *Patrimonio archeologico tra ricerca e formazione. Un modello per la Basilicata e per Matera Capitale della Cultura europea 2019*, "Il Capitale Culturale. Studies on the Value of Cultural Heritage", 2016, Suppl. 5, pp. 1082-1115.

SOGLIANI F. 2016b, *Raccontare l'archeologia in Basilicata: alcuni progetti di valorizzazione e di musealizzazione del territorio (Progetto Archeo-Bradano PIT Bradanica; Progetto Satrianum),* in "Forma Urbis", pp.25-33.

SOGLIANI F. 2016c, *L'archeologia medievale in Basilicata: progetti di ricerca e cantieri di scavo,* in F. Panarelli (a cura di), *Alle fonti della Basilicata medievale: edizioni, progetti e cantieri*, Atti del Convegno di Studi (Lagopesole, 8 marzo 2016), Bari, pp. 265-312.

SOGLIANI F. 2017, *L'archeologia medievale in Basilicata: progetti di ricerca e cantieri di scavo*, in F. Panarelli, *Alle fonti della Basilicata medievale: edizioni, progetti e cantieri*, Atti del Convegno di Studi (Lagopesole, 8 marzo 2016), Bari, , pp. 265-312.

SOGLIANI F. 2018, *Il monachesimo italo-greco in Basilicata. Ruoli e funzioni degli impianti monastici alla luce dell'archeologia*, in F. Marazzi, C. Raimondo (a cura di), *Monasteri italo-greci (sec VII-XI). Una lettura archeologica*, Cerro al Volturno, pp. 91-104.

SOGLIANI F. 2019, *Il patrimonio archeologico. Ricerca e valorizzazione come strumenti strategici per il Piano di gestione e per l'Osservatorio dei Sassi di Matera sito Unesco,* in A. Colonna, M. Morelli, M. Percoco, V. Santochirico (a cura di), *Sassi. Per un nuovo dialogo in città*, Matera, pp. 137- 144.

SOGLIANI F., 2020, *Progetto Darhem – Digital Atlas of Rupestrian Heritage of Matera. La forma dell'acqua nei contesti rupestri*, in E. De Minicis, G. Pastura (a cura di), *Il rupestre e l'acqua, nel Medioevo: religiosità, quotidianità, produttività*, II convegno nazionale di Studi (Italia centrale, meridionale e insulare) (Soriano nel Cimino, 18-19 ottobre 2019), Firenze, pp. 113-122.

SOGLIANI F., c.s., La Scuola di Specializzazione in Beni Archeologici di Matera dell'Universita' degli Studi della Basilicata. Formazione, ricerca, terza missione, in Giuman M. (a cura di), *Confronti in Cittadella 2019,* Atti Seminario di Studi (Cagliari 5-6 aprile 2019).

SOGLIANI F. 2023, *Gli insediamenti rupestri. Matera e il meridione italiano*, in F. Marazzi, P. Giulierini (a cura di), Catalogo Mostra Bisanzio, Roma, pp. 120-127.

SOGLIANI F., GARGIULO B., VITALE V. 2018, *Ricerche archeologiche sulla Murgia materana. Il complesso rupestre di San Falcione*, in F. SOGLIANI, GARGIULO, V. VITALE, E. ANNUNZIATA (a cura di), *VIII Congresso Nazionale della SAMI - Società Archeologi Medievisti Italiani*, Matera (12-15 settembre 2018), Firenze, pp. 187-192.

SOGLIANI F., SDAO F. 2014, New *methods and tools for a geo-archaeological risk-map. A case study of rupestrian heritage in the Unesco site of Matera,* 4th EARSeL Workshop on Cultural and Natural Heritage, 33rd EARSeL Symposium *Toward Horizon 2020: Earth observation and social* perspectives (Matera 3-6 giugno 2013), Earsel and IBAM IMAA CNR Publisher, Potenza, pp. 215-234.

VOLPE G., *Archeologia pubblica. Metodi, tecniche, esperienze*, Roma 2020.

Osservatorio partecipato del sito UNESCO di Matera. Un prototipo di *Spatial Data Infrastructure* (SDI) per la conoscenza ed il recupero dei Sassi.

Piergiuseppe Pontrandolfi, Antonello Azzato

Premessa

L'iniziativa ERT 2019[1] - finalizzata a coinvolgere un numero significativo di soggetti istituzionali e di rappresentanti di associazioni civiche e culturali per sottoscrivere un protocollo di intenti per dare concreto avvio all'Osservatorio partecipato del sito Unesco dei Sassi - rappresenta un momento particolarmente importante nella vita culturale della città di Matera, a conclusione dell'anno della Capitale Europea della Cultura. Questa iniziativa può rappresentare un tassello rilevante di quella che sarà la *legacy* dell'evento Matera 2019, ponendo le basi, culturali e metodologiche, per costruire occasioni e strumenti utili ad implementare il Piano di Gestione del Sito Unesco ormai da troppi anni approvato e mai attuato. Una condizione questa di grave inadempienza rispetto ad impegni pure assunti e che ha privato la città di adeguati strumenti di pianificazione e controllo per la tutela e salvaguardia del suo patrimonio culturale e storico più importante, ma anche per promuovere una valorizzazione dei Sassi più attenta ai principi di conservazione e corretto utilizzo degli stessi.

In tal senso, nonostante i Sassi siano stati oggetto di studi ed iniziative importanti negli ultimi decenni (dal Concorso internazionale di Idee ai Piani di Recupero sperimentali, alla approvazione della legge 771/86 ed ai successivi Programmi di Intervento ed al vigente Piano di Recupero), rimane ancora fortemente lacunosa ed incompleta una più sistematica conoscenza di un patrimonio di tale valore, che pure

---

[1] Conferenza del 15 dicembre 2019.

quotidianamente utilizziamo e sul quale a volte interveniamo con eccessiva disinvoltura progettuale. Una conoscenza che - oltre agli aspetti costruttivi, materici, storici, tipologici - approfondisca questioni legate agli usi attuali, agli interventi di recupero degli spazi aperti e del patrimonio edilizio pubblico e privato ancora da realizzare, alla trasformazione ed all'adattamento a nuove domande ed esigenze di un patrimonio culturale enorme che ha rappresentato e rappresenta, come sappiamo, la vera opportunità di riscatto e sviluppo per la città.

Tutto questo nonostante l'attenzione ed il lavoro di qualità di tanti tecnici, professionisti ed operatori pubblici, intellettuali ed associazioni culturali ed il contributo di studi e ricerche che ormai da molti anni il polo di Matera dell'Università della Basilicata offre alla città ed al territorio. Una conoscenza più adeguata che, pure incompleta data la rilevante complessità dell'oggetto di interesse, deve rappresentare la base informativa, sistematica ed aggiornabile, su cui costruire le scelte di governo di questa parte così importante della città, secondo percorsi fortemente partecipati e condivisi che possano portare a scelte di intervento, nel recupero e riuso dei Sassi, in grado di mediare ad un livello alto interessi individuali e di categorie economiche in funzione di obiettivi generali di tutela ed in un'ottica di complessiva sostenibilità.

In riferimento a tali considerazioni preliminari, presentiamo una prima sperimentazione e ricerca, condotta nella nostra Università, per la costruzione di un prototipo di sistema informativo geografico dei Sassi che possa, in prospettiva, rappresentare il luogo virtuale per sistematizzare, organizzare ed elaborare elementi di conoscenza utili. Un luogo virtuale che non esclude, chiaramente, la necessità di immaginare anche una sede fisica per le diverse attività che si potranno svolgere nell'Osservatorio Sassi.

Da moltissimo tempo ormai sono note le potenzialità degli strumenti GIS, per la realizzazione e la strutturazione di banche dati geografiche integrate volte a supportare tutte le attività legate al governo ed alla gestione del territorio, dalla scala locale a quella di area vasta. Il dibattito che si è sviluppato intorno al tema, sia a livello europeo che nazionale, è stato declinato in numerosi atti normativi di natura tecnica (tra i quali INSPIRE e il Decreto 10 novembre 2011), che hanno messo in risalto la centralità e l'importanza della produzione e della condivisione di basi di dati finalizzate anche alla pianificazione urbanistica e territoriale.

Le attività sviluppate nel Rione Sassi della città di Matera (Italia) sono state finalizzate alla realizzazione di un prototipo di sistema informativo per il recupero, il riuso e la gestione del patrimonio edilizio storico, attraverso lo sviluppo e la strutturazione di banche dati geografiche e di sistemi informatici al fine di realizzare uno strumento di supporto alle decisioni nei processi di pianificazione urbanistica. L'obiettivo generale è stato quello di realizzare, in un ambito della città caratterizzato da un patrimonio di eccezionale valore, un prototipo di 'infrastruttura di dati spaziali' (SDI) relativa ai fabbisogni informativi minimi per la predisposizione di apparati conoscitivi, interpretativi e gestionali organizzati secondo procedure standardizzate dei processi di informatizzazione.

L'approccio metodologico proposto per la realizzazione del prototipo e le procedure sviluppate privilegiano un modello fondato sulla integrazione di basi di dati di diversa natura e sulla loro interoperabilità, allo scopo di innescare un processo innovativo di *e-government* che risponda efficacemente ai requisiti previsti dall'Agenda Digitale Italiana (AgID) ed in coerenza con le strategie comunitarie per lo sviluppo dell'economia e della cultura digitale della pubblica amministrazione(ICT). In tal senso, particolare attenzione è stata posta allo sviluppo di metodologie e procedure standardizzate in grado di rispondere efficacemente a tre ordini di obiettivi: realizzare una base conoscitiva sulla quale fondare le strategie di recupero e gestione del patrimonio urbanistico-edilizio del Rione Sassi; favorire il riuso e la integrazione tra basi di dati geografici esistenti, ovvero garantirne l'interoperabilità, intesa come la capacità dei sistemi *computer-based* di comunicare tra loro; estendere l'applicazione prototipale anche in altri contesti della città.

La realizzazione della SDI secondo il prototipo proposto può contribuire a perseguire le strategie definite nel Piano di Gestione 2014-2019 del sito UNESCO in quanto l'approfondimento della conoscenza rappresenta un aspetto essenziale non solo per la tutela del patrimonio culturale ed architettonico ma anche per la sua gestione e valorizzazione, come ribadito nello stesso documento, nel quale si legge: «*servono oggi dati oggettivi prelevati direttamente dal contesto indagato. Gli attuali strumenti informatici rendono più agevole il conseguimento di una mappatura organica e comparata di dati ,nell'ottica di una maggiore evidenza oggettiva e trasparenza delle informazioni, condizione necessaria per una comprensione reale dei processi e per un'efficace orientamento degli stessi.*» (Piano di Gestione dei Sassi 2014-2019)

In tal senso, le attività sviluppate nella realizzazione della SDI, seppure rappresentano una fase embrionale che necessita di ulteriori approfondimenti metodologici, procedurali e di analisi, si ritiene che possano rispondere efficacemente a perseguire una serie di obiettivi sia di carattere generale che specifici.

In riferimento al primo aspetto, si ritiene che la SDI possa rappresentare lo *step* iniziale per la costituzione dell'Osservatorio Permanente previsto dallo stesso Piano di Gestione del Rione Sassi, in quanto le informazioni così come strutturate potrebbero 'migrare' su di una piattaforma informatica dedicata ed essere aggiornate direttamente dagli operatori accreditati in coerenza, peraltro, con gli adempimenti previsti al momento della iscrizione del sito nella Lista del Patrimonio Mondiale dell'UNESCO; infatti, tra i principali adempimenti conseguenti a tale riconoscimento, il monitoraggio sistematico dello stato di conservazione di ciascun sito rappresenta un elemento essenziale.

Prototipo di sistema informativo per la gestione, il recupero ed il riuso dei Sassi di Matera

Il lavoro sviluppato per una parte del Rione Sassi della città di Matera privilegia un approccio metodologico che si basa sostanzialmente su tre principi: il primo legato alla interoperabilità 'organizzativa', ovvero il modo in cui sono stati allineati i processi lavorativi con tecniche di modellizzazione comunemente codificate; il secondo inerente la interoperabilità 'semantica', finalizzata a garantire che il formato e il significato dei dati scambiati siano mantenuti e compresi durante tutti i processi di lavorazione, in particolare attraverso l'utilizzo di tassonomie, vocabolari verificati, *thesauri*, liste di codici e strutture di dati riusabili, tutti elementi che costituiscono i presupposti essenziali per ottenere l'interoperabilità semantica; il terzo, infine, riguarda la interoperabilità 'tecnica', ovvero i documenti, le applicazioni e le infrastrutture che consentono il collegamento tra sistemi e servizi (GIS, specifiche tecniche formali).

Approccio metodologico

L'approccio metodologico proposto privilegia un modello fondato sulla integrazione di diversi 'dataset' (collezione di dati) e sulla loro interoperabilità. Per perseguire tale obiettivo generale, il lavoro si è sviluppato attraverso la messa a punto e sperimentazione di tecniche e metodi automatici o semi-automatici che hanno avuto per oggetto la realizzazione di nuova conoscenza a partire da un certo numero di dati 'geolocalizzati'.

È evidente che lo sviluppo di metodologie e procedure standardizzate in ambiente GIS rappresenta un aspetto importante per realizzare una base conoscitiva sulla quale fondare le strategie di recupero e gestione del patrimonio urbanistico-edilizio del Rione Sassi; riusare ed integrarle diverse basi di dati, con la consapevolezza che l'azione urbanistica usa e produce dati che descrivono e rappresentano il territorio, e che, per tale motivo, i dati geografici devono essere perfettamente sovrapponibili e le loro caratteristiche coerenti.

Per assicurare tale condizione, è risultato necessario affiancare alle declinazioni del concetto di interoperabilità richiamate in precedenza, quella inerente la questione topologica, ovvero il rispetto della consistenza geometrica nelle relazioni spaziali tra le geometrie vettoriali (punti, polilinee e poligoni). Tale operazione si è resa necessaria nello sviluppo del lavoro in quanto alcuni dati geografici elaborati ed implementati nella SDI sono rivenienti da dataset prodotti nativamente con risoluzioni spaziali differenti (diversa scala nominale).

In sintesi, la sperimentazione della SDI sviluppata, all'interno della quale l'elemento geolocalizzazione ha rappresentato un aspetto essenziale per il 'processamento dei dati', ha avuto come obiettivo generale quello di realizzare uno strumento informatico integrato di supporto ai processi decisionali che potranno implementarsi in un'area di elevato valore storico, identitario e culturale come quella dei Sassi.

Struttura informatica della SDI e basi di dati

La Regione Basilicata è dotata di un database topografico (DBGT) ed è proprio a partire da tale strumento, disponibile sul portale della Regione Basilicata, che si è strutturata la SDI finalizzata a promuovere la raccolta, il coordinamento e la integrazione di flussi informativi eterogenei con il DBGT.

Lo sforzo compiuto nello sviluppo della SDI tende a coniugare, attraverso le tecnologie informatiche e le procedure automatizzate, una mole importante di dati spaziali con altre informazioni rivenienti da settori specifici. In tal senso, rilevanti per la geolocalizzazione, la normalizzazione[2] e la messa a sistema delle informazioni nel prototipo del sistema informativo, sono

---

[2] Tecnica di progettazione dei database mediante la quale si elimina la ridondanza dei dati al fine di evitare anomalie nella loro consistenza in seguito a operazioni di inserimento, cancellazione o modifica.

stati alcuni dati di base riprogettati nel sistema di riferimento del DBGT (WGS84–UTM33N), riconducibili ad alcune aree tematiche, tra le quali si richiamano: le basi necessarie per contestualizzare le informazioni (basi topografiche, ortofoto, DBGT Regione Basilicata, aerofotogrammetria); le informazioni provenienti dalle Previsioni Generali del Recupero (PdR) del Rione Sassi; la toponomastica e i numeri civici per il *geocoding*; le informazioni riguardanti la rete della viabilità (carrabile e pedonale) e l'edificato (rilievo delle unità edilizie[3]); le basi catastali e i dati identificativi e reddituali dei beni immobili (terreni e fabbricati); i dati di natura censuaria (ISTAT); catalogo *open data* del Comune di Matera (categorie di intervento edifici, strutture ricettive, beni monumentali, patrimonio immobiliare Comune di Matera, etc.).

L'architettura della SDI è stata realizzata in ambiente GIS utilizzando *software open source* (client GIS Desktop in particolare). Per la strutturazione del geodatabase, fondamentali sono stati alcuni atti di natura tecnica, orientati a migliorare le condizioni di fruizione, scambio e utilizzo comune di dati e informazioni territoriali, che hanno guidato l'intero processo di costruzione della SDI.

Particolarmente significativo, in tal senso, è stato il Decreto Ministeriale del 10 novembre del 2011 che definisce le regole tecniche per la formazione, il contenuto, la documentazione e la fruibilità dei database geotopografici (art. 1), intendendo con tale accezione l'archivio di dati territoriali (qualunque informazione geograficamente localizzata) organizzati secondo specifiche regole sia in termini di struttura che di contenuto; tali specifiche sono contenute nel "Catalogo

[3] Le informazioni implementate nella SDI fanno riferimento alle attività di rilievo sul patrimonio edilizio del Rione Sassi attraverso una 'scheda tipo', svolto dagli studenti del Corso di Laurea in Architettura del DICEM, Anno Accademico 2015-2016, Università degli Studi della Basilicata.

dei dati territoriali" (allegato 1) e nel documento "Regole di interpretazione delle specifiche di contenuto per i database geotopografici" (allegato 2) che costituiscono i documenti di riferimento per le amministrazioni pubbliche per la raccolta e la gestione dei dati territoriali di propria competenza (art.2).

In particolare, il catalogo individua i dati territoriali che rappresentano e descrivono il territorio nei principali aspetti naturali e antropici, organizzati in Strati, Temi e Classi, con le relazioni e i vincoli tra i dati stessi. La struttura di riferimento è costituita dalla 'classe' che definisce la rappresentazione di una specifica tipologia di oggetti territoriali (proprietà, la struttura del dato, regole di acquisizione, di strutturazione e di relazione con gli altri oggetti). Gli Strati e i Temi hanno lo scopo di raccogliere le Classi in sotto insiemi morfologicamente o funzionalmente omogenei.

I dati territoriali indicati nel catalogo sono contenuti nel DBGT della Regione Basilicata che ha rappresentato, nello sviluppo della SDI, il primo nucleo informativo rispetto al quale sono stati integrati gli altri DB tematici acquisiti. In linea con le indicazioni del catalogo, anche nel prototipo del SIT realizzato per alcuni comparti del vigente Piano di Recupero del Rione Sassi, si è mantenuta la stessa struttura articolata in Strati, Temi e Classi.

Per poter integrare i diversi DB tematici, un'attività importante è risultata essere l'allineamento e la standardizzazione dei dati con le indicazioni contenute nel citato decreto del 2011; un esempio di tale attività è rappresentato dal modello concettuale riportato nella figura che segue, riferito ad alcune classi di oggetti territoriali rielaborati attraverso procedure automatizzate o semi-automatiche (in verde le tabelle esterne per il ripristino delle relazioni con gli strati informativi).

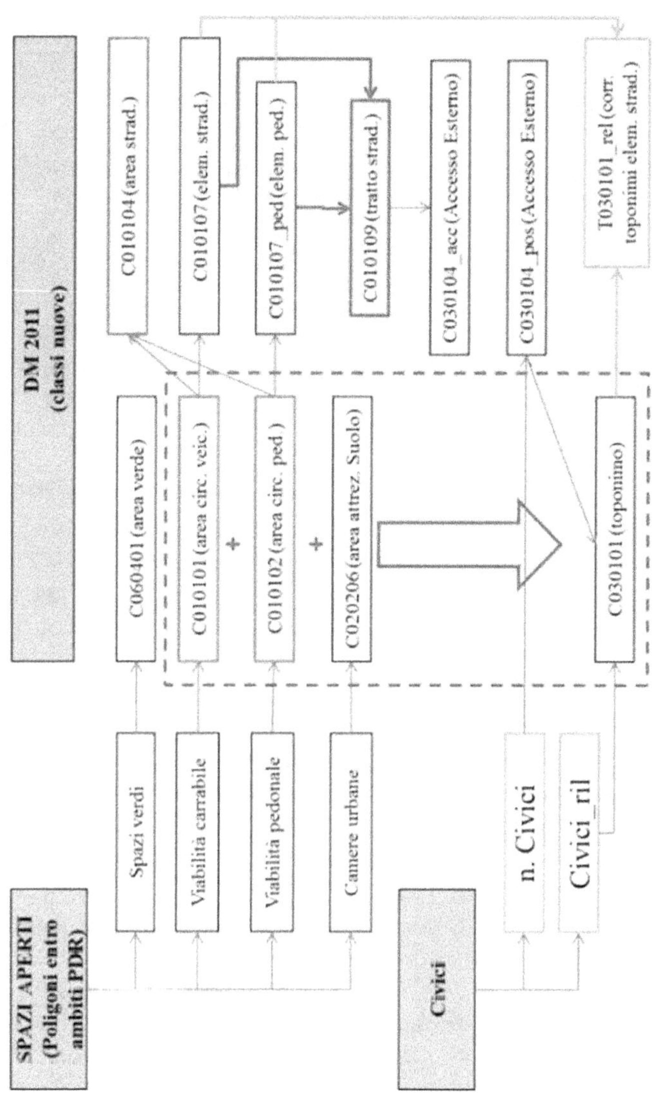

Figura 1 – Modello concettuale di allineamento di alcune classi della SDI.

Se in passato gli sforzi maggiori nel settore dell'informazione geografica sono stati concentrati nella realizzazione di database territoriali, oggi, considerando la diffusione di tali strumenti, il problema emergente è rappresentato dalla realizzazione di archivi omogenei e concettualmente e geometricamente coerenti; riusare le basi dati geografiche esistenti per scopi non previsti al momento della loro produzione le rende disponibili a processi di aggiornamento molto utili. La sperimentazione proposta in questo lavoro si muove in questo ambito di problemi che, è opinione di chi scrive, mostra i maggiori elementi di interesse proprio in relazione alle diverse declinazioni del concetto di interoperabilità richiamate in precedenza.

In riferimento agli obiettivi assunti nello sviluppo della SDI, si è proceduto, sulla base di una fase istruttoria preliminare volta ad indagare le basi di dati esistenti, alla predisposizione di un quadro sinottico dei fabbisogni informativi minimi per la predisposizione degli apparati conoscitivi (compresi gli indicatori elaborati).

La SDI, strutturata in strati-temi-classi, si compone complessivamente di circa 120 classi (tra strati informativi e tabelle esterne di relazione), che rappresentano i dati di base, le elaborazioni intermedie e finali, gli indicatori tematici sviluppati ai fini della realizzazione dei fabbisogni informativi minimi per la predisposizione degli apparati conoscitivi e interpretativi (26 macro indicatori).

Tra i livelli informativi che costituiscono la SDI, quindi, particolare attenzione è stata posta alla normalizzazione del tema relativo alla gestione della viabilità (toponomastica) e ai numeri civici acquisiti sulla piattaforma '*Open Data*' del Comune di Matera (dati allineati ai tracciati dell'ISTAT sulla rilevazione dei civici), elementi chiave sia per la ricerca degli oggetti geografici, sia per il collegamento con altre banche dati, tra le quali si richiamano quelle che afferiscono agli immobili, all'anagrafe comunale (aspetto non trattato all'interno della SDI), ai dati di natura statistica, etc.

In particolare, le procedure sviluppate sono state finalizzate a definire, per l'ambito oggetto della sperimentazione, l'organizzazione dello stradario comunale e della sua toponomastica, per poi poter relazionare la classe 'numerazione civica' sia agli edifici di appartenenza (elementi dell'aerofotogrammetria) che ai cespiti patrimoniali (catasto fabbricati e terreni), che, infine, allo stradario (toponomastica).

Tra i temi indagati e implementati nella SDI, quello inerente il tessuto urbanistico-edilizio rappresenta sicuramente quello più significativo ai fini della gestione e valorizzazione del Sito Patrimonio UNESCO in relazione al suo eccezionale valore riconosciuto universalmente. Il tema riguarda le informazioni rinvenienti sia dall'indagine analitica e di campo svolta con la compilazione di una 'scheda tipo' di rilievo da parte degli studenti del terzo anno del Corso di Architettura dell'Università della Basilicata attraverso la quale sono stati acquisiti elementi di conoscenza dei caratteri principali degli edifici e delle modalità d'uso degli stessi, sia dalle Previsioni Generali del Recupero (PdR) vigente che interessa l'area dei Sassi.

In particolare, il lavoro ha riguardato la creazione di uno specifico DB tematico riferito agli elementi indicati all'articolo 13 delle NTA del Piano di Recupero vigente, ovvero la classificazione delle aree e degli edifici rispetto alle tre macro classi individuate: camere urbane; le grotte (ipogei); tessuto edilizio ed edifici.

Ad ogni singola unità immobiliare compresa nei corpi di fabbrica degli edifici classificati nel DBGT della Regione Basilicata, sono state correlate, attraverso un processo di associazione biunivoca, una serie di informazioni; tali informazioni rappresentano la base del prototipo di Sistema Informativo Territoriale qui inteso come strumento di raccolta organizzata e integrata delle diverse basi di dati.

All'interno della SDI tutti i dati geografici sono stati interpolati per ottenere un modello strutturato di informazioni territoriali (base cartografica integrata) da utilizzare sia per l'analisi del contesto indagato che per associare alla base cartografica realizzata le informazioni acquisite da file alfanumerici o supporti cartacei (rilievo sul campo). Tramite procedure automatizzate o semi-automatiche si è strutturato il data base topografico il cui perno centrale è rappresentato dal patrimonio edilizio a cui sono state riferite tutte le altre informazioni.

In generale, lo sviluppo della SDI così come strutturata in termini di relazioni spaziali tra i diversi strati informativi consente, a partire dalla semplice interrogazione di un qualsiasi dato geografico, di risalire ad altre informazioni contenute in altri archivi digitali che apparentemente non presentano alcun legame con il dato interrogato.

Nella sperimentazione operata particolarmente importante è risultata essere l'attività di compilazione dei metadati, ovvero "le informazioni che descrivono i set di dati territoriali e i servizi ad essi relativi e che consentono di ricercare, repertoriare e utilizzare tali dati e servizi" (Decreto Legislativo 27 gennaio 2010, n. 32). Tale attività, che ha riguardato a titolo semplificativo esclusivamente i dati più significativi, si è sviluppata attraverso l'utilizzo di uno strumento disponibile sulla piattaforma INSPIRE che consente la compilazione e il salvataggio delle informazioni sui dati territoriali in linea con gli standard nazionali e comunitari.

Importanza della SDI e possibili sviluppi futuri

Le soluzioni adottate per la realizzazione della SDI certamente non hanno la pretesa di rappresentare l'unica strada percorribile in tema di predisposizione degli apparati conoscitivi; tuttavia, si ritiene che la sperimentazione offra spunti interessanti per avviare una riflessione più approfondita sul tema.

La SDI, concepita come strumento di supporto per le analisi e le elaborazioni inerenti i temi del recupero, valorizzazione e gestione urbanistica del patrimonio storico dei Sassi, descrive i principali caratteri dell'uso del suolo (spazi aperti), delle infrastrutture viarie, dell'insediamento, della toponomastica. Le modalità della sua realizzazione presentano elementi di interesse dal punto di vista tecnico, soprattutto per quanto riguarda le tecniche di modellazione in ambiente GIS.

La sperimentazione presentata dimostra la fattibilità di tali processi, partendo dalla disponibilità di informazioni geografiche presenti in diversi database della PA (Regione Basilicata, Comune di Matera); integrando tali informazioni con quanto disponibile in altri archivi istituzionali (Catasto) o di pubblico dominio (*Open Street Map*) è stato possibile creare una nuova banca dati integrata (la conoscenza produce nuova conoscenza) a sua volta aggiornabile e riutilizzabile, finalizzata alla 'gestione innovativa' del sito Patrimonio UNESCO. Le prospettive di utilizzo della SDI, infatti, fanno riferimento a diverse sfere legate, per esempio, ai temi della manutenzione della viabilità carrabile e pedonale, del verde pubblico e/o privato, della fiscalità locale e dei tributi, della pianificazione e programmazione, della toponomastica, degli interventi edilizi.

In riferimento a quest'ultimo aspetto - in termini di approccio metodologico ai temi del recupero, riuso e valorizzazione - si ritiene che lo sviluppo della SDI, sebbene migliorabile ed integrabile con indagini strutturate sul campo, possa contribuire più efficacemente alla gestione del tessuto urbanistico-edilizio per due motivi: la integrazione di basi di dati differenti (rilievo sul campo, interventi del PdR, catasto, studio di dettaglio degli ipogei) consente di individuare con una certa precisione le unità tipologiche-architettoniche utilizzando criteri di omogeneità storico, morfologica e funzionale dei tessuti, anche al fine dell'attuazione degli interventi da prevedere nei Programmi Biennali (NTA del PdR vigente); in secondo luogo perché rappresenta lo strumento adeguato sia per la raccolta ed elaborazione dei dati e delle informazioni per la costruzione di quadri conoscitivi, sia per la implementazione delle procedure valutative sulle quali fondare le scelte progettuali riferite al tessuto storico.

Un ulteriore campo di applicazione della SDI riguarda sia le procedure per la lavorazione in linea dei dati geografici (aggiornamento speditivo), che la condivisione di tali informazioni. Per quanto riguarda il primo aspetto, la struttura della SDI consente la migrazione dei dati online attraverso una piattaforma dedicata da sviluppare secondo un'architettura di tipo *client-server* in ambiente Web e coerente con le specifiche dell'*Open Geospatial Consortium* (OGC), in tema di standard di interscambio/interoperabilità per i sistemi Web GIS. Per quel che riguarda, invece, la divulgazione delle informazioni potrebbe avvenire attraverso lo sviluppo e la realizzazione di un semplice sistema GIS *web-based*, con modalità di accesso via Internet (o INTRANET).

In tal senso, la costruzione ed implementazione di una SDI, da intendersi come «*insieme di politiche, tecnologie e disposizioni istituzionali per assistere le comunità di utenti nella raccolta, condivisione e sfruttamento delle risorse di informazioni geospaziali*» (Nebert, 2004; Masser, 2005), potrà favorire oltre che una più adeguata conoscenza di un patrimonio culturale di grande interesse e valore come quello dei Sassi di Matera, ma anche favorire concretamente una maggiore condivisione della stessa favorendo una diffusa consapevolezza del valore patrimoniale collettivo su cui fondare adeguati processi decisionali e di controllo per la tutela ed il recupero dello stesso.

Documentazione e Bibliografia

Automated Mapping/ Facilities Management (AMFM). *La geolocalizzazione come elemento unificante delle azioni e delle informazioni per i servizi ai cittadini, iniziativa dell'AMFM GIS Italia per la White Paper sulla geo-localizzazione*, vers. 9.1 settembre 2014. doi: http://www.amfm.it/
Catalogo dei Dati Territoriali della Regione Basilicata – *Specifiche di Contenuto per la formazione del DB5 regionale*" (versione 1.1 del 2015).

Commissione di Coordinamento Sistema Pubblico di Connettività (2012). *Linee guida per l'interoperabilità semantica attraverso i linked open data, Agenzia per l'Italia Digitale*, vers. 2.0.

Commissione Europea (2017). *Quadro europeo di interoperabilità - Strategia di attuazione, Comunicazione della Commissione al Parlamento Europeo, al Consiglio, al Comitato Economico e Sociale Europeo e al Comitato delle Regioni*, COM (2017) 134 final, Bruxelles.

Decreto 10 novembre 2011 recante "*Regole tecniche per la definizione delle specifiche di contenuto dei database geotopografici*".

Di Lorenzo, A. & Liberatoscioli, E. (2008). *GISST: geo web service e interoperabilità per il turismo sostenibile nei parchi.* Conference ASITA 2008, L'Aquila.

Direttiva INSPIRE.

Documento INTESA GIS (1n 1007_1-2).

European Commision (2017). *New European Interoperability Framework. Promoting seamless services and data flows for European public administrations*, European Union, Belgium, doi:10.2799/78681.

Masser, I. (2005). GIS Worlds: Creating Spatial Data Infrastructures. Redlands: ESRI Press.

Nebert, D. (2004). *Developing Spatial Data Infrastructures: The SDI Cook book*. Global Spatial Data Infrastructure Association.

Piano di Gestione dei Sassi di Matera 2014 – 2019. *I Sassi e il parco delle Chiese Rupestri di Matera Patrimonio dell'umanità*, Redatto da Colonna A. e Fiore D.

Portale RSDI Regione Basilicata.

Previsioni Generali del Recupero (2012) in attuazione della L. 771/1986. Comune di Matera, Ufficio Sassi.
Regione Basilicata, Legge regionale 11 agosto 1999, n. 23 "*Tutela, governo ed uso del territorio*".

Sitografia

Portale Cartografico Regione Basilicata (2018) http://rsdi.regione.basilicata.it/dbgt-ctr/.

Portale Cartografico Regione Emilia Romagna (2018) https://geoportale.regione.emilia-romagna.it/it.

Portale Cartografico Regione Lombardia (2018) http://www.geoportale.regione.lombardia.it/.

The New European Interoperability Framework (2018) https://ec.europa.eu/isa2/eif_en.

Agenzia per l'Italia Digitale (2018) https://www.agid.gov.it/it/infrastrutture/sistema-pubblico-connettivita

Catalogo Open Data Comune di Matera http://dati.comune.matera.it/.

Programma ISA2 dell'UE per la promozione di soluzioni di interoperabilità e quadri comuni per le pubbliche amministrazioni, le imprese e i cittadini europei (2016-2020) http://www.europafacile.net/Scheda/Programma/16432 e https://ec.europa.eu/isa2/isa2_en.

Agenzia per l'Italia Digitale (2018) https://www.agid.gov.it/it/agenzia/stampa-e-comunicazione/notizie/2015/12/31/definito-il-profilo-geodcat-ap-10.

Piattaforma informatica per la compilazione dei metadati http://inspire-geoportal.ec.europa.eu/editor/.

Portale dell'Agenzia delle Entrate - Servizi Catastali http://sister.agenziaentrate.gov.it/.

Portale dell'ISTAT https://www.istat.it/.

Design UNESCO Buffer Zones. Ecologie e sperimentazioni progettuali per una proposta di aggiornamento della Buffer Zone dei Sassi di Matera

Alessandro Raffa

Nelle *Operational Guidelines*[1] per i siti UNESCO, sin dalla loro prima stesura[2], fu introdotto l'istituto della Buffer zone, un'area circoscritta da una perimetrazione che ha come obiettivo la protezione del contesto, più o meno ampio, in cui è inserito il sito. Sebbene l'esigenza di protezione abbia portato alla sua adozione per molti siti iscritti nella *World Heritage List* (WHL), il concetto di Buffer zone risulta essere piuttosto sfocato, se non in alcuni casi ambiguo, così come la sua stessa operatività, nella maggior parte dei casi, rigidamente legata ad approcci visivi e a pratiche conservative. Se da un lato le *Buffer zones* vengono istituite per proteggere gli *Outstanding Universal Values* (OUV) di un sito e la sua integrità da 'minacce esterne', l'applicazione di severi regimi vincolistici può spingere il sito verso l'indebolimento della trama di relazioni che intesse con il proprio contesto sociale, economico e culturale, e può indurre verso processi inattesi di museificazione[3]. L'attenzione prevalente posta sulla dimensione visiva e materiale della *Buffer zone* a discapito di quella immateriale, ad esempio, può incidere negativamente sulla relazione tra luoghi, comunità locali e processi di assegnazione di valore. Tuttavia, alle *Buffer zones* è anche riconosciuta la possibilità di contribuire alla valorizzazione del sito e di migliorare la qualità di vita di coloro che la abitano[4]; intenzioni, queste, che trovano riscontri operativi piuttosto limitati.

---

[1] UNESCO 2021.
[2] UNESCO 1977.
[3] ICOMOS position paper 2009, pag. 24.
[4] Martin e Piatti 2009, pag. 181.

L'evoluzione stessa del concetto di patrimonio ed il suo ruolo nei confronti di sfide e urgenze globali, richiedono oggi una riflessione anche sulle *Buffer zones* dei siti UNESCO, aprendo verso innovativi scenari di sviluppo sostenibile in coerenza con gli obiettivi dell'Agenda 2030. «*Buffer zones cannot, by definition, exist alone. They can be part of a system which involves areas of sustainability or areas of concern and have been defined as a set of problems that a given project is intended to address. These areas are identified not only from inside-out but outside-in. They will include the areas of concern as defined by the various community interest.*»[5] A partire, ad esempio, dalla riflessione tra patrimonio e cambiamento climatico è emersa, nell'ambito degli *heritage studies*, un interessante linea di ricerca sul ruolo proattivo del patrimonio nei confronti dei processi di adattamento, superando una visione detta di "*stability under threath*"[6], ed in cui il concetto di trasformazione, differentemente aggettivato[7], è ricorrente ed invita a riconsiderare approcci e prassi consolidate, aprendo spazi di possibilità per le discipline del progetto anche nei contesti di *Buffer* UNESCO.

Considerando tre siti UNESCO, un progetto realizzato, il *Pearling Path* di Muhharq in Bahrain, e due sperimentazioni di *research by design* – per la *Buffer zone* dei siti di Villa Adriana e delle Colline del Prosecco –, si rifletterà sul contributo possibile delle discipline del progetto nella ridefinizione concettuale dell'istituto della *Buffer zone*, inteso come ambito di transizione piuttosto che perimetrazione di carattere zonizzante, ed operativa, inteso come spazio collaborativo e del possibile in cui sperimentare logiche strategiche più coerenti con l'evoluzione del concetto stesso di patrimonio, degli approcci e delle pratiche che le incertezze della contemporaneità chiedono di riconsiderare. Tale riflessione si inserisce in un percorso di ricerca attivato presso la Cattedra

---

[5] Turner 2009, pag. 17.

[6] Cfr: Terril in Harvey and Perry, 2005.

[7] Cfr: Folke et al., 2010; Pelling, 2011; Harrison, 2012; Harvey and Perry, 2005.

UNESCO in "Paesaggi Culturali del Mediterraneo e Comunità di Saperi" dell'Università degli Studi della Basilicata che ha come obiettivo la ridefinizione sperimentale da un punto di vista metodologico-operativo della *Buffer zone* per il sito dei Sassi di Matera ed il Parco delle Chiese Rupestri, istituita durante il processo di candidatura - conclusosi con l'inserimento del sito nella WHL nel 1993 - e confermata dal Piano di Gestione.[8]

Buffer zone come progetto di rigenerazione. Pearling Path di Muharraq, Bahrain (2012)

Nel 2012, l'inserimento nella *World Heritage List* (WHL) di "*Pearling, Testimony of an Island Economy*" ha riconosciuto il valore universale della cultura che si è sviluppata intorno all'economia tradizionale della raccolta delle perle nell'area del Golfo. Si tratta di un sito seriale costituito da banchi di ostriche, spiagge e sedici edifici situati nel tessuto storico della città di Muharraq, in Bahrain. La crisi dell'economia della raccolta delle perle, sostituita progressivamente dalla pratica dell'allevamento dagli anni Trenta del secolo scorso, ha prodotto un lento degrado dell'intera città di Muharraq che si è protratto sino alla prima decade degli anni Duemila.

Come descritto nella candidatura del sito[9] (*Nomination Dossier* 2011), l'inserimento nella WHL coincise con un ampio programma di rigenerazione che intendeva migliorare l'attrattività e la qualità degli spazi urbani per residenti e visitatori.

---

[8] Cfr: Colonna e Fiore, 2013.

[9] *Nomination Dossier* 2011.

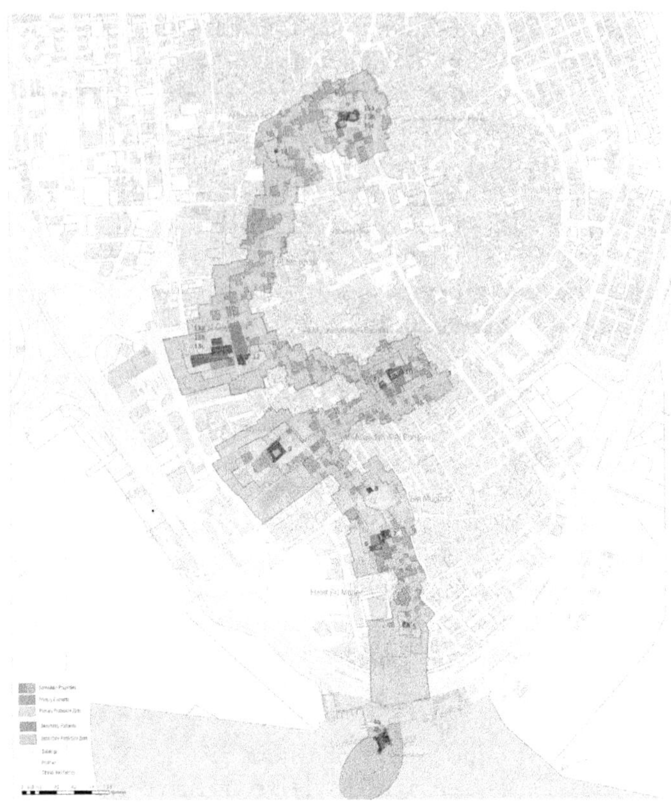

Fig. 1 - Ambito urbano del sito seriale "*Pearling. Testimony of an Island Economy*". Il *Peraling Path* e interventi di rigenerazione urbana e architettonica.[10]

---

[10] Elaborazione dell'autore a partire da immagini consultate da: https://www.bahrainthismonth.com/magazine/lifestyle/revitalisation-of-muharraq-project-wins-2019-s-aga-khan-award; https://whc.unesco.org/en/list/1364/documents/.

Per quanto riguarda i siti collocati all'interno del contesto urbano (Fig.1), simultaneamente all'identificazione di un doppio sistema di *buffer zone*, si è proceduto alla stesura di un *masterplan* per la rigenerazione urbana dell'intero ambito UNESCO, prevedendo regimi di protezione e linee guida di progetto differenziati per il comparto incluso nel doppio sistema di buffering ed interventi dal valore architettonico e urbano per la sua riattivazione.

L'obiettivo è l'integrazione dei siti seriali all'interno della città

«*by re-connecting the urban form with its origins, favouring the socio-cultural continuity and the spirit of place in uses and architectural language, and offering better living conditions to the local community [...] Solutions are sought that reconcile urban conservation and modernisation by integrating both aspects in innovative but sensitive ways. [...] a symbiosis between the heritage site and urban setting will slowly take place*»[11]

La strategia di rigenerazione urbana, messa al centro dal piano di gestione, assegna al progetto contemporaneo un ruolo cruciale ed è articolata attraverso tre linee di intervento:

1. Moltiplicazione dello spazio pubblico. Attraverso il progetto di un percorso pubblico pedonale, il *Pearling Path*, e di una trama di spazi pubblici ad esso collegati (OFFICE Kersten Geers e David Van Severen+ Bureau Bas Smets, 2012-in corso), si è cercato di offrire, all'interno del tessuto storico della città, luoghi di incontro e di scoperta ai residenti ed ai visitatori;

---

[11] *Management Plan* 2012, pag. 109.

2. Recupero degli edifici storici secondo diversi gradi di trasformabilità in base ai caratteri degli edifici e alla perimetrazione in cui i manufatti architettonici sono inseriti;

3. Inserimento di nuove architetture pubbliche dentro e fuori dalle *buffer*, tra cui: Pearling Site Museum Visitor Center (Valerio Olgiati, 2019); Center of Traditional Music (OFFICE, 2018); House of Architectural Heritage (Noura al Sayeh e Leopold Bianchini Architects, 2017); Siyadi Pearl Museum (Anne Holtrop, in corso); Archaeologies of Green-Expo 2015 Pavilion (Anne Holtrop, 2017).

Il contesto urbano di Muharraq rappresenta un caso eccezionale per diverse ragioni, non ultimo lo stretto rapporto simbiotico tra patrimonio e città contemporanea, tra protezione delle testimonianze architettoniche e progetto di rigenerazione urbana, pensati come un processo simbiotico ed osmotico tra ambito UNESCO ed il contesto urbano a cui appartiene. Se da un lato il riconoscimento a sito UNESCO ha sicuramente reso possibile l'attuazione del programma ambizioso di progetti in corso, dall'altro l'approccio *design-driven* che ha orientato questa esperienza mostra un ruolo possibile delle discipline del progetto all'interno di un sito UNESCO: dalla costruzione della loro candidatura, all'elaborazione di un concetto di *buffer* non riduttivamente intesa come *zoning* di carattere vincolistico, ma come spazio complesso in cui ridefinire e ri-strutturare dinamiche urbane tra ambi interni ed esterni a questa perimetrazione.

Il progetto della Buffer Zone nella Call Internazionale di progettazione per Villa Adriana (2018)

Un altro riferimento riguarda l'esperienza della call internazionale di progettazione "*Design UNESCO Buffer Zone*" (Accademia Adrianea 2018), che intendeva, selezionando il contesto specifico del sito UNESCO di Villa Adriana, esplorare limiti e possibilità del progetto multi-scalare e dei suoi strumenti nel ripensamento e nella ridefinizione della *Buffer zone* e delle sue ecologie in senso complesso, superando una visione di esclusivo ambito di protezione che la avvicina al concetto di *enclave*.

Il concorso indicava, oltre ad interventi all'interno del sito UNESCO vero e proprio, due ambiti 'esterni' di rigenerazione integrate ed interagenti. Il primo riguardava una possibile estensione della *Buffer Zone* esistente attraverso l'appropriazione dell'asta del fiume Aniene, collegando così il sito archeologico con l'altro sito UNESCO di Villa D'Este, valorizzando tracce e presenze monumentali e riconfigurando ambiti industriali in via di dismissione. Il secondo, interno all'attuale *Buffer*, intendeva rigenerare l'ambito produttivo misto, artigianale e agricolo, oggi compreso tra il sito ed il fiume.

I progetti partecipanti[12], pur nei differenti approcci derivanti da altrettante posizioni culturali, mostrano la necessità di superare una logica 'areale' a vantaggio di un approccio relazionale, fondato sulla decifrazione e lettura di tracce, archeologie ed ecologie 'trovate' e loro re-interpretazione e ri-configurazione attraverso il progetto; il *layer* con-temporaneo diventa occasione per ridefinire le relazioni con un palinsesto complesso, sia in senso spaziale che temporale.

Nella proposta "*Learning from Villa Adriana*"[13] la ridefinizione della Buffer zone del sito è il risultato di una lettura 'archeologica' del palinsesto, volta a comprendere i caratteri, le morfologie, le relazioni complesse, le asimmetrie e fragilità presenti; ma allo stesso tempo intende confrontarsi con le sfide ed urgenze globali, come gli effetti attuali e futuri del cambiamento climatico.

Il concetto di continuità nella trasformazione è assunto come cruciale nel processo progettuale ed intende riconfigurare le dinamiche socio-ecologiche nella *Buffer Zone*, prima che determinarne la perimetrazione. Sono le ecologie trovate e la loro

[12] Cfr: Basso Peressut e Caliari 2019.

[13] Basso Peressut e Caliari 2019, pp. 264-279.

ridefinizione ad orientare il progetto della nuova *Buffer zone* del sito, interpretata come ambito attraverso cui operare una riconnessione con il contesto a cui appartiene.

Attraverso un approccio che si è sostanziato dell'integrazione di riflessioni ed esperienze progettuali legate al *landscape urbanism/ecological urbanism* e a quelle che guardano alla dimensione stratificata della città contemporanea, la proposta progettuale, riconoscendo il rapporto straordinario tra architettura e natura di cui Villa Adriana è espressione, ha progettualmente ridefinito, in maniera evolutiva, le ecologie della *Buffer Zone* concentrandosi su quattro *layer* tematici: archeologia, suolo, acqua e vegetazione (Fig.2).

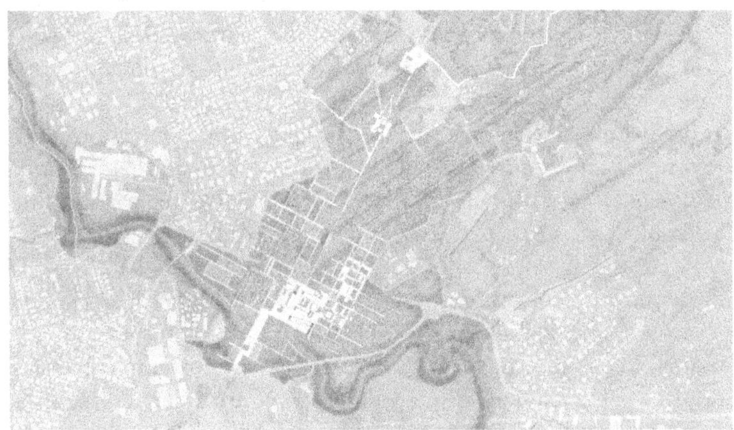

Fig. 2 - Progetto di concorso per la *Buffer Zone* di Villa Adriana. Gruppo di lavoro: J. Miàs, A. Bottelli, V. Tolve, A. Raffa, A. Arnaldi, RE/Lab, Mias Architects, DBmLab, Werk Studio, NormaleArchitettura, AG&P, Astrapto Light Designers e altri.

Un disegno fatto di nodi, aste e campi, che nasce dalla intersezione delle relazioni molteplici tra i quattro *layer* identificati, costituisce l'armatura di un progetto che intende accogliere evoluzioni e trasformazioni future; uno spazio performativo in senso ecologico, sociale ed economico che sappia incorporare il cambiamento ed in cui la moltiplicazione dello spazio pubblico intende ridefinire le relazioni tra il sito UNESCO ed il contesto. La *Buffer Zone* diventa, quindi, spazio osmotico e molteplice, in grado di attivare processi di rigenerazione sia al suo interno ma anche negli ambiti limitrofi oggi caratterizzati da condizioni di sottoutilizzo e degrado.

La Buffer Zone delle Colline del Prosecco e il CROA-Climate Resilient Operational Atlas (2020)

Il paesaggio delle Colline del Prosecco di Conegliano e Valdobbiadene, sito UNESCO dal 2019, è stato oggetto di una sperimentazione metodologica-operativa che ha guardato alla sua *Buffer Zone* come laboratorio sperimentale per elaborare strategie e azioni progettuali *climate-resilient*, che, nel tempo, possano aprire verso scenari di sviluppo sostenibile per il suo paesaggio culturale.

A partire da una riflessione sul Piano di Gestione del sito[14], che riconosce il cambiamento climatico come fattore di rischio e rispetto al quale vengono suggerite azioni da intraprendere in futuro, sono state riscontrati una serie di limiti e criticità a cui l'esperienza di ricerca intende rispondere, in maniera problematica, o comunque indicare possibilità alternative.

Dalla disamina del documento, sembra emergere un'interpretazione del cambiamento climatico esclusivamente come minaccia all'integrità del sito; lo sbilanciamento verso la dimensione materiale a discapito di quella immateriale e la marginalizzazione del ruolo di gruppi e *stakeholders* attivi localmente nei processi di adattamento.

---

[14] *Management plan*, 2019.

La ricerca[15] guarda alle relazioni complesse tra paesaggio culturale e cambiamento climatico attraverso un approccio olistico, integrato, ecologico e *design-oriented* in cui la *Buffer zone* del sito diventa ambito di sperimentazione per un processo di mappatura operativa che, da un punto di vista applicativo, si è tradotto nel *CROA-Climate-Resilient Operational Atlas*.

L'atlante è stato concepito come uno strumento di conoscenza inclusivo e di messa a fuoco del possibile; un processo/progetto aperto che, a partire da un'interpretazione complessa della relazioni molteplici tra cambiamento climatico e paesaggio culturale, intende costruire una topografia operativa che orienti processi di resilienza al cambiamento climatico, in maniera multi-scalare, multi temporale e favorendo il coinvolgimento delle comunità, dei gruppi e degli *stakeholders* attivi localmente, in una prospettiva di sviluppo sostenibile nel lungo periodo.

---

[15] Cfr: Raffa 2023; 2021a; 2021b.

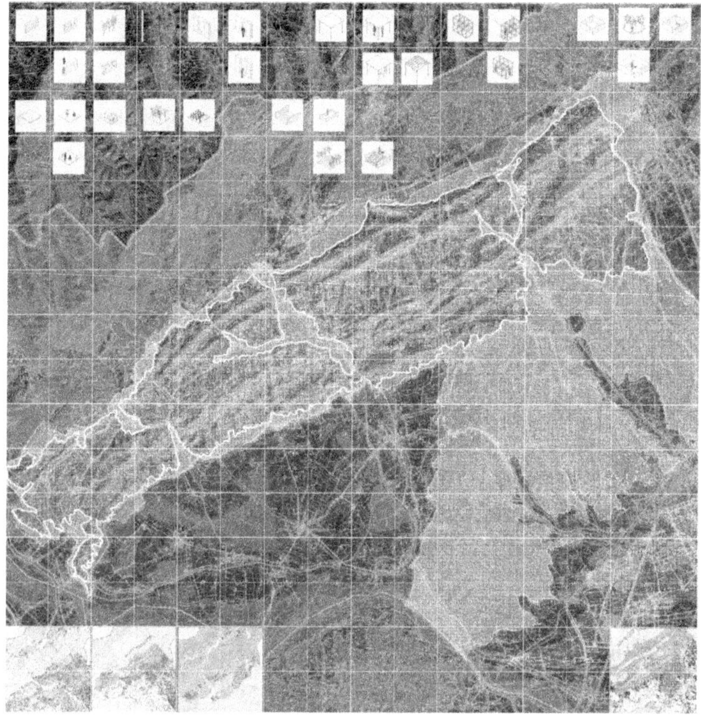

Fig. 3 - Perimetrazioni UNESCO e ambiti di intervento del *Climate-Resilient Operational Atlas* per il paesaggio culturale delle Colline del Prosecco di Conegliano e Valdobbiadene (elaborazione dell'autore).

A partire da un'indagine a scala territoriale delle asimmetrie ecologiche, delle fragilità e dei rischi presenti e potenziali legati agli effetti del cambiamento climatico, sono stati individuati dei quadranti-campione, in cui si addensano e stratificano condizioni ricorrenti all'interno della *Buffer zone* o a cavallo tra questa, il sito UNESCO ed il contesto (Fig.3).

All'interno dei quadranti, attraverso mappature a scala più ravvicinata, esplorazioni sul campo e il dialogo con chi abita e frequenta i luoghi, sono stati selezionati ambiti specifici oggi caratterizzati da forme diversificate di marginalità ma ritenuti rilevanti da gruppi e comunità locali per condizioni pregresse o presenti; spazi per sperimentare strategie ed azioni che, se considerate in una logica d'insieme, potranno esprime un contributo rilevante nell'adattamento al cambiamento climatico.

Ne è derivata una topografia operativa che, intesa come processo/progetto aperto, diventa spazio di possibilità molteplici, rispetto alla quale sono state identificate strategie condivise alla scala locale. A tali strategie è stato associato un abaco di dispositivi ibridi e simbiotici, tra 'artificiale' e 'naturale', che hanno come obiettivo quello di rigenerare gli ambiti considerati da un punto di vista ecologico, sociale ed economico e di rendere operativi scenari di adattamento alla scala locale, all'interno di un diagramma strategico di adattamento al cambiamento climatico. I dispositivi individuati, coerentemente con la logica di apertura perseguita dall'atlante, verranno definiti nel tempo attraverso progetti specifici, in base alle esigenze e desideri di comunità, gruppi e *stakeholders* attivi localmente, coniugando azioni di adattamento e miglioramento della qualità dei luoghi che abitano.

Riflessioni su un possibile aggiornamento della Buffer zone dei Sassi di Matera

La *Buffer zone* e la sua relazione con il sito dei Sassi di Matera ed il Parco delle Chiese Rupestri è l'occasione per interrogarsi e riflettere su un doppio problema: da un lato il significato odierno, tra sfide e urgenze globali, dell'istituto stesso della *Buffer zone*; dall'altro intende comprendere, attraverso il caso specifico, il contributo del progetto contemporaneo, e della sua dimensione interpretativo-trasformativa, nella costruzione metodologico-operativa dell'architettura della *Buffer zone*.

In questa cornice problematica, la *Buffer zone* dei Sassi è inquadrata come ambito sperimentale per comprendere limiti e possibilità del progetto contemporaneo, dalla definizione di temi e problemi rilevanti, alla costruzione di un percorso verso la sua ristrutturazione che sappia confrontarsi con la complessità e l'incertezza della condizione presente.

Coerentemente con l'evoluzione del concetto stesso di patrimonio, di OUV e integrità e con i principi fondativi individuati nel Piano di Gestione dei Sassi[16], il metodo proposto intende superare l'approccio consolidato fondato sul concetto di *zoning*, per aprirsi ad una logica relazionale, ecologica, integrata, multiscalare e multitemporale che, attraverso il progetto, possa supportare scenari di sviluppo sostenibile condivisi dalla comunità e dai gruppi, dagli enti locali e dagli stakeholder coinvolti in una temporalità ampia.

Quello che si sta sperimentando, è che si sostrata del contributo di Edgar Morin riguardo all'epistemologia della complessità e della transdisciplinarietà[17], è un metodo di lavoro che, accogliendo la complessità della condizione contemporanea e la molteplicità di attori coinvolti, si configura, riprendendo Umberto Eco, come "opera aperta".

«*Di qui la funzione di un'arte aperta quale metafora epistemologica: in un mondo in cui la discontinuità dei fenomeni ha messo in crisi la possibilità di un'immagine unitaria e definitiva, essa suggerisce un modo di vedere ciò in cui si vive, e vedendolo accettarlo, integrarlo alla propria sensibilità. Un'opera aperta affronta appieno il compito di darci un'immagine della discontinuità: non la racconta, la è. Mediando l'astratta categoria della metodologia scientifica e la viva materia della nostra*

[16] Cfr: Colonna e Fiore, 2014.

[17] Cfr: Morin 1999; Nicolescu 2002.

sensibilità, essa appare quasi una sorta di schema trascendentale che ci permette di capire nuovi aspetti del mondo.»[18]

Il progetto come opera aperta[19] è processo di comprensione multilivello del reale e strumento attraverso cui definire una struttura relazionale che possa sistematizzare diverse possibilità e contribuire, in maniera complessa, ad un progetto condiviso e performativo della *Buffer zone* del sito. Significa, cioè, assumere come fondativo all'interno di questo processo un principio di collaborazione che riguarda le fasi di conoscenza, descrizione, interpretazione, sintesi e ridefinizione progettuale delle relazioni molteplici tra sito, contesto e *Buffer zone*, tra *outside-in* e *inside out*[20]. In questo orizzonte metodologico-operativo, il progetto aperto intende, da un lato, offrire una risposta univoca e chiara da un punto di vista strategico, ma allo stesso tempo, accogliere possibilità attuative molteplici, che saranno realizzate da altri autori in tempi diversi.

Riguardo alla fase di conoscenza e descrizione, sul modello del CROA, verrà sviluppato un atlante operativo che avrà come focus gli *entanglements,* materiali ed immateriali, che legano il sito, la città, e la comunità locale, intersecando conoscenza scientifica e le *endogenous way of knowing*[21] di chi abita i luoghi. L'atlante, immaginato come uno spazio collaborativo, è strumento interpretativo e di messa a fuoco del possibile; una piattaforma inclusiva attraverso cui elaborare quella forma sintetica-relazione che ridefinirà, in maniera dinamica, le relazioni tra sito e contesto e l'architettura stessa della *Buffer zone.*

In una prima fase si cercherà di comprendere attraverso diversi sistemi di mappatura che consentono l'integrazione di differenti tipologie di dati (da quelli di natura scientifica a quelli

---

[18] Eco 1962, pag. 141.
[19] Di Franco 2018, pag. 11-23.
[20] Turner 2009, pag. 17.
[21] ICOMOS, 2019, pag. 97.

che verranno raccolti attraverso processi di mappatura partecipata) le relazioni molteplici tra il sito dei Sassi ed il suo contesto di appartenenza, da un punto di vista ecologico, economico, sociale e culturale, facendo emergere fragilità e condizioni asimmetriche nel presente ma anche nel lungo periodo. L'obiettivo di questa fase riguarda la messa a punto di un sistema di organizzazione e gestione della conoscenza delle ecologie visibili ed invisibili, presenti e passate, che legano il sito al suo contesto e che possa essere implementato nel tempo. Emergerà un intreccio molteplice e dinamico di relazioni materiali ed immateriali che restituirà il quadro della situazione odierna rispetto a temi specifici, e che terrà in considerazione, seppur con un certo margine di aleatorietà, previsioni future, per esempio per quanto riguarda gli sviluppi urbani previsti dai diversi livelli di gestione amministrativa sino agli effetti potenziali del cambiamento climatico. (Fig.4)

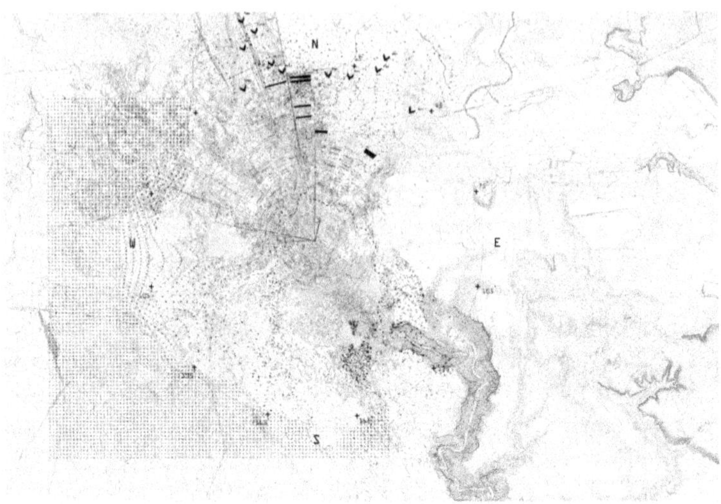

Fig. 4 - Estratto dell'atlante per la ri-definizione in senso complesso della *Buffer zone* del sito UNESCO in cui vengono interferiti flussi e pressione turistica e effetti del cambiamento climatico (elaborazione dell'autore).

A partire da quanto emerso dalla fase di mappatura e dall'ascolto degli interlocutori coinvolti verrà elaborata una forma sintetica-relazionale, una sorta di diagramma strutturale per orientare processi di sviluppo sostenibile nella *Buffer zone* a partire dalle relazioni tra sito e contesto di appartenenza. Il diagramma intende offrire una risposta univoca ma molteplice, individuando vettori di possibilità a cui verranno associate azioni e dispositivi alla scala architettonica e urbana, che altri autori specificheranno nel tempo in coerenza con la visione strategica offerta.

L'idea di fondo è quella di guardare alla *Buffer zone* del sito dei Sassi come uno spazio del possibile, attraverso cui superare l'idea stessa di perimetrazione UNESCO ai fini esclusivi di tutela del sito, ma, attraverso il progetto, diventare laboratorio sperimentale attraverso cui definire ed orientare nuove ecologie che, integrando esigenze di protezione e di trasformazione nella continuità, supportino processi di sviluppo sostenibile.

Bibliografia

Ats Colline di Conegliano Valdobbiadene Patrimonio dell'Umanità (2019). *Management Plan.* Treviso: Ats Colline di Conegliano Valdobbiadene Patrimonio dell'Umanità [online] https://whc.unesco.org/en/list/1571/documents/ [consultato 20 aprile 2023]

Basso Peressut, L. e Caliari, P.F. (2019). *Piranesi Prix de Rome. Progetti per la Grande Villa Adriana.* In edibus-Accademia Adrianea.

Colonna, A. e Fiore, D. (2014). *I Sassi di Matera e il Parco delle chiese rupestri Patrimonio dell'Umanità. Piano di Gestione 2014-2019.* [online]

Di Franco, A. (2018). "Roma opera aperta. L'architettura della metropoli." In *Topografie operative. Ricerche, letture e progetti per l'area metropolitana di Roma*, Di Franco, A., Giacomini, L., Medici, C., Raffa, A., Zanda, C. e Zanni, F. (a cura di), pp.11-23. Milano: Maggioli

Eco, U. (1962). *Opera aperta. Forma e indeterminazione nelle poetiche contemporanee.* Milano: Bompiani.

Folke, C., Carpenter, S.R., Walker, B., Scheffer, M., Chapin, T. e Rockstrom, J., (2010). "*Resilience Thinking: integrating resilience, adaptability and trasformability*", *Ecology and Soiety*, 15(4):20. [online] http:/www.ecologyandsociety.org/vol15/iss4/art20/ [consulato 15 giugno 2023].

Harrison, R., (2012). *Heritage: critical approaches.* London e New York: Routledge.

Harvey, D.C., Perry, J. (2005). *The future of heritages as climates change. Loss, adaptation and creativity.* London e New York: Routledge.

ICOMOS-International Council of Monuments and Sites, (2019) *The future of our Pasts. Engaging cultural heritage in climate action.* Paris: ICOMOS. [online] https://www.icomos.org/fr/themes-dactualite/changement-climatique/59544-icomos-releases-future-of-our-pasts-report-to-increase-engagement-of-cultural-heritage-in-climate-action-2 [consultato 15 giugno 2023].

Martin, O., Piatti, G. (2009). *World Heritage and Buffer Zones. International Expert Meeting on World Heritage and Buffer Zones*, Davos, Switzerland 11-14 March 2008. Paris: UNESCO.

Ministry of Culture and Information (2011). *Nomination dossier.* Bahrain: Ministry of Culture and Information. [online] https://whc.unesco.org/en/list/1364/documents/ [consulato 10 giugno 2023].

Ministry of Culture and Information (2012). *Management Plan.* Bahrain: Ministry of Culture and Information. [online] https://whc.unesco.org/en/list/1364/documents/ [consulato 10 giugno 2023].

Morin, E. (1999). *Seven complex lessons in education for the future.* Paris: UNESCO.

Nicolescu, B. (2002). *Manifesto of Transdisciplinarity.* Albany: State University of New York Press.

Pelling, M., (2011). *Adaptation to Climate Change. From resilience to transformation.* London and New York: Routledge.

Raffa, A. e Tolve, V. (2022). "Sustainable design perspectives for heritages' reconstruction." In *Proceedings of 3rd Valencia International Biennial of Research in Architecture. Changing priorities*, 485-495. Valencia: Editorial Universitat Politècnica de València.

Raffa, A. (2023). "Per un paesaggio-laboratorio climate-resilient nel sito UNESCO delle Colline del Prosecco". In *Il paesaggio agrario italiano. Sessant'anni di trasformazioni da Emilio Sereni a oggi (1961-2021)*, Tosco, C. e Bonini, G. (a cura di). Roma: Viella, pp. 289-298.

Raffa, A. (2021a). "UNESCO vineyard cultural landscape and climate change's resilient adaptation". *Anuari d'Arquitectura Societat Research Journal* 1, pp.16-38.

Raffa, A. (2021b), '*Paesaggi marginali nel paesaggio culturale UNESCO delle Colline del Prosecco di Conegliano e Valdobbiadene. Per una topografia della resilienza al cambiamento climatico*'. In *La Convenzione Europea del Paesaggio vent'anni dopo (2000-2021). Ricezione, criticità e prospettive*, Frank, M., Pilutti Namer, M. (ed. by), Sapere l'Europa, Sapere d'Europa 6, Venezia: Ca' Foscari, pp. 339-347.

UNESCO (2021). *Operational Guidelines for the implementation of the World Heritage Convention.*
Paris: UNESCO. [online] https://whc.unesco.org/en/guidelines/ [consultato 15 giugno 2023].

Tutela, Valorizzazione e Trasformazione. REcuperare, REvalorizzare, REabitare i Sassi di Matera.

Antonella Guida

Architetture è il meditato farsi degli spazi
(Louis L Khan, 1957)

L'importante non è essere moderni, l'importante è essere eterni
(Le Corbusier)

Matera fragile e contemporanea

L'antico è ancor nuovo
(I. Gardella)

La storia di Matera è la storia della sua parte più antica che indica cellule viventi di pietra e scolpite nella pietra. Matera ha origini antiche e l'evoluzione del modello abitativo nel corso dei secoli è stata influenzata dal corso degli eventi, da quelli naturali a quelli antropici, sociali, economici e politici. I Sassi sono un agglomerato urbano spontaneo, costruito nel tempo da artigiani locali, adattando la stratificazione delle case al contesto morfologico dell'altopiano, chiamato 'murgia'. I Sassi di Matera, considerati la culla della civiltà contadina, oggi sono residenze, alberghi, ristoranti, locali commerciali e, molto spesso, compromettono i caratteri originali dei luoghi.

L'evoluzione tipologica abitativa dei Sassi è stata, per definizione, l'esempio caratteristico del cambiamento delle condizioni di vita, causato da cambiamenti naturali e dalla necessità di sfruttare le risorse naturali, tra cui la principale era l'acqua. Nel 1952, lo sfollamento delle grotte e delle case dei Sassi dichiarate malsane e inabitabili, abbandonandole in un processo di inesorabile degrado per oltre quarant'anni, ha causato l'ulteriore e differente evoluzione storico-tipologico di questi rioni.

Il lungo e complesso processo di recupero e rivalutazione del patrimonio architettonico è iniziato solo alla fine degli anni '80 con una complessa ma radicale trasformazione della "moderna immagine statica" del complesso urbano. Ma la storia di Matera è dinamica, si adatta alle esigenze, ai tempi e agli eventi. L'obiettivo oggi però non può non essere la definizione di un nuovo metodo, di un modello di riferimento per il recupero sensibile del patrimonio architettonico attraverso interventi di restauro congrui, compatibili e sostenibili in grado di dare nuova vita alla vocazione originaria, senza compromettere i caratteri originali. Per questo, le nuove tecniche e tecnologie devono supportare le pratiche originali per il riuso funzionale dei siti, in conseguenza dell'individuazione, dello studio, analisi e definizione di parametri unici di giudizio delle opere di restauro/recupero già realizzati. È quindi necessaria una valutazione qualitativa e oggettiva degli interventi di restauro, basata su un'attenta valutazione del significato e sulla conseguente attribuzione dei concetti di congruità e compatibilità, sul loro rapporto e sulle varie e numerose declinazioni.

Oggi è possibile affermare come la città di Matera traduca il significato di città resiliente grazie alla sua capacità di reagire agli eventi, migliorando di volta in volta le proprie condizioni specifiche, rivalutando e potenziando le proprie capacità e le sue caratteristiche essenziali che la rendono uno dei Patrimoni dell'Umanità dell'UNESCO, dal 1993.

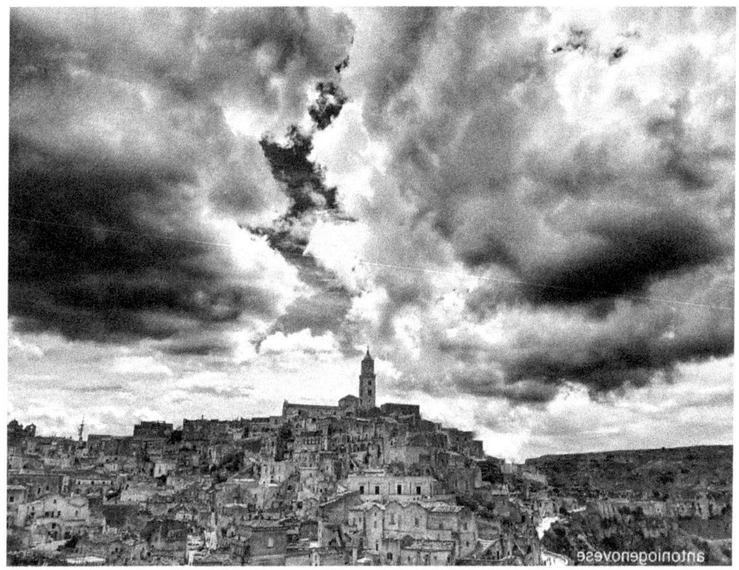

Vista della Civita, Sasso Barisano – fotografia di Antonio Genovese.

In progetti di Restauro/Recupero l'impatto della modernità in un ecosistema così delicato come quello dell'area dei Sassi di Matera può assumere anche aspetti distruttivi. Numerosi sono gli studi e le ricerche condotti in tempi più o meno recenti, da cui emerge la necessità di affrontare il recupero, la rifunzionalizzazione e l'integrazione infrastrutturale, attraverso la comprensione dell'ambiente urbano e l'opportunità di definire un indirizzo culturale, una sorta di codice di comportamento che permetta di ri-abitare questo patrimonio architettonico, in una mediazione ragionata tra esigenze contemporanee e rispetto dell'identità storica.

Ridare vita alle strutture nel rispetto delle esigenze connesse con il vivere moderno, senza alterarne il carattere consolidato nel tempo, con interventi correlati agli originari caratteri costruttivi, tipologici, funzionali e tecnologici, è indispensabile, ma occorre nello stesso tempo mostrare particolare attenzione alla integrazione ed alla sostenibilità dei nuovi interventi.

Dall'osservazione prima, e dalla conoscenza poi del costruito si possono programmare congrui interventi atti a progettare, recuperare, rendere nuovamente fruibili luoghi e spazi del passato. Il principio ordinatore per elaborare un corretto progetto di interventi sul Patrimonio Costruito, si identifica nella precisa ed attenta programmazione di ogni parte del processo di recupero.

Nel generale tema dell'intervento sul costruito si intersecano però, ambiti molto diversi per strategia e metodologie di indagine e di intervento, per oggetti di interesse, per competenze multidisciplinari, per attività operative e per riferimenti normativi e legislativi. Oggi la conservazione del patrimonio culturale richiede lo sviluppo di strategie di protezione preventiva che devono essere sempre più innovative, efficaci, durature ed economicamente sostenibili. Sebbene attualmente esista una normativa che prevede una manutenzione programmata finalizzata alla prevenzione del degrado e alla riduzione dei costi di gestione, ad oggi non esistono strumenti di supporto alle decisioni che aiutino nella pianificazione periodica degli interventi da eseguire. Diventa indispensabile in un programma di gestione di questo patrimonio definire le tecniche e le strategie innovative del processo di manutenzione, focalizzandosi sulla *Smart Capacity* di tale processo. L'intervento di recupero deve essere finalizzato alla reinterpretazione delle preesistenze con una lettura di forme e materiali storici.

Tuttavia, questo approccio non vuol essere avanguardia di statuario immobilismo verso il patrimonio dei Sassi, vorrebbe al contrario, partendo da uno studio e da un'approfondita analisi dei luoghi, proporre un metodo di oggettiva valutazione, interpretazione e intervento sul patrimonio edilizio esistente, facendo della tecnica e della tecnologia lo strumento per la creazione del valore aggiunto.

Il cardine cui l'intera trattazione ruota intorno è il metodo attraverso il quale trasferire le conoscenze del passato alle istanze imposte dal presente e richieste per il futuro. Un idoneo approccio metodologico, quindi, è la chiave di lettura per garantire la continuità processuale del patrimonio costruito. Tale approccio consente di reinterpretare e rileggere il patrimonio dei Sassi di Matera alla luce delle istanze contemporanee. La storia millenaria si deve confrontare con le richieste poste dall'attuale stile di vita.

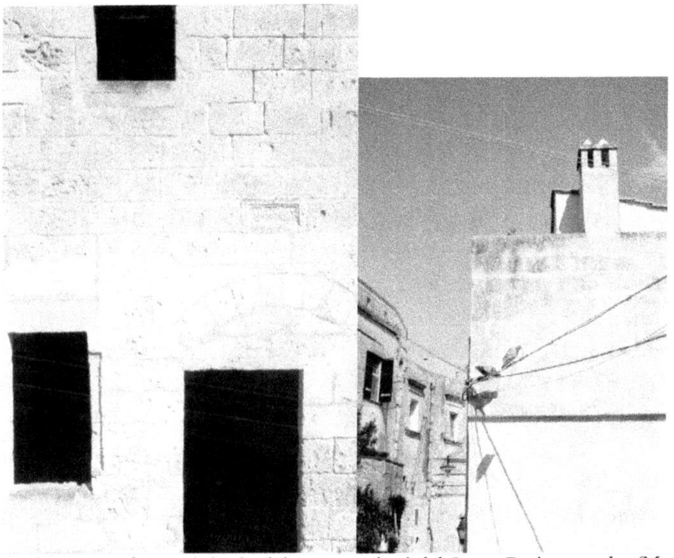

Architetture, elementi tipologici e suggestioni del Sasso Barisano - da: *'Matera - Ho visto Nina volare'*.

Analizzando il contesto nazionale, l'Italia detiene il primato internazionale per numero di Beni Culturali e siti Unesco, ma a fronte di questa ricchezza, emergono alcune criticità in quanto non può essere una mera sede passiva; I Beni

Culturali inevitabilmente necessitano di tutela, conservazione e valorizzazione tramite interventi diretti come il restauro e la manutenzione e interventi indiretti come l'approfondimento e la diffusione della conoscenza. Rinforzare la filiera della conoscenza significa, infatti, incrementare la possibilità di preservare i monumenti sviluppando una cultura della tutela e della conservazione.

E recuperare una città senza tempo piantata su un colle irto e scosceso, vestito di grappoli di case che si diramano dal piano scendendo in cerchi concentrici fino a raggiungere la 'Gravina', e di qui risalgono lungo i fianchi scoscesi dell'attiguo dirupo è un tema oltremodo complesso, una sfida forte e sensibile allo stesso tempo per una città ipogea che vive sotto le cavità del piano.

In un'architettura 'al negativo', gli spazi si creano togliendo materia. Nell'architettura 'al positivo' la materia si aggiunge. Facendo un parallelo con la scultura, una distinzione analoga vi è tra il 'modellare' e lo 'scolpire'. Inoltre, alle due diverse modalità con le quali si plasmano le architetture, corrispondono due distinte sequenze costruttive: nell'architettura 'al positivo' si inizia dal 'basso', ossia dalle fondazioni, in quella 'scavata' si procede dall'alto verso il basso e dal centro verso i lati. La differenza più rilevante, da cui discende un diverso approccio metodologico, è costituita dal fatto che se l'architettura 'al positivo' si evolve generalmente per addizioni che in parte conservano la storia edificatoria pregressa, peraltro rilevabile nella stratigrafia delle strutture, l'architettura 'al negativo' si crea per successive fasi di eliminazione e modellamento della roccia, che obliterano le testimonianze materiali della sua storia costruttiva.

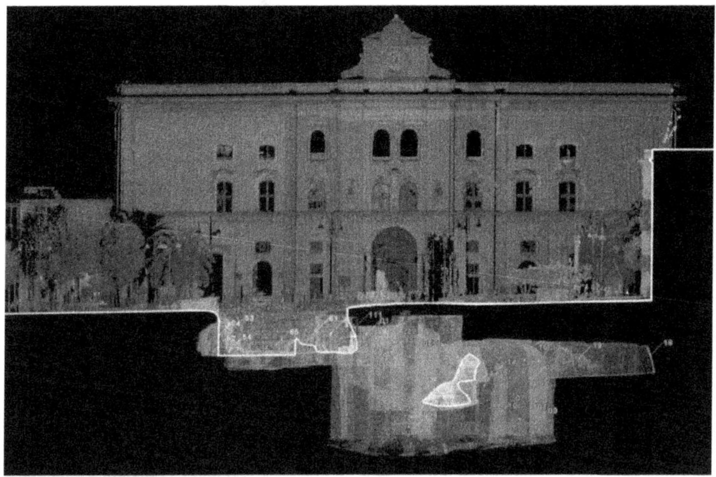

Da ripresa Laser scanner, a cura del Prof.Antonio Bixio

E una città scavata porta con sé problematiche 'uniche' della sua natura 'materiale' e costruttiva che non possono essere ignorate in fase di 'intervento' manutentivo e trasformativo.

Il materiale attiva connessioni direttamente verificabili con la cultura del progetto, con la struttura produttiva dell'architettura con la stessa idea progettuale. (Jean Prouvè 1901-1984)

Le problematiche di degrado e conseguenti manutenzione/sostituzione derivano dalla sperimentazione dei materiali e dalla scarsa conoscenza di 'innovazioni tecnologiche' da una parte, e dalla difficoltà di reperimento di materiali originali e di tecnologie industriali non riproducibili (materiali e prodotto) e difficoltà di applicazione dei materiali o elementi costruttivi di nuova concezione dall'altra, oltre che da una complessità di adeguamenti impiantistici per le nuove funzioni insediate.

Così, il processo di gestione e manutenzione passa per la declinazione di azioni di REcupero, REvalorizzazione e REabitazione che devono necessariamente coniugare

"Composizione, Presupposizione e conoscenza", come affermava Adalberto Libera, di luoghi, spazi, materiali, funzioni.

REabitare, la declinazione di questa azione deve necessariamente prevedere la integrazione di funzioni all'interno dell'intero tessuto dei Sassi come residenza, terziario e ricettività ma con la disciplina di conoscenza di materiali, tecniche, e processi trasformativi adeguati e misurati.

Gli immobili dei Sassi, Unità Minime di Intervento secondo la normativa e le schede tecniche, nella loro caratterizzazione frazionata e differenziata nelle proprietà e nelle destinazioni, possono solo essere pensati in una unica azione strategica che per quanto concerne la sfera del turismo e della valorizzazione, possono essere declinati con azioni di recupero e valorizzazione anche con l'ausilio di Associazioni culturali nazionali sviluppando quell'interesse collettivo di coscienza responsabile e con la capacità delle Amministrazioni pubbliche di delegare alla gestione pubblica.

Programmazione ed azione strategica devono guardare verso azioni che passano dalla ricerca, dalla formazione e dall'azione di preservazione, perché solo con tali sinergie si può immaginare una coesione di intenti verso una valorizzazione consapevole. Alcuni concetti che diventano facilmente "parole d'ordine" nelle strategie di conoscenza per la conservazione sono archivi e raccolta dati e quello *Smart Tourism* che non richiede normative vincolistiche, ma opportunità, controllo consapevole per una eredità attuale e del passato, per una "diffusione e coscienza" della "responsabilità" del Bene Comune che non è "altro da noi".

Suggestioni ed Azioni

A valle di questi minime considerazioni scientifico-metodologiche, mi piace approcciare il mio punto di vista verso un concetto a me da sempre caro di "Modificazione controllata ed un continuo e programmato monitoraggio di intervento CONGRUO/INCONGRUO".

Sempre a livello scientifico le azioni che vedono il mio gruppo di ricerca protagonista sono legate a fasi specifiche. Fase di indagine: realizzare azioni e interventi per la gestione delle risorse disponibili e per l'implementazione delle politiche attraverso lo sviluppo di una piattaforma tecnologica per la pianificazione degli interventi di manutenzione preventiva. Fase diagnostica: realizzata con il supporto della metodologia HBIM (*Heritage* BIM). Il suo scopo è quello di definire uno specifico fenomeno di degrado nel tempo e nello spazio, e di misurarlo per identificare i passi appropriati da intraprendere per le operazioni di manutenzione o restauro. Fase partecipativa: l'obiettivo è lo sviluppo di una piattaforma multimediale, accessibile a ogni tipo di utente. Questa piattaforma dovrebbe consentire lo scambio di informazioni eterogenee, attraverso l'implementazione di sistemi noti per la gestione degli *asset* digitali.

Esito del progetto di ricerca è la piattaforma tecnologica He. Ma. In. (*Heritage Maintenance Innovation*) per la programmazione di interventi manutentivi, improntata sulla ricerca di nuove tecnologie e nuovi prodotti quali una rete di sensori, strumentazioni di misure *in situ* ed *ex situ*, un sistema di *data storage* ed elaborazione, un modello predittivo per la valutazione economica degli interventi e un *software* di *governance* basato su di un sistema di metadati.

Inoltre, l'Università degli Studi della Basilicata segue da anni strategie sull'Osservatorio/Piano di Gestione dei Sassi, in collaborazione con gli uffici tecnici comunali e con l'azione tecnico applicativa di un 'Cantiere scuola' che ha prodotto già sperimentazioni ed esercitazioni didattico-progettuali significative nel processo di affiancamento ai processi di valorizzazione e recupero.

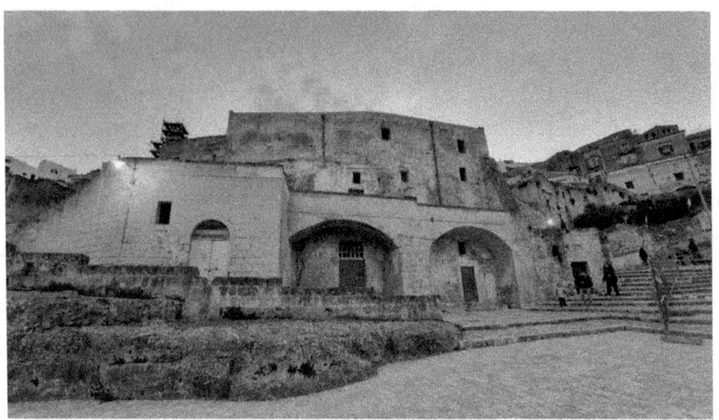

Cantiere Scuola. Complesso recuperato nel Sasso Barisano in via Sant'Antonio Abate – fotografia dell'autore.

A questo punto "quale interazione reale Materiale/Immateriale/morale" oltre gli interventi del caso per caso me verso un piano strategico per i Sassi di Matera? L'ovvio non è logico e nel lento intervenire nel cuore di un tessuto storico prima abbandonato ed ora 'sfruttato' è oltremodo oggi necessario pensare a Matera come ad una città 'speciale' che necessita di 'idee speciali' ed una 'gestione speciale', facile e snella con protagonisti che sappiano oggi più che mai 'riconoscerne il valore'. Solo così, un progetto strategico parte da una natura e da un '*brand* Matera' che deve far conto di una storia millenaria, di una crescita troppo veloce facendo bilanci forse di una vera strategia ad oggi 'mancata'.

Partire da un 'capitale accumulato' di esperienze sempre in crescita 'imparando dal passato' (prossimo e remoto) ed apprendere umilmente. Condivisione, Conoscenza, Coinvolgimento, Formazione, Sostenibilità, Resilienza, sono le colonne portanti di ogni strategia di gestione che prenda l'avvio da impegni e fatti e non da teorici concetti di *Governance* e *Legacy*, che purtroppo e spesso hanno lasciato indietro azioni di saggezza e responsabilità alla base di ogni processo di crescita. Matera come Venezia città speciali e troppo delicate per essere 'consumate senza istruzioni per l'uso'.

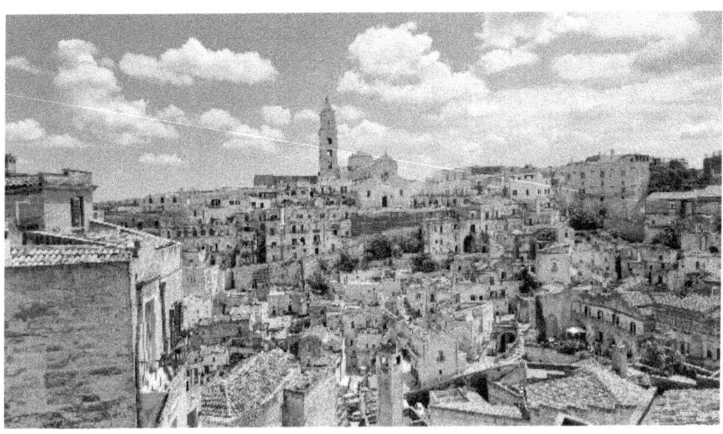

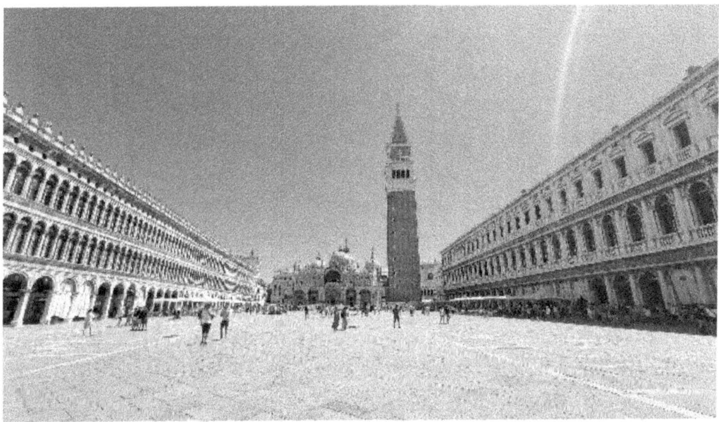

In alto: vista panoramica del Sasso Barisano e della Civita con la Cattedrale di Matera – fotografia dell'autore. In basso: Piazza San Marco, Venezia – fotografia dell'autore.

Gestione, fruizione e manutenzione sono le basi concrete per un processo di fruizione e valorizzazione. 'Cittadini culturali' figli di una Matera 2019 capitale europea della cultura che necessitano ancora di una 'alfabetizzazione culturale' forte per una Regione Basilicata ed una città dove consapevolezza e congruenza devono essere 'ricchezza' e cultura.

E l'Università degli Studi della Basilicata, sacca di sapere, forse troppo spesso ignorata, può e deve essere considerata il fulcro di quella formazione quotidiana, locale con le sue reti di diffusione territoriali ed internazionali per quella sempre dichiarata 'Eredità del passato' e 'patrimoni culturali' della nostra preziosa 'Cultura Mediterranea'.

La naturale vocazione turistica deve diventare l'anima creativa della città ed i Sassi di Matera il vero capitale nella naturale ricchezza intrinseca e universalmente riconosciuta, con 'eventi consapevoli' e congruenti con la naturale fragilità dei luoghi che li ospitano per quella inseguita ma non sempre attuata 'modificazione' controllata figlia responsabile di tutti gli interventi di salvaguardia e rimodellazione dei territori culturali, come Matera e la Basilicata.

Oggi purtroppo leggiamo azioni 'incongruenti' e trasformazioni 'non controllate' nei Sassi di Matera, verso una mercificazione di un bene troppo prezioso, ma l'azione deve avere alla base un mix di gestione e amore perché come diceva Adalberto Libera "comporre presuppone conoscere".

Un altro capitolo di attenzione verso una lettura e percezione consapevole di questo immenso patrimonio dei Sassi di Matera è quello di una necessaria 'digitalizzazione consapevole' per una rete fruibile dei Patrimoni Culturali in sinergia fra gestione, fruizione e trasformazione verso una reale Industria Culturale e Creativa.

Altri temi e concetti fanno del dibattito su Matera oggi pietre miliari verso la 'fluidificazione' di una gestione 'programmata' della città e possono riassumersi nella necessità di un 'Atlante culturale' che contenga allo stesso modo ad es. il cinema ed i suoi itinerari tematici, un nuovo Bauhaus ed una scuola di mestieri e maestranze specialistiche, senza correre verso quella Disneylandizzazione ed eventificio che consuma spazi, tempo e cultura.

Concludendo possiamo solo narrare una 'storia contemporanea' da cittadini e studiosi innamorati e consapevoli, che naviga verso un oggettivo riconoscimento mondiale di una città 'unica' e speciale che necessita della forza di tutti per una concreta azione di "Tutela, Valorizzazione e Trasformazione per REcuperare, REvalorizzare, REabitare i Sassi di Matera".

Bibliografia

A. Conte, A. Guida(2019). *"Patrimonio in divenire. Conoscere, valorizzare, abitare"*. vol.1e2, pp.1-2821, Roma. Gangemi Editore, ISBN 9788849238006.

A. Guida, V. D. Porcari, (2021). *"Modernity and traditionin the Sassi of Matera (Italy).Smart Community and underground (hypogeum)city"*. In JOURNAL OF ARCHITECTURAL CONSERVATION. "Taylor & Francis – London –UK".

A. Guida,V. D. Porcari.(2018). *"Prevention, monitoring and conservation for a smart management of the cultural heritage"*. INTERNATIONAL JOURNAL OF HERITAGE ARCHITECTURE - Vol.1, No.81–10. pp.71-80.Wessex WIT Print. ISSN: 2058-8321(print), ISSN:2058-833X (online).

A. Guida, L. Morero,V. D. Porcari, N. Masini.(2021). *"Knowledge and Big Data: New Approaches to the Anamnesis and Diagnosis of the Architectural Heritage's Conservation Status. State of Art and Future Perspectives"*. In (a cura di): O. Gervasi, B. Murgante, S. Misra,C. Garau, I. Blečić, D. Taniar, B. O. Apduhan,A. M. A. C. Rocha, E. Tarantino, C. M. Torre, Computational Science and Its Applications–ICCSA pp 109-124, Gewerbestrasse (Svizzera), Springer, ISBN: 978-3030-87009-6.

A. Guida, L. Morero, V. D. Porcari.(2021). *"Conoscenzae digitale.Il progetto di restauro del Patrimonio architettonico tra anamnesi e diagnosi"*. In (a cura di): Enrico Sicignano, *Design and construction Tradition and innovation in the practice of architecture*, pp. 676-686, MONFALCONE (GORIZIA): Edicom Edizioni, ISBN: 978-88-96386-62-0.

A.Guida,V.D.Porcari.(2020). *"Mater(i)aeiSassi.Storiaefuturo"*. In R.Nadalin, I Sassi di Matera ieri e oggi. Le fotografie del Fondo Viggiano a confronto con quelle attuali, Edifrafema, (Matera2020), pp.33-45. ISBN: 978-88-98432-34-9.

A. Guida, A. Conte. (2018) *"Smart Cities e comunità di saperi. Strategie per la Conservazione, monitoraggio del Patrimonio e processi di progettazione e manutenzione programmata"*. pp. 325-335. In *Reuso 2018. L'intreccio dei saperi per rispettare il passato interpretare il presente salvaguardare il futuro* - ISBN: 9788849236590.

Gasparoli, P., Talamo, C. (2006) "*Manutenzione e Recupero.*" Aliena Editrice. Enna.

Pracchi, V. (2003) *"Il programma di conservazione: indicazioni di metodo per le attività preventive"*, inAA.VV., La conservazione programmata del patrimonio storico architettonica, Guerini e Associati, Milano.

V. Aulenti, (2021), *"Matera. Ho visto Nina volare"*, EBS Print.

L'integrazione della dimensione tangibile e intangibile nello sviluppo sostenibile dell'ambiente urbano.

Stefania Vitali

Oggi, nella profonda modifica dei modi di vivere, comunicare e abitare - dovuta agli effetti dell'accelerazione dei flussi e della mobilità - sta cambiando anche il rapporto con la città e il senso di benessere che da essa si riesce a trarre. In un panorama culturale dove il recupero dell'identità specifica dei luoghi risulta essere l'unico freno all'inarrestabile processo globalizzante, urge interrogarsi su cosa si intende per identità. Oggi abbiamo la possibilità di essere virtualmente in più luoghi del cyberspazio contemporaneamente, di farci contaminare da paesaggi lontani, di accedere a codici estetici differenti, senza però avere il tempo di far sedimentare profondamente gli stimoli ricevuti, senza il tempo di cogliere 'empaticamente' lo spirito che permea il luogo visitato. Il senso di riconoscimento identitario, di affezione, di appartenenza, non sono determinati solo dalle caratteristiche 'fisiche' del luogo, quanto dai fattori sociali che lì intervengono, o come valore culturale riconosciuto e condiviso (nel caso di paesaggi storici monumentali) o di condivisione quotidiana, "di aggregazione sociale, come una piazza, o i portici, uno stadio di calcio o perfino un mercato"[1], luoghi propri e percepiti come 'familiari'. Il duplice aspetto che sottende la formazione di una identità legata al territorio sembrerebbe comunque legato al concetto di condivisione sociale: uno derivante dalle dinamiche relazionali che investe però maggiormente il luogo, la forma urbana, la capacità di generare reti e relazioni urbane e umane, l'altro più specificatamente legato al paesaggio storico e naturale, di valore 'socialmente condiviso'.

---

1 Caldo C. (1996), Geografia umana, Palermo, Palumbo, 1996 p. 286

I fenomeni dirompenti delle dinamiche globalizzanti non hanno risparmiato affatto i patrimoni urbani storici, mettendo fortemente in crisi il secolare legame tra forma urbana, paesaggio, valori identitari. I paesaggi evolvono per definizione col tempo seguendo i cambiamenti della società, ma non possiamo accettare come male endemico ed imprescindibile tutte quelle trasformazioni che implicano un peggioramento della qualità di vita ed un degrado fisico e percettivo dei luoghi. L'attualizzazione della città storica rimane soffocata, depauperata dalla pressione di traffico, macchine in sosta, insegne commerciali, disordine percettivo, mettendo fortemente in crisi il secolare legame tra forma ed identità. A questo proposito l'architetto olandese Koolhaas apre una riflessione sulla città storica occidentale scrivendo:

«*Quanto più l'identità è forte, tanto più imprigiona, si oppone all'espansione, all'interpretazione, al rinnovamento, alla contraddizione* [...]. *Nella nostra pianificazione concentrica* [...] *l'insistenza sul centro come nucleo di valore e significato* [...] *è doppiamente distruttiva: non solo, infatti, il volume sempre crescente delle aree da esso dipendenti genera una tensione che nel lungo periodo si fa insopportabile, ma il fatto è che il centro deve anche esser costantemente mantenuto, e cioè modernizzato. In qualità di "luogo più importante", paradossalmente deve essere, allo stesso tempo, il più vecchio e il più nuovo, il più statico e il più dinamico.*»[2]

L'atteggiamento di fiducia incondizionata nel progresso tecnico e scientifico degli ultimi due secoli, in un approccio funzionalistico ed 'efficentista', ha portato a modificare l'ambiente urbano sottostimando le ricadute negative dell'azione pianificatoria che introduce infrastrutture, usi, arredi e componenti atti a tenere il passo con modelli e stili di vita

---

[2] Cit. in Ferrando D. T. (2012), *La città come. Storia dell'idea di paesaggio urbano*, tesi dottorato Politecnico di Torino, Facoltà di Architettura, p.176.

contemporanei. Alla base di questo fenomeno vi sono due aspetti: l'incapacità di una lettura complessa della realtà, che porta a discretizzare, scomporre e scompensare ambiti e azioni di sviluppo da una parte, la tendenza a sottovalutare i valori intangibili che sussistono nella fruizione di un territorio, di un paesaggio di un ambiente dall'altra. La sostenibilità sociale ed ambientale degli interventi sta proprio nell'individuazione degli obiettivi che pongono al centro il benessere degli abitanti, oltre che la salvaguardia del patrimonio: per far ciò è essenziale riconnettere il patrimonio immateriale a quello materiale in una soluzione unitaria del medesimo comune problema multidimensionale della realtà.

Le piazze del centro storico di Firenze

Nelle iniziative che mi hanno coinvolto negli ultimi anni ritrovo un minimo comune denominatore proprio nell'esigenza di ricomporre valori intangibili con i temi di tutela e valorizzazione del patrimonio tangibile. Le attività di ricerca svolte in seno ad un gruppo di studiosi e ricercatori dell'Unità di Ricerca PPcP del Dipartimento di Architettura di Firenze, hanno dato vita a cicli di incontri partecipati per definire linee guida ed individuare scenari di intervento per Piazza del Carmine nel 2016 e nel 2018 per Piazza del Cestello a Firenze[3]. Lo spirito di queste ricerche traduce la necessità di conservare le piazze, inserite nel tessuto storico consolidato del Patrimonio Mondiale di eccezionale valore della città, come spazio pubblico da tutelare e preservare, pur nella dinamicità dei cambiamenti della società che li vive.

[3] Cfr. Vitali S. (2017), *Il progetto; La genesi del Progetto,* in DI CINTIO A. (a cura di), *Un progetto per Piazza del Carmine. Linee guida per il progetto di trasformazione di Piazza di Cestello*, Firenze, Tipografia del Comune di Firenze, pp.111-157, 210-215. Cfr. Di Cintio A, Rossi R. (a cura di) (2019) *Un cestello di Idee. Linee guida per il progetto di trasformazione di Piazza di Cestello*, Firenze, Tipografia del Comune di Firenze.

Piazza Santo Spirito e Piazza del Carmine fin dalla seconda metà del 1200, sono stati i due grandi centri intorno ai quali gravitava tutta la struttura della vita e dell'urbanistica dell'Oltrarno fiorentino. L'asse di collegamento delle due piazze nasce dopo per 'sottrazione', con la demolizione degli edifici dell'intero comparto intermedio e giustificato dalla specifica necessità di accompagnare il cittadino in un percorso di ricucitura delle emergenze architettoniche ed urbane allora presenti. Esiste dunque una relazione storico-funzionale dell'asse viario di collegamento delle piazze di origine trecentesca: le strade così conformate, sono nate espressamente "per il diletto dei passanti, il decoro della città"[4].

La ragion d'essere della strada qui sembra dunque quella di creare un cordone di collegamento tra le emergenze architettoniche e lo spazio pubblico delle piazze. Oggi l'asse individuato connette direttamente cinque piazze dell'Oltrarno fiorentino partendo da viale Ariosto - via dell'Orto - via Santa Monaca - via Sant'Agostino - via Mazzetta, fino ad arrivare in prossimità di Piazza Pitti. Il luogo trae forza e senso dall'*enfilade* di stanze urbane che ad oggi conta cinque piazze e culmina in Piazza Pitti. La connessione viaria è nata propriamente per una fruizione dinamica lenta, pedonale, a misura d'uomo, dove il passante poteva effettivamente godere di scorci visuali e rimandi che l'addizione di luoghi notevoli regalava. Attualmente invece, tra le piazze dell'Oltrarno non esiste comunicazione; esse non risentono dell'influenza reciproca, sono 'monadi' inserite in un sistema, dove i flussi delle vie s'interrompono e viene meno la loro ragion d'essere "per il diletto dei passanti". Un'operazione di sarcitura-rammendo del percorso e delle piazze con esso collegate mediante la chiusura quasi totale al transito e il divieto alla sosta porterebbe ad una ritrovata percezione di

---

[4] Fanelli G. (1007), *Firenze,* in *Le città nella storia d'Italia,* Bari, Laterza, p. 42.

riappropriazione da parte delle famiglie e degli utenti in genere delle strade e dei luoghi di aggregazione[5].

Durante i percorsi partecipati la grande lezione che investe non solo i cittadini ma anche chi scrive, è da ritrovarsi nella forte componente formativa, non solo partecipativa che queste esperienze apportano. Si è riscontrato un forte desiderio di riappropriarsi della componente 'rionale' di quartiere che, sebbene consapevoli del valore del patrimonio costituito dai propri luoghi di vita, i residenti sentono totalmente annullata dalla pressione del turismo massificato. Non solo. La strutturazione del percorso partecipativo in incontri formativi alternati a laboratori condivisi, ha contribuito a fornire ai partecipanti informazioni specifiche, rendendoli maggiormente consapevoli delle valenze storiche, visuali e percettive, compositive, culturali dei luoghi e delle architetture. Tutto ciò ha fornito un quadro interessante per la valutazione degli esiti del progetto di ricerca. Dalla narrazione e dalla testimonianza dei partecipanti si evince come questa esperienza condivisa abbia rafforzato maggiormente l'affezione, il senso di appartenenza e di corresponsabilità verso il proprio luogo di vita. Di contro ha permesso al gruppo di ricerca di fissare le priorità, le necessità e i *desiderata* di coloro che fruiscono della città. La richiesta più forte è stata quella di dotare le piazze di arredi che consentissero la sosta, la strutturazione di spazi di relazione e zone ombreggiate, nonché l'introduzione di sculture che potessero costituire anche elementi ludici per i bambini del quartiere.

Il percorso di ricerca mi ha portato a prendere in considerazione alcuni aspetti che ancora troppe volte vengono trascurati nella proposta di recupero di parti storiche della città. Oltre che considerare gli aspetti tecnici e formali del corretto recupero di strutture, caratteri tipologici, materici e cromatici degli interventi di restauro/riuso e recupero dei manufatti storici,

---

[5] Cfr. Vitali S. (2018), *Il sistema di piazze dell'Oltrarno*. In PUMA P. (a cura di), *Firenze, la trasformazione del centro antico* Firenze, Edifir, pp. 104-111.

si deve intervenire partendo dall'individuazione della comunità che quegli spazi vive, comprendere il valore materiale ma anche le attribuzioni di senso e significato, appartenenza e necessità del vivere quotidiano che la comunità esprime. Il dritto alla città e il diritto ad un luogo di vita ove ritrovare e far rifermentare il senso di comunità e la vita di quartiere è uno dei valori più forti e spesso sottovalutati del vivere contemporaneo all'interno di centri storici. Tenendo ben presente l'opportunità per rifondare un "diritto alla città", il lavoro progettuale dovrà scaturire "rigorosamente dalla progettazione di nuovi modelli comportamentali".

«*Progettare 'comportamenti' in luogo di 'involucri' formalistici, siano essi imposti dal potere, o ereditati dall'uso, o dalla stessa 'tradizione del nuovo'.* [...]. *In conclusione, realizzare il passaggio da uno 'spazio formalistico' allo 'spazio vissuto'.*»[6]

La necessità di promuovere la consapevolezza di trovarsi di fronte ad un patrimonio ereditato, di valore storico inestimabile e che deve essere trasmesso alle generazioni future si scontra però con la difficoltà di trasmettere l'importanza e necessità di accoglimento di obiettivi comuni collettivi sui macro-temi di sviluppo. La partecipazione dovrebbe essere impostata, non tanto come una raccolta dei *desiderata* dei cittadini, ma piuttosto come un percorso formativo e trasformativo comune, che da una parte deve rendere i fruitori consapevoli del patrimonio tangibile e intangibile in cui vivono, dall'altro dovrebbe forzare amministrazioni, tecnici, architetti e urbanisti verso soluzioni che nascono dalla vera centratura dei problemi complessi espressi, di ordine sociale, relazionale, ecologico economico, ecc.

---

[6] Rossi A.L., Mazzoleni D. (1994), *Spazio e comportamento* in Zevi B., *Architettura concetti di una controstoria,* Roma, Newton Compton editori, p.72.

Il quartiere di Novoli a Firenze

Altra esperienza partecipativa sempre nella città di Firenze si è svolta del quartiere nord di Novoli fuori dal centro storico e ha visto coinvolta anche la Cattedra Transdisciplinare UNESCO di Sviluppo umano e Pace. Ci si è chiesto se nei contesti di recente formazione, privi di valore storico e percettivo diffuso, dove lo spazio pubblico è 'spazio di risulta' di una parcellizzazione speculativa, è possibile lavorare a ritroso per individuare gli interventi progettuali più appropriati per cercare di creare qualità urbana. In un tessuto come quello del centro storico di Firenze, l'eccezionale valore del patrimonio tangibile è indiscutibile e, dunque, l'operazione proposta è quella di proporre interventi per far riemergere l'autenticità e il valore immateriale intrinseco del contesto. Ma in un luogo dove tale valore non c'è, come si può creare affezione e qualità e benessere?

La Cattedra Transdisciplinare Unesco di Sviluppo Umano e Pace si inserisce nel percorso proponendo un tema specifico per la ricerca per promuovere lo sviluppo sostenibile del contesto urbano e della comunità residente. Lo studio condotto dalla Cattedra assieme ad un gruppo di lavoro costituito da cittadini residenti e da alcuni architetti ed urbanisti del Dipartimento di Architettura di Firenze, prende in esame la realtà locale con un approccio multidimensionale e transdisciplinare che amplia lo spettro di indagine dell'analisi urbanistico-progettuale.

La metodologia scientifica utilizzata è la Ricerca Azione Partecipativa Transdisciplinare (RAP-T), partendo proprio dal problema di come integrare la dimensione tangibile e quella intangibile nello sviluppo sostenibile nel rapporto tra sviluppo locale di Novoli e sviluppo planetario. Partendo dalla narrazione dei residenti sui problemi che affliggono il quartiere, si è proceduto all'analisi dei termini scelti dai partecipanti per estrapolare relazioni ed attribuzioni che in modo evidente non potevano che partire dalla qualità dei luoghi. Essi, infatti, lamentano una gravissima carenza di servizi di quartiere, spazi aggregativi, cattiva manutenzione e scarsa illuminazione delle strade, grande carenza di verde pubblico, difficoltà di spostamento pedonale dovuta alla barriera fisica e percettiva costituita dalle vie di grande scorrimento che tagliano il quartiere in comparti che rimangono 'isolati' gli uni dagli altri ed una 'colonizzazione' da parte di funzioni specialistiche di grande impatto (tribunale, banche, uffici).

Dall'analisi delle narrazioni si è chiesto di scegliere parole singole per descrivere i problemi sopra espressi. Si è poi richiesto di classificare gli elementi analizzati individuandone l'afferenza alle categorie del tangibile e dell'intangibile e successivamente di individuare gli ambiti disciplinari afferenti alle categorie. Da questo particolare approccio è scaturita con grande evidenza la propensione ad associare al racconto termini riferibili a sentimenti, emozioni, funzioni cognitive. Incontro dopo incontro lo sforzo del gruppo ad 'ascoltare' sollecitava la capacità di pensare alla complessità dell'oggetto-città senza mai potersi allontanare dalla narrazione del 'sentire' (queste erano le indicazioni della RAP).

Le implicazioni emozionali, le percezioni, la conoscenza 'senso-motoria' venivano descritte e condivise sempre più nel dettaglio. La discussione ha reso evidente ai componenti del gruppo che la conoscenza senso motoria era un elemento condiviso, suggerendo loro una sorta di base comune dalla quale partire, dalla conoscenza corporea dei luoghi, dalle sensazioni appunto, ciascuno risaliva ad una emozione, influenzata dai vissuti individuali e collettivi. Da quello sforzo è stato cercare, capire, conoscere le ricadute sociali oltre che personali che determinate caratteristiche morfologiche e funzionali del quartiere portavano. Questo continuo esercizio di rimandi empatici e profonde analisi di un sentire collettivo/universale (implicazioni culturali comuni e conoscenza senso-motoria) ha condotto ben presto i singoli componenti del gruppo a svincolarsi dalla mera percezione auto-riferita ed individualistica per arrivare spontaneamente a parlare di 'comunità': da percezione personale a 'sentire comune'.

L'ambito di ricerca-azione, partito da analisi delle caratteristiche dell'ambiente urbano, è stato dunque allargato ai fenomeni legati alla collettività, al sentimento comunitario e all'identità sociale. La 'mente sociale', è risultata essere l'elemento 'matrice' di tutti i termini scelti, l'oggetto di studio di tutte le discipline chiamate in causa nella definizione della categoria dell'intangibile. Dalle narrazioni si sono poi recuperate le buone pratiche di strategie sociali per fare comunità: le azioni di ieri individuano strategie di "resilienza al contesto degradante": dalla biblioteca di quartiere condivisa e gestita come centro promotore di coesione sociale, alla rete di luoghi di relazione intergenerazionale, dalla funzione di servizio ma anche di relazione svolta dai negozi di vicinato (oggi scomparsi), ecc...; le azioni di oggi mutuano le pratiche passate ed introducono nuove strategie. Non potendo intervenire pesantemente su un tessuto urbano già consolidato, si è cercato di inserire interventi di micro-scala per dare una nuova qualificazione allo spazio: ricucire visivamente e fisicamente ove possibile percorsi interrotti, sottolineare e valorizzare le preesistenze storiche presenti ma ad oggi invisibili perché inglobate dal tessuto urbano indifferenziato della speculazione con la riprogettazione degli ambiti limitrofi, cercare polarità nuove con finalità aggregative e di inclusione sociale (il mercato rionale multietnico riproposto come spazio multifunzionale sede di scambio culturale oltre che di merci), introdurre ove possibile l'elemento naturale per riconnettere le aree verdi e consentire la formazione di corridoi ecologici, migliorando così le condizione di confort psicologico, percettivo, aggregativo-relazionale. Gli interventi proposti nascono specificatamente dall'ascolto e dall'analisi di memorie, strategie e vissuti personali, dall'identificazione e affezione derivante dal corredo emozionale e cognitivo dei partecipanti.

Conclusioni

Come si evince dagli esempi riportati afferenti sia alle ricerche strutturate in ambiti urbani storici di notevole valore, sia in contesti di recente formazione squalificati e degradati, dilatare i confini dell'azione speculativa con uno approccio transdisciplinare consente di descrivere meglio i fenomeni che intervengono nella 'realtà multidimensionale'[7].

La conoscenza del territorio, la consapevolezza dei beni comuni da tutelare, la capacità di cogliere aspetti comunitari derivanti dall'affezione dei cittadini verso i luoghi abitati o visitati, aiuta a coglierne valenze estetiche e la carica evocativa, generando un sentimento di piacere ed ammirazione. Il sentimento comunitario, sociale ed estetico, infatti, può e deve essere educato. L'azione partecipativa deve apportare non solo un contributo nell'azione trasformativa del patrimonio tangibile del territorio su cui si innesta, ma deve necessariamente integrarsi con un'azione trasformativa e formativa della popolazione, degli amministratori e dei tecnici, nello sforzo comune di valorizzare i saperi e la dimensione immateriale che una comunità conserva e sviluppa. Si deve lavorare sull'intangibile, scandagliando il potenziale conoscitivo sensomotorio, emozionale e razionale della mente (PoSER)[8].

È solo attraverso l'integrazione delle dimensioni tangibile e intangibile che si può orientare l'azione pianificatoria verso uno sviluppo davvero sostenibile. Attualmente la forte presa in carico dei risultati del percorso della RAP-T da parte dei partecipanti consiste nel portare avanti iniziative culturali e di

---

[7] Cfr. Orefice P. (2019) *Cittadini di un pianeta intelligente: coltivare il pensiero relazionale per la cura della Casa Comune*, in Orefice P. et al. (a cura di), *Coltivare le intelligenze per la cura della casa comune. Scenari transdisciplinari e processi formativi di Cittadinanza terrestre*, Lecce, Pensa MultiMedia Editore.

[8] Cfr. Orefice P. (2020) Lo sviluppo delle discipline. Dall'indistinzione alla complessità, Firenze, FUP.

confronto con l'Amministrazione su tutti i temi sviluppati, arrivando già a far approvare il progetto del mercato e incentivando la valorizzazione degli edifici storici attraverso la sinergia di istituzioni culturali che hanno promosso convegni, eventi culturali e mostre in loco.

Bibliografia

Caldo C. (1996), *Geografia umana*, Palermo, Palumbo.

Di Cintio A. (2017) (a cura di) *Un progetto per Piazza del Carmine. Linee Guida per il progetto di trasformazione di Piazza di Cestello*, Firenze, Tipografia del Comune di Firenze.

Di Cintio A., Rossi R. (2019) (a cura di), *Un cestello di Idee. Linee guida per il progetto di trasformazione di Piazza di Cestello*, Firenze, Tipografia del Comune di Firenze.

Fanelli G. (1997), *Firenze*, in *Le città nella storia d'Italia*, Bari, Laterza.

Ferrando D.T. (2012) , *La città come. Storia dell'idea di paesaggio urbano.*

Dissertazione finale, presentata a conclusione del XXIV Ciclo del Corso di Dottorato di Ricerca in Architettura e Progettazione Edilizia Politecnico di Torino, Facoltà di Architettura.

Orefice P. et al. (2019) (a cura di), *Coltivare le intelligenze per la cura della casa comune. Scenari transdisciplinari e processi formativi di Cittadinanza terrestre*, Lecce, Pensa multimedia editore.

Orefice P. (2020), *Lo sviluppo delle discipline. Dall'indistinzione alla complessità*, Firenze, Firenze University Press.

Puma P. (2018) (a cura di), *Firenze, la trasformazione del centro antico,* Firenze, Edifir.

Zevi B. (1994), *Architettura concetti di una controstoria,* Roma, Newton Compton editori.

Per un laboratorio di sostenibilità: Viggiano verso l'Agenda 2030

Annalisa Percoco

Economia, etica e sostenibilità

Il periodo storico che stiamo attraversando fa emergere, a livello globale come a quello locale, la necessità di ripensare il modello di sviluppo, attraverso la definizione di nuovi paradigmi. Dall'Italia, dall'Europa, dal Mediterraneo, dal mondo intero come dalle nostre piccole comunità locali emergono chiari e inconfutabili segnali di malessere e disagio crescente: crescenti disuguaglianze, crisi economico-finanziaria persistente, perdita di legami sociali connessa a una più ampia crisi del senso di appartenenza a una comunità, degrado ambientale e incertezza sul futuro[1].

La fine del XX secolo ci restituisce una geografia dello sviluppo piuttosto articolata; allo scenario classico che presentava le depressioni di interi continenti (Africa, Asia e America Latina) e la concentrazione della ricchezza nei territori storici dell'accumulazione (Europa e USA) corrispondono spazi più frammentati in cui le gerarchie territoriali propongono nuove povertà negli spazi del centro e peri-centrali e accenni di nuove ricchezze in spazi già inseriti tra i più poveri. La globalizzazione ha, di fatto, finito col disegnare nuove geografie della povertà e delle diseguaglianze, che si pongono alla base dei più recenti conflitti.

Dall'altro, la crisi ecologica sta evidenziando, dopo quattro secoli di sviluppo scientifico volto a realizzare il progetto di una natura totalmente dominata in grado di soddisfare bisogni illimitati e capace di assorbire gli effetti delle azioni umane che

---

[1] Boggio F., Dematteis G., *Geografia dello sviluppo. Diversità e disuguaglianze nel rapporto Nord-Sud*, Torino, UTET, 2002

hanno innescato squilibri naturali, l'immagine di un 'nuovo mondo', di un mondo finito e ostile al proprio sfruttamento, dotato di risorse limitate e di capacità di rigenerazione ridotte. La crisi ecologica sta, di fatto, segnando la fine dell'ideale di una crescita infinita, espressione di una società di consumo e di spreco fondata sulla produzione, l'accumulazione e la distruzione sistematica e illimitata dei beni. Sono, in sintesi, esplosi i limiti qualitativi all'interno delle nostre società, limiti relativi alla capacità di rigenerare relazioni sociali e senso di appartenenza alla comunità e di promuovere e tutelare la coesione sociale.

In questa fase di transizione e di ripensamento del nostro paradigma di sviluppo, sempre più orientato verso la 'modernità sostenibile'[2], è proprio la dimensione della sostenibilità a orientare politiche, azioni e comportamenti. Il concetto di sostenibilità si muove lungo la freccia del tempo, implicando una responsabilità umana inter-temporale e inter-geografica. Sostenibilità implica, infatti, l'impegno delle nostre comunità a progettare il proprio futuro in modo da prevedere, anticipare, innovare, realizzare, praticare e condividere forme diverse di sviluppo che trovino sostanza nell'integrazione delle tre dimensioni: quella economica, intesa come capacità di generare reddito e lavoro per il sostentamento umano; quella sociale, che include l'equità, l'*empowerment*, l'accessibilità, la partecipazione, l'identità culturale e la stabilità istituzionale; e quella ambientale, intesa come capacità di mantenere qualità e riproducibilità delle risorse naturali.

Ripensare il nostro approccio e il nostro modo di vivere nel mondo secondo l'approccio dello sviluppo sostenibile significa conoscere le interconnessioni sistemiche tra ecologia naturale ed ecologia umana. Significa, cioè, acquisire piena consapevolezza del fatto che la scala delle conseguenze delle

---

[2] Rullani E., *Modernità sostenibile. Idee, filiere e servizi per uscire dalla crisi,* Venezia, Marsilio editore, 2010.

scelte umane si è ampliata fino a dimensione planetaria, aprendo nuovi livelli di responsabilità: inquinamento, perdita di biodiversità, rifiuti, deterioramento della qualità della vita umana, esaurimento delle risorse, cambiamenti climatici, sono ormai tutte questioni rientranti nella sfera dell'etica. Non solo; significa anche assumere, da parte delle persone, nuove e precise responsabilità nei contesti in cui si trovano a vivere e operare.

Questo approccio sostenibile alla modernità e allo sviluppo riscopre e conferisce nuovi significati a concetti e termini cruciali che hanno rappresentato il motore delle trasformazioni (economiche, sociali, tecnologiche, scientifiche, culturali, ecc.) degli ultimi tempi: lavoro, capitale, impresa, ma anche benessere, qualità della vita, equità, giustizia, coesione sociale e democrazia.

Lo sviluppo sostenibile al Sud tra territorio e comunità

L'approccio della sostenibilità, più che porsi l'obiettivo di definire una nuova etica, intende orientare la ricerca del bene comune riscoprendo o dando priorità ad alcuni valori che appartengono già al bagaglio culturale della persona e della comunità. In primis, il principio di 'responsabilità'. Nella questione ambientale sono coinvolti seri problemi di equità intra-generazionale, relativi cioè alla suddivisione internazionale non equilibrata delle responsabilità, dei costi e delle conseguenze dei danni ambientali. Né meno seri sono i dubbi circa la qualità e la vivibilità del pianeta che le generazioni del futuro si troveranno a popolare.

L'implicazione del principio di responsabilità nell'ambito dell'approccio della sostenibilità deriva già dall'etimologia del termine 'sostenibilità', dal latino *sustineo* (*sub-teneo*), con il duplice significato di "reggere, non lasciar cadere, mantenere nella sua posizione, fare in modo che una certa cosa sussista", ma anche quello di "portare su di sé, addossarsi, assumere su di sé, farsi carico".

Quindi, conservazione e durata di qualcosa che appartiene al presente da garantire per il futuro, per un verso; assunzione di responsabilità da parte di qualcuno, per l'altro. Un termine ambivalente nel significato che rinvia alla coesistenza di due mondi, quello dell'oggetto (il creato, la natura) che si conserva e si consegna e quello del soggetto (l'uomo e l'umanità in primis) responsabile o corresponsabile della tutela e conservazione del creato[3]. Ovviamente l'assunzione di un impegno morale e di una responsabilità rispetto al presente ma, ancor più, rispetto al futuro, non può che essere l'espressione concreta della coscienza di comunità e di popolo.

Lo squilibrio persistente a livello mondiale, originato e alimentato da sistemi economici iniqui e processi politici poco sensibili, è aggravato da terrorismo internazionale, disastri ambientali, conflitti e tensioni disumane, finanza aggressiva e derive neoliberiste. Tale situazione genera e acuisce una costante e progressiva dispersione sociale che impoverisce la nostra coscienza di comunità, minando le basi della partecipazione democratica dei cittadini.

Varie sono le forme che assume la disuguaglianza: disoccupazione, rinuncia allo studio, dispersione scolastica, carenze infrastrutturali e isolamento del Mezzogiorno, blocco sociale, assenza di ricambio generazionale, povertà delle famiglie, crisi finanziaria, erosione dei diritti di cittadinanza e degli spazi di democrazia. I mille volti della disuguaglianza hanno altrettante fonti da cui originano: illegalità, individualismo valoriale, abitudine ai compromessi, debolezza del rapporto democratico tra cittadini e rappresentanti politici, speculazione finanziaria e contrazione degli investimenti in innovazione sociale, che conduce al graduale isolamento dei più deboli. Questa condizione finisce per emarginare ed escludere socialmente le

---

[3] Zupi M., *Guardare al futuro (con un occhio al presente). La "sostenibilità": significati, idee e sfide politiche*, *Relazione al XVIII Meeting sui Diritti Umani*, Firenze, 10 dicembre 2014.

giovani generazioni, gli immigrati, le donne, i lavoratori meno tutelati, i disabili, le famiglie. Il secondo principio chiamato in causa dalla sostenibilità è, allora, la 'cooperazione', da intendere come una rivoluzione relazionale che ci consenta di riscoprire l'appartenenza a un progetto comune e di aprirci alla condivisione e al sostegno alla realizzazione di ognuno.

Altro principio chiave è la 'partecipazione', dal momento che la sostenibilità implica l'assunzione di decisioni complesse che coinvolgono le esistenze personali e sociali e richiedono, quindi, un esteso livello di coinvolgimento delle persone e delle comunità attraverso le dimensioni sociali e politiche. Sono, queste, dimensioni che non possono trascurare il protagonismo di ognuno, che anima la democrazia e che si nutre del dovere morale di partecipare alla vita sociale. Partecipare è un valore da trasferire alle generazioni future attraverso la testimonianza, aprendo spazi di rappresentanza e di solidarietà ai giovani in cui educarli alla coscienza civica, all'impegno per il bene comune e alla condivisione delle responsabilità tra padri e figli.

La partecipazione e la democrazia chiamano in causa un altro principio fondamentale, quello della 'giustizia sociale'; democrazia e giustizia sociale sono componenti co-essenziali per il perseguimento e raggiungimento sia del bene comune sia in generale dello sviluppo economico-sociale, in una dimensione di equità sociale. La giustizia consiste nel definire la 'giusta misura', cioè nel dare a ciascuno il suo, cioè i diritti irrinunciabili propri dell'essere persona. La giustizia sociale lo fa in nome del bene comune universale, bene di tutti, singoli e comunità intera.

La democrazia (rappresentativa, partecipativa ed economica) solida e stabile deve fondarsi sulla complementarietà tra istituzioni, comunità e mercato e tendere all'applicazione della solidarietà e della sussidiarietà per lo sviluppo, conferendo alle relazioni sociali un ordine universale e stabilendo, quindi, il giusto equilibrio tra interesse personale e bene comune, tra singolo e comunità. Solo in queste condizioni, infatti, la democrazia può costruire bene comune, libertà ed equità per tutti, attraverso la partecipazione di tutti alla gestione dei beni pubblici[4].

D'altro canto, la stessa Enciclica "*Laudato si'*" non si limita a rivolgere unicamente un appello ecologista: in realtà, essa si presenta come una critica radicale rivolta ai valori dominanti, al lento e inesorabile declino di valori, all'incapacità del mondo globale di darsi delle regole comuni di convivenza equilibrata e di rispetto reciproco. È una sorta di dichiarazione di cambiamento culturale per uscire dal paradigma economico basato sullo sfruttamento delle risorse, sui combustibili fossili, sull'eccesso di scarti e in primis sull'eccesso di divario sociale. La democrazia implica l'attività decisionale partecipativa esercitata dai cittadini del presente, mentre a essere più minacciati dai danni ambientali sono proprio i cittadini del futuro, quelli che, ovviamente, non partecipano in alcun modo ai governi democratici di oggi.

In che modo, allora, i cittadini di oggi devono interpretare le proprie responsabilità verso i cittadini di domani? Essere cittadini oggi implica essere consapevoli delle proprie responsabilità nei confronti di sé stessi, degli altri e della casa comune. Rendere giustizia ai cittadini di domani costituisce, in sintesi, una parte assai rilevante dell'impegno democratico. E la cura per il domani è resa possibile dalla natura umana, che esercita sì dei bisogni, ma è, allo stesso tempo, portatrice di valori e, quindi, capace di pensare, discernere il bene dal male, agire e partecipare. La cultura della sostenibilità è la frontiera del nuovo umanesimo e rappresenta oggi una sorta di 'capitale sociale', che indica il grado di coesione civica, la natura dei rapporti di

---

[4] Marseguerra G., *Giustizia sociale, democrazia e sviluppo umano,* in Groppo G. (a cura di), "*La giustizia è la prima via della carità*", Atti del Convegno Annuale dei Soci Italiani, Fondazione Centesimus Annus Pro Pontifice, Cuneo, 2012

collaborazione interistituzionale, l'ampiezza e la profondità dei legami di solidarietà.

Il dibattito sulla globalizzazione da un lato e l'approccio alla sostenibilità dall'altro hanno determinato un intensificarsi delle riflessioni sul ruolo che la dimensione locale assume nei processi di sviluppo. In particolare, emerge drammaticamente quanto sia urgente affrontare e risolvere i ritardi di sviluppo che connotano il Sud e in generale i Sud del Mondo.

Le categorie con cui si affrontano oggi il tema dello sviluppo sono il territorio e la comunità locale, a intendere che un Paese può dirsi sviluppato solo se in maniera armonica si sviluppano tutti i suoi territori e, soprattutto, solo se tutta la sua comunità raggiunge livelli equi di benessere. Il divario Nord-Sud esistente in Italia, così come quello che connota lo spazio geopolitico e geoeconomico a livello globale (Nord-Sud), è indicatore dell'esistenza di un divario territoriale. Il concetto di dualismo sottintende l'esistenza, nell'ambito del sistema economico, di realtà che seguono percorsi differenziati di sviluppo, sia in termini di tassi di crescita del reddito reale pro-capite, sia in termini di trasformazioni socio-economiche, tali da lasciare inalterate nel tempo le differenze tra le relative specificità. Non attivandosi un processo d'integrazione della realtà meno sviluppata con quella più avanzata, il sistema economico nel suo complesso si caratterizza per un processo di sviluppo distorto e inefficiente.

Per promuovere lo sviluppo di un territorio è necessario che siano presenti congiuntamente tre tipi di risorse (o tipi di capitale): risorse finanziarie adeguate (capitale economico), una sufficiente dotazione di spirito civico e di fiducia nell'azione collettiva (capitale sociale) e un sistema politico responsabile e capace di buone politiche (capitale politico). Ciascuno di questi ingredienti è necessario, ma da solo insufficiente ad avviare solidi processi di sviluppo. In particolare, il divario tra Nord e Sud nei servizi essenziali per i cittadini e le imprese rimane ampio e un indicatore chiaro di scarsa democrazia.

Le elaborazioni statistiche denotano un *gap* notevole di qualità nell'istruzione, nella giustizia civile, nella sanità, nei servizi alla famiglia (asili nido, case di cura per anziani e disabili, centri di accoglienza ecc.), nell'assistenza sociale, nel trasporto locale, nella gestione dei rifiuti, nella distribuzione idrica. Alla radice dei problemi del Sud stanno la carenza di fiducia tra cittadini e tra cittadini e istituzioni, l'insufficiente controllo esercitato dagli elettori nei confronti degli amministratori eletti, il debole spirito di cooperazione: è carente quello che viene definito 'capitale sociale'. Assumere nei territori la guida dell'Agenda 2030 significa scegliere di investire per accrescere proprio il capitale sociale locale e rimuovere le trappole del ritardo di sviluppo, in particolare nelle regioni meridionali.

La candidatura UNESCO di Viggiano: un percorso verso il 2030

La declinazione degli SDGs a scala territoriale risulta determinante per definire le strategie di implementazione dell'Agenda 2030 attraverso l'allineamento dei piani di sviluppo locale con gli obiettivi stessi, i *target* e gli indicatori. Questo perché la dimensione locale è il cuore di ogni possibilità di reale sviluppo sostenibile ed è di fondamentale importanza il processo di declinazione degli Obiettivi a livello territoriale per la definizione delle Strategie Regionali dell'Agenda per lo Sviluppo Sostenibile.

La territorializzazione dell'Agenda 2030 rappresenta, così, un importante strumento per far crescere l'attenzione, le conoscenze e l'impegno per trasformare gli SDGs in strategie, politiche, interventi e azioni, così da realizzare passi concreti verso il benessere di tutte le persone le società. L'Agenda è fortemente connotata dall'interconnessione dei 17 Obiettivi, che richiede una forte integrazione delle politiche di settore che tenga in considerazione tutte le dimensioni contemporaneamente, il che implica uno sforzo notevole in termini di pianificazione strategica dello sviluppo.

La multidimensionalità e la forte connessione ne fa un paradigma di sviluppo valido a tutte le latitudini, proponendo di fatto una visione integrata delle politiche e degli attori per valorizzare la costruzione di un percorso di sviluppo sostenibile capace di coniugare la crescita economica con la tutela dell'ambiente e la promozione di principi di inclusione ed equità sociale. La scelta di adottare una tale visione della sostenibilità integrata nelle sue diverse dimensioni permette ai territori e alle comunità locali di cogliere appieno la complessità delle problematiche attuali e i legami che le attraversano e di ricercare soluzioni innovative e alternative per lo sviluppo territoriale.

Certo è innegabile lo sforzo compiuto da quanti (istituzioni, imprenditori, terzo settore, cittadini) includono gli SDGs nei propri programmi a breve e medio periodo, dal momento che non è affatto semplice disegnare politiche adeguate capaci di integrare competenze e prospettive differenti e definire un nuovo modello di sviluppo che superi la mera dimensione quantitativa della crescita economica e punti, piuttosto, su indicatori compositi e multidimensionali.

Allo stesso tempo, però, va detto che l'Agenda 2030 non rappresenta solo un *framework* oneroso, ma fornisce una narrativa condivisa di sviluppo e aiuta le comunità a comprendere le sfide dettate dalla complessità del mondo, contribuendo ad aumentare la consapevolezza generale e a unire e mobilitare tutti gli *stakeholder*.

C'è un ulteriore aspetto da considerare a proposito della scelta di adottare l'Agenda 2030 come "strumento di programmazione dello sviluppo locale" e riguarda il valore educativo e formativo al pensiero integrato e complesso come approccio per leggere, interpretare e affrontare le grandi sfide del nostro tempo.

Infine, un'ultima questione, quella relativa alla necessità di indurre la partecipazione attiva e l'assunzione diretta di responsabilità nella comunità locale, attraverso un processo *bottom-up* capace di generare percorsi di trasformazione sostenibile.

Localizzare gli SDGs va ben oltre che una semplice e meccanica operazione di 'applicazione' su scala locale di un *framework* definito a livello macro. Assumere l'impegno e la volontà di sperimentare sui territori l'Agenda 2030 significa rendere concrete le aspirazioni degli SDGs a comunità, famiglie e individui, in particolare a coloro che sono a rischio di restare indietro. È necessario, quindi, lavorare e incidere sulla dimensione culturale e operare un cambiamento culturale per accrescere la consapevolezza e per il raggiungimento degli stessi obiettivi di sostenibilità. La trasformazione culturale, nell'ottica integrata della sostenibilità, è fondamentale per diffondere quei modelli di produzione e consumo responsabili e per la partecipazione attiva e consapevole della cittadinanza che insieme all'assunzione di responsabilità da parte delle istituzioni rappresentano gli elementi imprescindibili per il conseguimento e l'implementazione degli Obiettivi.

Oggi la cultura, soprattutto nella sua accezione di 'patrimonio' naturale, culturale materiale e immateriale, si configura come una fondamentale risorsa e leva per realizzare lo sviluppo sostenibile dei territori. Nel tempo, la nozione di patrimonio culturale e naturale ha subito un'evoluzione del termine in senso antropologico e antropocentrico sottolineando il legame tra salvaguardia e tutela dei diritti umani. Infatti, oggigiorno, si può parlare anche di diritti culturali, di solidarietà diritto all'ambiente, il diritto allo sviluppo, il diritto a una migliore qualità alla vita: questi, oggi, sono riconosciuti come diritti di terza generazione. L'eredità culturale è intesa come testimonianza di una popolazione, di una cultura e quindi importante da tutelare per le generazioni future. Eredità culturale non sono solo i singoli monumenti, ma anche i contesti in cui essi sono stati edificati: i centri storici, i paesaggi culturali e naturali che testimoniano il modo di vivere di una civiltà in un luogo, l'architettura del diciannovesimo e ventesimo secolo, anch'essa da conservare come importante testimonianza da tramandare alle generazioni future. L'attenzione alle valenze ambientali e paesaggistiche, alla cultura, all'arte e alla sua storia è stata una delle prime attività caratteristiche dell'UNESCO.

In quanto, quindi, componente essenziale delle identità multiple che formano l'umanità, il patrimonio culturale mondiale costituisce l'elemento chiave nella realizzazione di un modello di società che riposa sul riconoscimento delle diversità, sulla mutua comprensione e il consolidamento dei legami sociali, sull'uso ragionevole e intergenerazionale delle risorse culturali e naturali del territorio. Concepito come risorsa, il patrimonio culturale è posto al centro delle logiche di sviluppo sostenibile. Non può esistere valorizzazione senza un'adeguata conservazione e, prima ancora, senza efficaci politiche di tutela dei beni culturali e naturali che impediscano la dispersione del patrimonio e la conseguente difficoltà nella costruzione dell'identità delle comunità locali. Nel contesto sociale che caratterizza oggi il nostro Paese - e secondo le teorie economiche più recenti - la cultura svolge un ruolo fondamentale per procedere nella direzione di uno sviluppo sostenibile. Infatti, soltanto attraverso l'incremento e l'implementazione della produzione culturale e la circolazione d'idee, si può perseguire l'obiettivo - proprio delle politiche di sviluppo sostenibile - di sensibilizzare le comunità locali sulle problematiche della realtà circostante e sulle conseguenze che le azioni di ogni singolo individuo producono su quella realtà locale.

Sono proprio i valori naturali, culturali materiali e immateriali la chiave di lettura attraverso la quale definire, in modo congiunto e partecipato, le linee d'indirizzo per la crescita socioeconomica concreta e duratura nel tempo di una regione, quale la Basilicata, che può e deve far leva su uno dei principali attrattori che possiede.

Il progetto di candidatura avanzato dal Comune di Viggiano (PZ) testimonia che il recupero e la valorizzazione dei beni culturali deve diventare l'asse portante di un diverso sviluppo, anche del turismo: uno sviluppo realmente duraturo nel tempo, capace di generare lavoro e benessere e, al tempo stesso, di accrescere la consapevolezza e la cura, in primis da parte dei cittadini, verso i tesori del territorio. E' proprio la scelta di fare tesoro di qualcosa, di prendere coscienza e ri-affermare la propria eredità culturale, una delle modalità principali per costruire sia un'identità collettiva più culturalmente responsabile, sia uno sviluppo duraturo a partire dal patrimonio culturale.

Il processo di candidatura di Viggiano, che riguarda il Sacro Monte con i suoi sentieri e le sue feste, si carica di valore eccezionale data la particolarità del contesto geografico ed economico in cui nasce. Viggiano, infatti, è sede di un importante sito industriale, un impianto di raccolta e primo trattamento del petrolio estratto dalla rete di pozzi in produzione del giacimento Val d'Agri (il più grande d'Europa in terraferma).

Scegliere, in un simile contesto, di declinare gli obiettivi di sviluppo sostenibile attraverso un processo di candidatura UNESCO di un patrimonio fatto di valori, fede e tradizioni diventa un vero laboratorio dove sperimentare la complessità e le sfide della sostenibilità. Si tratta di un importante investimento sul futuro, di un'azione con un'ottica di lunghissimo periodo, nella consapevolezza che il seme che si sta piantando oggi germoglierà tra qualche anno. Assumere un simile impegno nei confronti di questo territorio attribuisce e crea valore sostenibile al passato ma ancor più al futuro della sua comunità. È un progetto, questo, che impegna la comunità di oggi a prendersi cura del suo patrimonio ambientale e culturale per generare nuovo valore, anche economico.

Bibliografia

ASviS, Urban@it, *L'Agenda urbana per lo sviluppo sostenibile*, 2018. Disponibile al link: http://asvis.it/public/asvis/files/AgendaUrbana.pdf.

ASviS, *L'Italia e gli Obiettivi di Sviluppo Sostenibile*, dicembre 2019.

Boggio F., Dematteis G., *Geografia dello sviluppo. Diversità e disuguaglianze nel rapporto Nord-Sud*, Torino, UTET, 2002.

Cavalli L. (a cura di), *Localizzare l'Agenda 2030: il caso Basilicata*, Percorsi Collana FEEM, 2018.

Giovannini E., *L'utopia sostenibile*, Roma-Bari, Laterza, 2018.

ICOM, OECD, *Cultura e sviluppo locale: massimizzare l'impatto*, 2009.

Palazzi L., Gargiulo T., Sylos Labini M., (a cura di), *Le sostenibili carte d'Italia*, Venezia, Marsilio editore, 2018.

Rullani E., *Modernità sostenibile. Idee, filiere e servizi per uscire dalla crisi*, Venezia, Marsilio editore, 2010.

Steiner, *Localizing the Implementation of the SDGs* (UNDP), 2017.

Stevenson Fionn, Jonathan Ball, *Sustainability and materiality: The bioregional and cultural challenges to evaluation, Local Environment* Vol. 3, Issue 2, 1998.

Sustainable Development Solutions Network, Getting Started with the Sustainable Development Goals, 2015.

UNESCO, *UNESCO science report: towards 2030*, 2016.

Zupi M., *Guardare al futuro (con un occhio al presente). La "sostenibilità": significati, idee e sfide politiche*, Relazione al XVIII Meeting sui Diritti Umani, Firenze, 10 dicembre 2014.

Tecniche sperimentali per l'analisi di vulnerabilità dei siti Patrimonio dell'Umanità

Chiara Biscarini, Lisa Bitossi, Francesco A. Pepe, Lucio Ubertini

Premessa

In un contesto ambientale globale nel quale l'intensificazione dei pericoli naturali ed antropici, quali inondazioni, frane e inquinamento, mette a rischio il patrimonio culturale tangibile e intangibile (Markham *et al*, 2016), la conservazione, manutenzione e gestione di quest'ultimo diventano un tema di imprescindibile importanza per l'intera umanità. Il mutamento delle condizioni ambientali e climatiche (IPCC, 2019) impone alla comunità scientifica un'azione concreta nel ripensare un modello di sviluppo più sostenibile e funzionale alla sopravvivenza del sistema antropico (UN General Assembly, 2015; UN General Assembly, 2015a).

Ad aggravare la condizione ambientale si aggiunge un processo di urbanizzazione estremamente rapido e incontrollato, che inasprisce gli effetti del cambiamento climatico esponendo sempre più persone e beni materiali ai rischi. Secondo quanto riportato dall'ultimo rapporto Onu (UNDESA, 2019), nel 2007 la popolazione urbana mondiale ha superato quella rurale per la prima volta nella storia. Ad oggi, più del 55% della popolazione (ossia 4,2 miliardi di persone) risiede in aree urbane le cui superfici occupano solamente il 2% delle terre emerse. Inoltre, si stima che a metà del XXI secolo la popolazione mondiale raggiungerà i 10 miliardi, di cui circa il 70% vivrà in città, aggiungendo dunque circa 2,5 miliardi di persone alla già ingente popolazione urbana.

Da questa consapevolezza, nel 2018 le undici cattedre italiane del gruppo "Assetto Del Territorio, Sostenibilità urbana, Turismo" (TEST) fondano, presso l'Università per Stranieri di Perugia,il *Centre for Sustainable Heritage Conservation* (SHeC). Il Centro, istituito in Italia con un diretto riferimento alla regione mediterranea, rappresenta un polo di ricerca e formazione, fondato su principi umanistici, relativo al Patrimonio nella sua interezza.

SHeC si pone l'ambizione di riformulare metodologie di ricerca e formazione che superino la frammentazione di saperi, non negando l'importanza della specializzazione e della tecnica ma reinserendole in una visione multidisciplinare e organica della realtà. Obiettivo ultimo del Centro è la proposta di nuove progettualità finalizzate ad elaborare risposte complesse ai problemi globali che interessano il patrimonio culturale mondiale. Il patrimonio tangibile, quale manifestazione fisica nonché veicolo di saperi e competenze, assume nella disgregazione culturale innescata dalla globalizzazione un importante collante del tessuto sociale (UN General Assembly, 2016). È, dunque, attraverso la conservazione, manutenzione e gestione del Patrimonio che SHeC intende ricostruire un legame tra realtà locale e consapevolezza globale per ripensare i paradigmi di sviluppo in un'ottica di sostenibilità sociale, culturale e ambientale.

In questa visione, le attività dei ricercatori che collaborano con il Centro si sono concentrate su azioni che mirano ad incidere concretamente sulla riqualificazione e valorizzazione del patrimonio culturale, con particolare attenzione agli aspetti di vulnerabilità dovuti alla mancata manutenzione ed ai rischi naturali. L'abbandono e il degrado del patrimonio urbano, industriale e rurale hanno causato importanti ripercussioni sull'economia delle aree urbane storiche e dei paesaggi culturali, producendo una drastica riduzione delle attività economiche e produttive.

In un mondo globalizzato caratterizzato dalla smaterializzazione della comunicazione e dell'economia, le città rappresentano un punto di incontro fisico e socializzazione importante nel quale il contatto diretto diventa momento di crescita e di scambio (Glaeser, 2011). I centri storici italiani, grazie al loro valore simbolico-culturale e al loro tessuto urbano sociale hanno tutte le potenzialità necessarie per essere trasformati in centri di imprenditorialità, innovazione e integrazione sociale, raccogliendo le opportunità offerte da settori creativi emergenti come tecnologie digitali ed economia della condivisione. Se valorizzato, il patrimonio culturale può svolgere un ruolo sociale crescente, aiutando a contrastare fenomeni di esclusione e proponendosi come terreno di sperimentazione per nuove forme di cittadinanza attiva che abbiano al centro la cultura.

La tradizionale e fondamentale azione di tutela dei beni culturali, esercitata allo scopo di salvaguardare il nostro patrimonio, può infatti essere ampliata con il pieno coinvolgimento delle comunità locali, contribuendo ad un arricchimento culturale della popolazione, facendola diventare essa stessa custode attiva del patrimonio. Si sviluppano e sedimentano, in questo modo, oltre ad una forma di custodia condivisa efficace, la coesione sociale e il senso di appartenenza al territorio che viene vissuto come bene comune. Le *Guidelines for the citizens involvement in historical sites* (Figura 1) di *Interreg Central Europe* propongono molte modalità di azione per raggiungere un'efficace collaborazione fra cittadini, terzo settore e istituzioni pubbliche e private risultante in una sostenibilità 'totale': sociale ed economica, ma anche ambientale e urbana.

Impedire il degrado, l'incuria e la perdita di identità di un bene culturale significa riattivare una comunità, offrire possibilità di lavoro, generare proposte culturali e creare occasioni virtuose di uso del tempo. Se i beni patrimoniali non vengono adeguatamente valorizzati, si trasformano in breve tempo in spazi degradati e, diventando pericolosi in quanto possibile sede di abusi e di attività illegali o per degrado strutturale, devono essere interdetti al pubblico. Di conseguenza, ci si trova a dover far fronte a un duplice problema: di ordine pubblico (sicurezza urbana) e di riqualificazione fisica del patrimonio che impedisce alle comunità locali di trarre giovamento dal recupero del patrimonio.

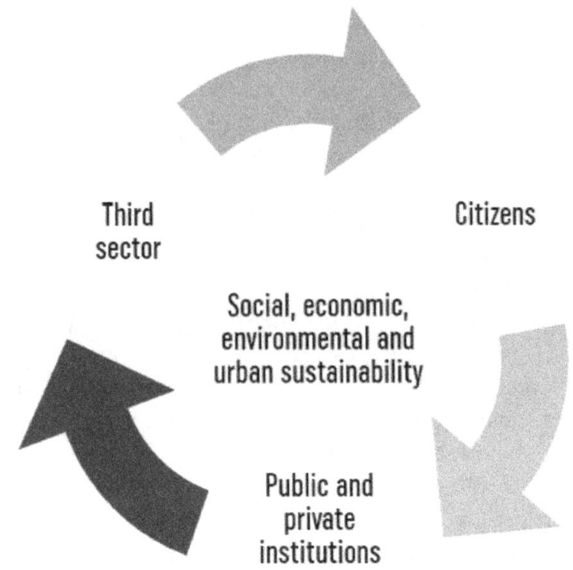

Figura 1 - Guidelines for the citizens involvement in historical sites.

Sfruttando la valorizzazione dei beni monumentali come un insieme di opportunità economiche, sociali e culturali, nel rispetto dell'identità delle aree urbane storiche e dei paesaggi culturali, il presente lavoro si inserisce nell'ottica di attivazione di processi di rigenerazione del patrimonio, che superano modalità decisionali e di implementazione calate dall'alto senza il coinvolgimento della cittadinanza.

Il caso di studio illustrato nei successivi paragrafi riguarda il Ponte Lucano (Tivoli), un ponte di epoca romana costruito nei pressi dell'antica via Flaminia dalla famiglia dei Plauzi. La struttura è parte del complesso dei quattro ponti di epoca romana che attraversano l'Aniene, protagonisti di molteplici avvenimenti storici che hanno caratterizzato l'evoluzione dell'antico Impero Romano. Il ponte è adiacente al Mausoleo dei Plauzi, realizzato dalla stessa famiglia aristocratica, ed è unico nel suo genere in quanto analogo al Mausoleo di Cecilia Metella nei pressi dell'Appia Antica.

Il Ponte è protagonista di molteplici vicende che hanno contribuito all'attuale stato di degrado ed incuria, richiamando l'attenzione di associazioni locali che richiedono la bonifica e riqualifica dell'intera area. L'ipotetico restauro e recupero dell'intero sito contribuirebbe, difatti, ad incrementare le possibilità di rafforzare il tessuto sociale e lo sviluppo economico.

L'analisi e il rilievo sono stati preceduti da un'accurata ricerca bibliografica al fine di inquadrare al meglio l'opera sia nel contesto urbano che storico. Da tale indagine è stato possibile identificare le varie fasi di realizzazione e modificazione del ponte fino ai giorni nostri e mostrare le molteplici criticità dell'intera area. Attraverso il rilievo con APR (aeromobile pilotaggio remoto) sono stati acquisiti un certo numero di fotogrammi che, una volta elaborati, hanno fornito una nuvola di punti. Quest'ultima, essendo georeferenziata, ad ogni suo punto corrisponde una coordinata ben precisa. Inoltre, possedendo le caratteristiche cromatiche e dimensionali proprie del manufatto, la nuvola di punti è stata utilizzata per estrapolare gli ortofotopiani dai quali si è ottenuto il rilievo geometrico, materico e la mappatura del degrado. Altro fine di questa metodologia, oltre alla restituzione grafica visiva utilizzata successivamente per le indagini non-distruttive, è quella della catalogazione.

Successivamente è stata effettuata un'indagine termografica, strutturata in due giornate differenti, al fine di verificare la risposta termica dell'opera in condizioni di irraggiamento solare diretto e in assenza di luce nelle ore pomeridiane in pieno periodo invernale. Dai dati estrapolati dallo studio termografico è stato possibile comprendere l'eterogeneità dei materiali ma soprattutto effettuare un confronto con l'indagine visiva così da comprendere al meglio lo stato di degrado superficiale dell'intera opera. L'ipotesi di effettuare ulteriormente un'indagine con GPR fornirebbe informazioni utili dello stato interno del ponte comprendendo la stratificazione materica che lo compone e come la trave in calcestruzzo armato, realizzata durante il restauro del 1990, interagisce con la struttura originale. Inoltre, dalla ricerca storica bibliografica, è emersa la presenza di almeno due arcate che risulterebbero interrate in corrispondenza dei due argini dell'Aniene (C. Biscarini 2020).

L'area di studio è vincolata perché soggetta a rischio idraulico secondo il vigente piano di assetto idrogeologico.

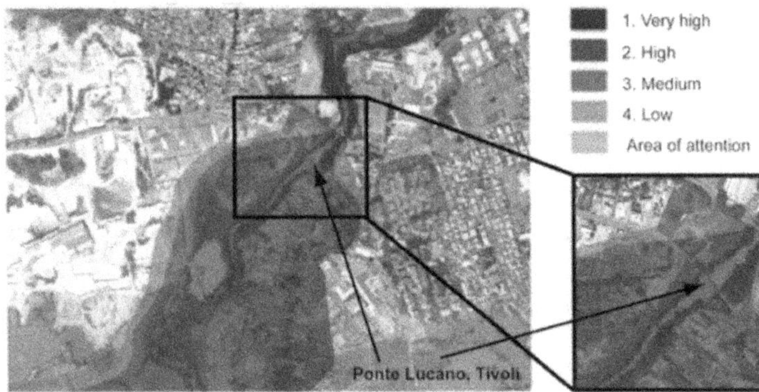

Figura 2 - Delimitazione delle aree di pericolosità idraulica del fiume Aniene nell'area di Ponte Lucano.

Tecniche sperimentali non invasive applicate ai beni storici archeologici: il caso dei Ponti Romani

In una realtà globale sempre più urbanizzata e disumanizzata, il patrimonio culturale è riconosciuto un mezzo imprescindibile di 'riumanizzazione' degli spazi urbani, capace di rivitalizzare il tessuto sociale (UN General Assembly, 2016). Aiutando a contrastare fenomeni di esclusione e proponendosi come terreno di sperimentazione per nuove forme di cittadinanza attiva che abbiano al centro la cultura, il patrimonio culturale può assumere un ruolo sociale crescente nel perseguimento della sostenibilità sociale (Nocca, 2017).

Quello della salvaguardia del patrimonio culturale è ormai un tema attuale molto presente nelle politiche sia a livello europeo, dove la conservazione e salvaguardia del patrimonio culturale rappresenta uno degli aspetti fondanti dell'Unione citato nel Trattato sul funzionamento dell'Unione Europea (Art.167), che internazionale. È, dunque, di fondamentale importanza trovare strategie e strumenti che siano in grado di promuovere il coinvolgimento dei cittadini e di tutti gli attori interessati nei processi di riuso, riqualificazione e rigenerazione del patrimonio culturale. Difatti, solo attraverso un reale confronto fra le parti coinvolte si possono elaborare e implementare strategie d'uso, di promozione e di salvaguardia del patrimonio.

Valorizzazione dei beni monumentali da restituire alla comunità

I ponti storici in muratura compongono una notevole porzione dei beni monumentali storici del nostro paese e, ancora oggi, svolgono una notevole funzione di rete di collegamento viario sia da un punto di vista veicolare che pedonale. Durante il passare dei secoli, molti di essi hanno subito processi di modificazione o reintegri a seguito di particolari episodi storici o correnti stilistiche ma, nella maggior parte dei casi, hanno mantenuto la loro funzione originaria.

È di fondamentale importanza la catalogazione, diagnosi, conservazione e, eventualmente, riuso di questa tipologia di opere in quanto, oltre a garantirne un futuro per le nuove generazioni, sono strettamente collegate al tessuto sociale in cui risiedono. Infatti, molti di essi, continuano a connettere porzioni urbane che altrimenti sarebbero isolate, rappresentando pertanto un elemento fondamentale di riconnessione sociale oltre che storica. Perciò, alcune di queste antiche strutture vengono inserite all'interno di progetti di riqualifica comprendendo sia aspetti propriamente di restauro che di rivalutazione culturale sociale. La finalità è quella di creare dei luoghi di coesione e di appartenenza sociale in connessione con l'ambiente circostante, utili alle generazioni odierne e future.

In aggiunta, vista la particolare composizione architettonica e le molteplici tecniche costruttive che caratterizzano i ponti storici in muratura, essi rappresentano un ottimo strumento di studio per l'applicazione e sviluppo di tecnologie e tecniche di indagini innovative.

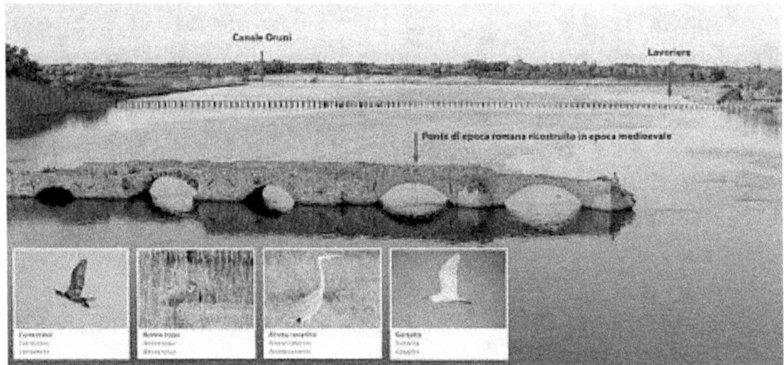

Figura 3 - Ponte romano e della laguna di Calich – Alghero.

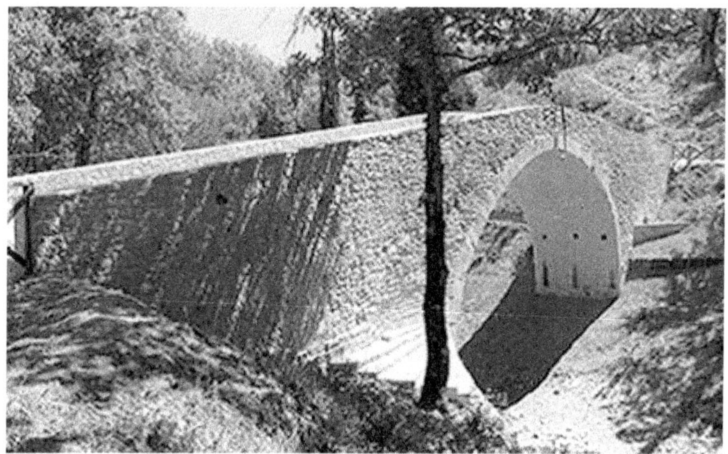

Figura 4: - Ponte "romano" di Pesciano – Umbria.

In Figura 3 e Figura 4 vengono riportati due esempi di come il restauro conservativo dell'opera ha contribuito anche alla riqualifica dell'intera area limitrofa. In particolare, il restauro del ponte romano della laguna di Calich ad Alghero (Figura 3) ha permesso di riqualificare e bonificare la laguna adiacente contribuendo alla creazione di un'oasi naturalistica ricca di fauna e flora. Il restauro conservativo del ponte romano di Pesciano in Umbria (Figura 4), invece, ha consentito di ampliare i percorsi naturalistici di quell'area creando un ulteriore collegamento a quelli già preesistenti aumentando la fruibilità di quell'area.

Valorizzazione dei ponti storici in muratura

Un team dedicato dell'Università di Harvard, composto da studenti, laureati, ricercatori e un professore, grazie a preziosi contributi di studiosi di altre istituzioni ha creato una piattaforma gratuita denominata DARMC (J. A. Richard, 2000). Essa contiene dozzine di strati di dati in diversi geo database, ovvero database i cui dati sono georeferenziati o specificati in termini di gradi decimali di latitudine e longitudine, che individuano le reti stradali romane, i ponti, gli acquedotti, le città e gli insediamenti dell'impero, le installazioni militari romane, i santuari, le miniere e le ville, oltre che insediamenti e i confini delle varie province storiche. L'analisi per determinare la distribuzione dei ponti romani è stata effettuata prima su larga scala, analizzando per intero i territori degli odierni Stati compresi nell'antico Impero Romano (Figura 5,Figura 6).

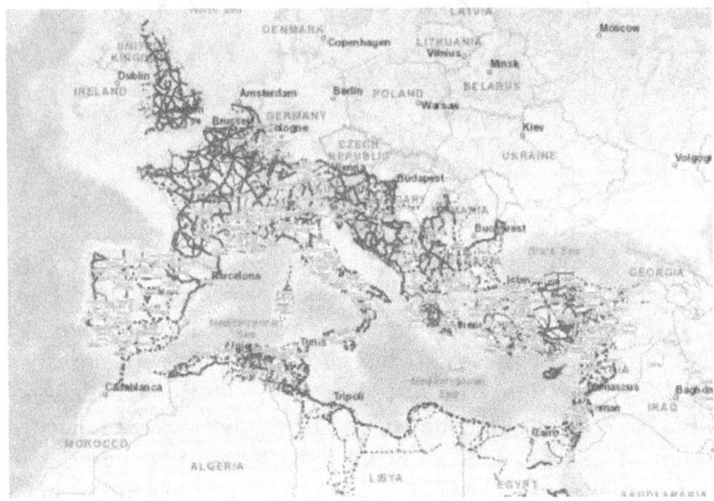

Figura 5 - Distribuzione del reticolo stradale e dei ponti durante l'Impero Romano.

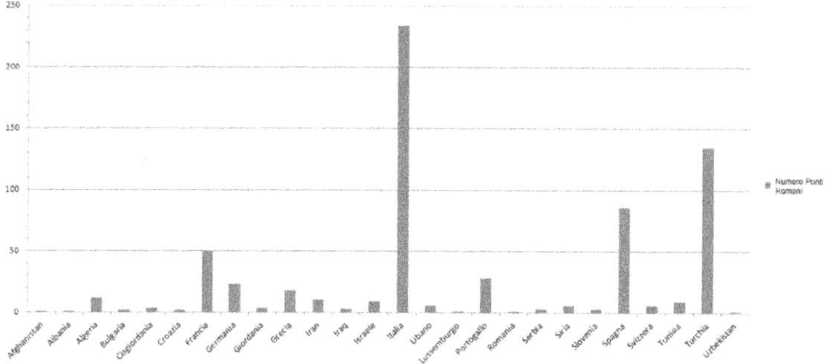

Figura 6 - Analisi della distribuzione dei ponti romani su tutto l'antico Impero Romano.

Tecnologie e metodi di analisi per i beni storici

La scoperta di nuove tecnologie ha permesso di migliorare i metodi di analisi, catalogazione e di rilievo dei beni storici monumentali. In molti casi vi è l'impossibilità di applicare tali metodologie a quei particolari beni monumentali, come per esempio i ponti storici in muratura, che, per le loro dimensioni e collocazione, non permettono all'operatore di effettuare le dovute analisi o misurazioni. Le stesse problematiche possono essere estese a tutti quei beni storici che presentano quelle caratteristiche morfologiche che impossibilitano l'utilizzo dei metodi di rilievo o di diagnosi classici. Negli ultimi anni, inoltre, i sistemi di digitalizzazione e catalogazione dei beni culturali e le tecnologie di connessione telematica di larga scala hanno individuato approcci che tengono sempre più conto delle consuetudini e dei comportamenti degli utenti, così da realizzare sistemi maggiormente *user-friendly* e attraenti.

Ovviamente, l'utilizzo di nuove tecnologie a supporto della documentazione del patrimonio culturale non è sostitutivo dei metodi di studio e catalogazione sino ad oggi applicati, ma integrativo ad essi. La nuvola di punti e i modelli geometrici 3D, per esempio, sono un bagaglio di informazioni che si vanno ad aggiungere alle conoscenze già possedute sul monumento al fine di una sua migliore comprensione. Di seguito sono riportate le principali definizioni delle metodologie di rilievo e di diagnostica. La metodologia di indagine visuale più frequentemente usata oggigiorno è la fotogrammetria aerea utilizzando un mezzo a pilotaggio remoto che consente di ottenere una moltitudine di punti visuali di osservazione che, adeguatamente elaborati, forniscono dati indispensabili al rilievo e alle future indagini da effettuare.

Inoltre, importante nel campo del restauro conservativo, è la necessità di studiare il manufatto in esame con rigoroso rispetto applicando il più possibile indagini che non ledono all'integrità e all'unicità dell'opera. Per questo motivo, le indagini non-distruttivo, o NDT *(Non Destructive Testing)* (Figura 7), permettono di effettuare numerose indagini diagnostiche senza intaccare l'integrità del monumento culturale. Ci sono solo un numero limitato di diversi fenomeni fisici che possono essere usati come prove non distruttive. Per motivi pratici, le prove NDTsono state raggruppate in: suono, radiazione penetrante, elettromagnetismo e ottica. Generalmente le indagini non-distruttive più usate sono con l'utilizzo del georadar, che sfrutta la propagazione di onde radio penetranti, e le indagini con termocamera, in grado di mappare l'andamento superficiale delle temperature. L'unione di tutti i dati raccolti da queste analisi, in aggiunta alle indagini visuali ottenute dalla fotogrammetria aerea, consente di ottenere un report clinico dell'opera in esame.

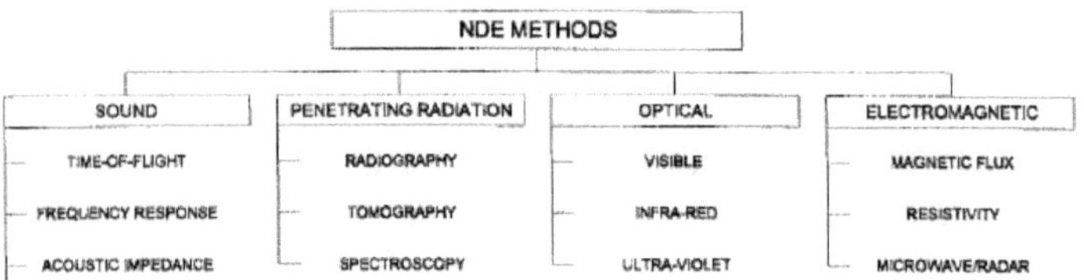

Figura 7: Classicazione dei metodi NDT (Non-Destructive Testin).

I risultati dell'indagine su Ponte Lucano a Tivoli

Il caso preso in esame è il ponte Lucano di Tivoli, un vero e proprio laboratorio didattico. Su di esso sono state effettuate indagini visive tramite la fotogrammetria con APR e, successivamente, grazie agli elaborati estrapolati da queste indagini, analisi termografiche e con il GPR al fine di creare un collegamento solido tra l'indagine visuale e quella qualitativa.

Le nuove tecnologie applicate al Ponte Lucano

La tecnica della fotomodellazione ha consentito di ottenere un rilievo avente un elevato grado di precisione. Questa metodologia ha consentito di creare una nuvola di punti che possiede informazioni di dettaglio del manufatto in esame. Essa possiede le proprietà cromatiche e le caratteristiche dimensionali del ponte stesso. Questo tipo di informazione costituisce quindi a tutti gli effetti una memoria digitale che assume un valore molto importante sia per lo studio storico-architettonico del manufatto sia come base per un eventuale intervento di restauro e consolidamento futuro. L'innovazione e l'efficacia di questo tipo di rilievo risiedono nel fatto che è stato eseguito tramite dispositivi APR e quindi è stato possibile raggiungere completamente quasi ogni parte della struttura in maniera agevole. Gli ortofotopiani ricavati dalla nuvola di punti, costituiscono il rilievo geometrico del ponte. Sulla base di questi è stata eseguita l'analisi materica e una mappatura del degrado della tessitura muraria, svolta in maniera diretta attraverso maschere di colore.

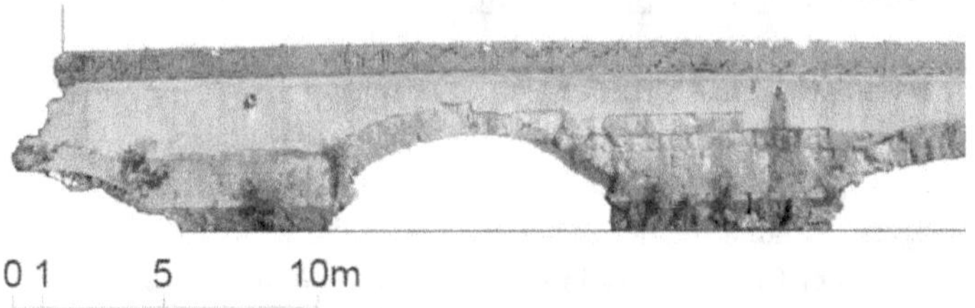

Figura 8 *- Prospetto versante ovest di Ponte Lucano.*

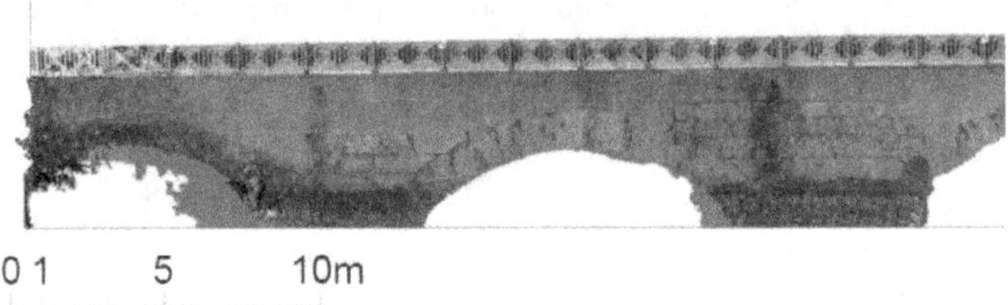

Figura 9 - Prospetto versante est di Ponte Lucano.

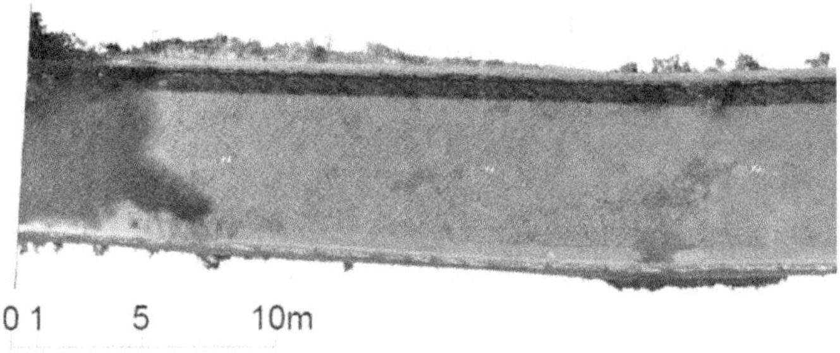

Figura 10 - Pianta di Ponte Lucano.

Successivamente è stato effettuato lo studio del rilievo materico e del degrado del rilievo materico mediante l'utilizzo degli ortofotopiani ottenuti dalla modellazione della nuvola di punti. L'analisi ha permesso di individuare l'eterogeneità dei materiali che compongono il ponte romano e soprattutto ha consentito di effettuare un'accurata mappatura del degrado materico individuando i potenziali punti critici in cui effettuare un futuro processo di restauro conservativo. L'indagine visuale di tipo qualitativa è stata successivamente confrontata con i risultati ottenuti dalle indagini non invasive di tipo georadar e termografica. Di seguito vengono riportate le tavole sintetiche delle analisi precedentemente citate.

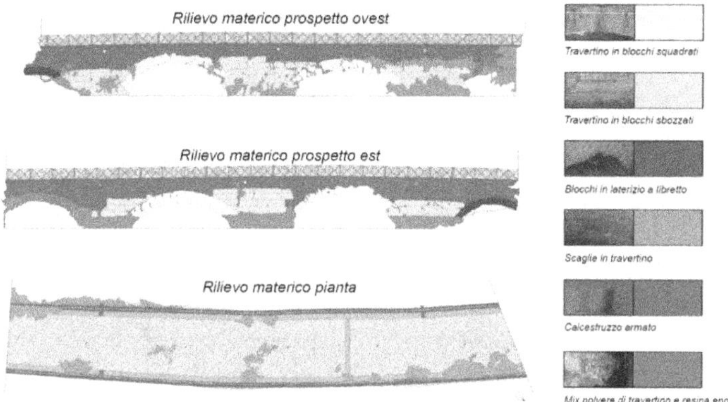

Figura 11 - Rilievi metrico.

Le cause scatenati dello stato di degrado cui è soggetto Ponte Lucano sono riconducibili alla presenza dell'acqua che, sia a causa delle frequenti alluvioni che per motivi metereologici, ha causato principalmente la formazione di patine scure, biologiche e la formazione di vegetazione spontanea.

<u>Indagini non-distruttive applicate al Ponte Lucano</u>

Per quanto riguarda le indagini qualitative, queste sono state effettuate tramite termografia e GPR. L'importanza di questa metodologia di analisi sta nel fatto che, tramite un confronto con le indagini visuali ottenute dal volo APR, è possibile creare un quadro clinico completo dell'opera in esame.

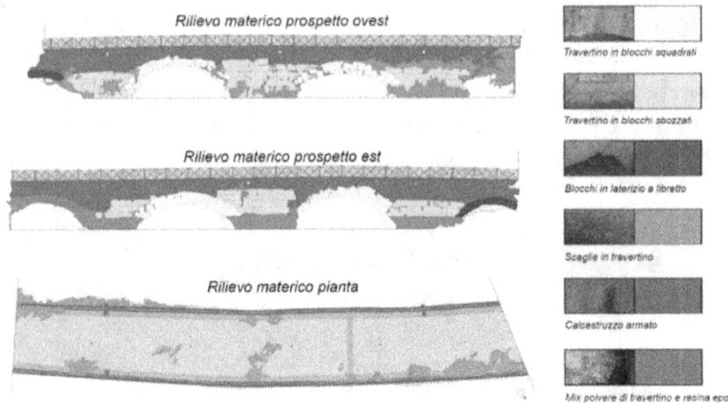

Figura 12 - *Rilievo degrado materico*

Infatti, la termocamera ha fornito informazioni utili sullo stato di fatto delle superfici lapidee in particolar modo ha evidenziato, tramite la disomogeneità termica delle superfici, l'eterogeneità dei materiali evidenziando come lo stato odierno di degrado, cui l'intera struttura è sottoposta, è causato principalmente dalla presenza di ritenzione idrica all'interno dei materiali. Inoltre, la termocamera ha constatato che, durante l'arco della giornata, le pareti del ponte sono soggette a una forte escursione termica, soprattutto nei periodi invernali. Questo, aggiunto al fenomeno di ritenzione idrica, aumenta ulteriormente il rischio di rottura o lesione dei materiali che può tramutarsi in danni più gravi con il passare del tempo. In aggiunta, la termografia ha permesso di evidenziare, da un punto di vista termico, la relazione tra la trave in cemento armato, realizzata nel 1990 a seguito di un restauro, e l'intera struttura originale. Questo ha permesso di constatare che il calcestruzzo armato che sormonta le armille in travertino e le arcate in laterizio influisce molto da un punto di vista termico sulle superfici lapidee. Di seguito viene riportato un confronto fra due indagini termografiche del prospetto est effettuate rispettivamente in fase di irraggiamento diretto (immagine sopra) e in assenza di irraggiamento diretto (immagine sotto) le quali evidenziano l'elevata disomogeneità termica cui il ponte è sottoposto durante le ore diurne, in particolar modo nelle ore di crepuscolo quando il fenomeno di ritenzione idrica è più evidente.

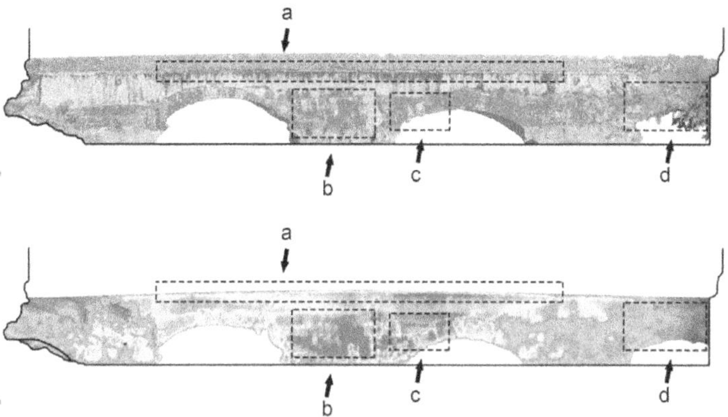

Figura 13 - Degrado materico – particolari.

In Figura 13 viene riportato il confronto fra l'analisi del degrado materico del prospetto ovest con la relativa indagine termografica. Tale confronto consente di evidenziare ulteriormente le aree degradate e le analogie tra queste e la distribuzione termografica corrispondente.

L'indagine GPR ha rappresentato la fase finale di indagine sul campo. Esso ha fornito informazioni utili dello stato interno del ponte comprendendo la stratificazione, come la trave in calcestruzzo armato, realizzata durante il restauro del 1990, interagisce con la struttura originale. Inoltre, è stato possibile identificare due ipotetiche strutture ad arco in corrispondenza della sponda nord, a conferma dell'ipotesi fatta durante la ricerca storico-bibliografica, ed una in corrispondenza del Mausoleo dei Plauzi.

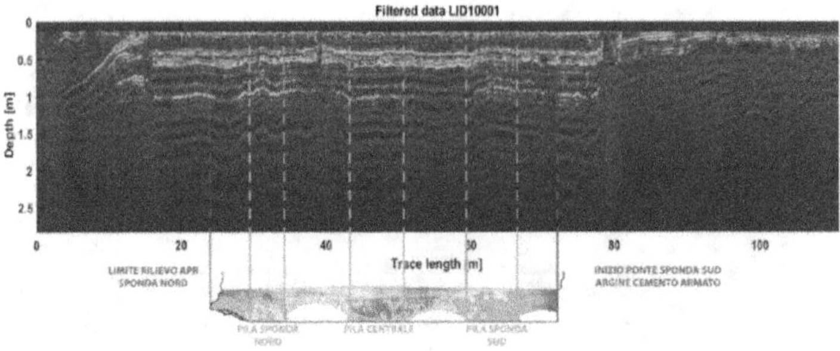

Figura 14 - Analisi termogtafica e georadar.

Il confronto tra l'indagine termografica e quella effettuata con il georadar ha evidenziato delle analogie fra le zone con basse temperature superficiali e dove presentano, nel caso delle analisi georadar, delle attenuazioni del segnale. Questo dato conferma che sicuramente queste zone sono soggette a fenomeni di ritenzione idrica dovute ad un'elevata concentrazione di umidità che con il tempo ha amplificato i fenomeni degenerativi dei materiali lapidei naturali.

Questo lavoro ha confermato come queste metodologie di analisi ed indagine siano estremamente efficaci per estrapolare utili informazioni al fine di effettuare un corretto processo di recupero e restauro dei beni monumentali storici. Inoltre, esse rappresentano un importante mezzo di catalogazione e monitoraggio del patrimonio storico ai fini di ottenere una memoria digitale facilmente accessibile.

Conclusioni e una proposta per Matera

Il lavoro propone tecniche innovative di analisi e diagnosi applicate a strutture in muratura storiche appartenenti al patrimonio culturale nazionale. Il caso preso in esame è il ponte Lucano di Tivoli che si è dimostrato un ottimo laboratorio di ricerca multidisciplinare. Sono state effettuate indagini visive tramite la fotogrammetria con APR e successivamente, grazie agli elaborati estrapolati da queste indagini, analisi termografiche e con il GPR al fine di creare un collegamento solido tra l'indagine visuale e quella qualitativa.

La tecnica della fotomodellazione ha consentito di ottenere un rilievo con un elevato grado di precisione, grazie al quale si è creata una dettagliata nuvola di punti descrittiva del manufatto in esame che possiede le proprietà cromatiche e le caratteristiche dimensionali del ponte stesso. Questo tipo di informazione costituisce a tutti gli effetti una memoria digitale che assume un valore molto importante sia per una ricostruzione studio storico-architettonica ma anche come base per eventuali interventi di restauro e consolidamento. Grazie all'uso della tecnica APR è stato possibile raggiungere ogni punto della struttura in maniera agevole e grazie agli ortofotopiani prodotti è stata eseguita l'analisi materica e una mappatura del degrado della tessitura muraria, svolta in maniera diretta attraverso maschere di colore. Le indagini qualitative, effettuate tramite termografia e GPR, combinate alle indagini visuali, ottenute dal volo APR, hanno contribuito a creare un quadro clinico completo dell'opera in esame. La termocamera ha fornito informazioni utili sullo stato di fatto delle superfici lapidee in particolar modo ha evidenziato, tramite la disomogeneità termica delle superfici, l'eterogeneità dei materiali, evidenziando come lo stato odierno di degrado, cui l'intera struttura è sottoposta, è causato principalmente dalla presenza di ritenzione idrica all'interno dei materiali. La termocamera ha verificato che durante l'arco della giornata le pareti del ponte sono soggette a una forte escursione termica soprattutto nei periodi invernali, la quale, aggiunta alla ritenzione idrica, aumenta ulteriormente il rischio di rottura o lesione dei materiali. La termografia ha permesso di evidenziare, da un punto di vista termico, la relazione tra la trave in cemento armato, realizzata nel 1990 a seguito di un restauro, e l'intera struttura originale. Per finire, l'indagine GPR ha fornito informazioni utili dello stato interno del ponte, comprendendo la stratificazione materica, la presenza di acqua o cavità interne.

Il lavoro svolto può essere messo a disposizione dell'Osservatorio Sassi, ed unirsi alle azioni condotte dalla Cattedra UNESCO dell'Università della Basilicata, guardando a Matera come laboratorio di grande interesse. La conservazione dei beni culturali dal degrado, dal rischio d'inondazione e dalle alluvioni, grazie anche all'applicazione delle tecniche sperimentali illustrate, è un importante obiettivo che contribuisce a "Salvare i Sassi dall'acqua", tema che, dopo i recenti accadimenti che hanno interessato Matera, torna ad essere particolarmente attuale.

Bibliografia

Biscarini C., Catapano I., Cavalagli N., Ludeno G., PepeF.A., Ubertini F. (2020) *UAV photogrammetry, infrared thermography and GPR for enhancing structural and material degradation evaluation of the Roman masonry bridge of Ponte Lucano in Italy*. NDT & E International, 102287, ISSN 0963-8695, https://doi.org/10.1016/j.ndteint.2020.102287.

Glaeser, E. (2011) *Triumph of the City: How Our Greatest Invention Makes Us Richer, Smarter, Greener, Healthier, and Happier.*New York: Penguin Press.

Interreg CENTRAL EUROPE, European Regional Development Fund. *Guidelines for the citizens involvement in historical sites valorisation. https://www.interreg-central.eu/Content.Node/Forget-Heritage/English-1.pdf.*

IPCC (2019) *Climate Change and Land: an IPCC special report on climate change, desertification, land degradation, sustainable land management, food security, and greenhouse gas fluxes in terrestrial ecosystems* [P.R. Shukla, J. Skea, E. Calvo Buendia, V. Masson-Delmotte, H.-O. Pörtner, D. C. Roberts, P. Zhai, R. Slade, S. Connors, R. van Diemen, M. Ferrat, E. Haughey, S. Luz, S. Neogi, M. Pathak, J. Petzold, J. Portugal Pereira, P. Vyas, E. Huntley, K. Kissick, M. Belkacemi, J. Malley, (eds.)]. In press.

Markham A., Osipova E., Lafrenz Samuels K. and Caldas A. (2016)*World Heritage and Tourism in a Changing Climate.* United Nations Environment Programme, Nairobi, Kenya and United Nations Educational, Scientific and Cultural Organization, Paris, France.

Nocca F. (2017) *The Role of Cultural Heritage in Sustainable Development: Multidimensional Indicators as Decision-Making Tool.* Sustainability, 9, 1882.

Richard J.A., Donoghue N., Gibson K., More A.F., Polk M., Bobyricki S., Donoghue N., Dorin R., Gibson K., Gilbert C., Gillis C., Greene T., Kabala J.J., MacRae D., Salazar R., Salikuddin R., Turnator E., WilkinsonR. (2000) Digital Atlas of Roman and Medieval Civilizations, Barrington Atlas of the Greek and Roman World.

United Nations General Assembly (2015) Sendai Framework for Disaster Risk Reduction 2015–2030 (A/RES/69/283). New York.

United Nations General Assembly (2015a) Transforming our world: the 2030 Agenda for Sustainable Development. (A/RES/70/1). New York.

United Nations General Assembly (2016) New Urban Agenda (A/RES/71/256). New York.

United Nations, Department of Economic and Social Affairs, Population Division (UN DESA) (2019) World Urbanization Prospects: The 2018 Revision (ST/ESA/SER.A/420). New York.

ALLEGATI

Nota introduttiva agli Allegati

Angela Colonna, Michele Claudio D. Masciopinto, Grazia Rutica, Dario Sammarro

Sono allegati il Programma e le Locandine delle Giornate ERT 2019, il *Report* della giornata ERT 2019 'in aula', dedicata all'Educazione, e due Schede della stessa, il "Documento Partecipato di Intenti per un Osservatorio partecipato del Sito UNESCO dei Sassi di Matera". Si tratta di materiali che completano la documentazione delle giornate ERT 2019, e che, nel caso dell'attività educativa svolta 'in aula', lascia traccia delle esperienze compiute.

Il Programma e le Locandine delle Giornate ERT 2019 restituiscono il ritmo e la sequenza delle attività, e i nomi di quanti sono stati invitati a intervenire. Nella prima giornata l'attività su "I dispositivi e le pratiche" si è articolata in due laboratori educativi, uno con una classe di studenti della Scuola Media Minozzi Festa di Matera, e l'altro con una classe di studenti universitari di Architettura dell'Università degli Studi della Basilicata. Il secondo giorno, al mattino, si è tenuto il Seminario dal titolo "Le idee per le politiche", dove si sono confrontati esponenti di diverse Cattedre UNESCO, in "Paesaggi Culturali del Mediterraneo e Comunità di Saperi" dell'Università degli Studi della Basilicata, in "Sviluppo Umano e Cultura di Pace" (Cattedra transdisciplinare) dell'Università degli Studi di Firenze, in "Gestione delle Risorse Idriche e Cultura" dell'Università per Stranieri di Perugia, in "Engineering for Human and Sustainable Development" dell'Università degli Studi di Trento, del Centro SHeC COSP, altri docenti universitari, esperti, esponenti della cultura e dell'amministrazione pubblica. Al pomeriggio si è svolta la Tavola Rotonda, con gli interventi di amministratori pubblici e rappresentanti del governo locale, e di esponenti delle Cattedre UNESCO. Nella stessa giornata si è anche tenuta una riunione di lavoro, a porte chiuse, delle Cattedre UNESCO che hanno partecipato ai lavori di ERT 2019. Il terzo giorno è stato dedicato al laboratorio per l'Osservatorio Sassi, con la Conferenza illustrativa di alcuni temi di ricerca per la costruzione sperimentale dell'Osservatorio Sassi, sviluppati dalla Cattedra UNESCO dell'UniBas e da docenti del Dipartimento DiCEM dell'UniBas, il Tavolo di confronto, con i firmatari del Documento Partecipato di Intenti e con i cittadini, la Cerimonia di sottoscrizione del "Documento Partecipato di Intenti per la costituzione dell'Osservatorio Sassi" e la Conferenza stampa, per concludere con l'Annuncio di alcune attività da programmare, tra cui la presentazione del libro *Sassi patrimonio comune* e il primo laboratorio "Porto-Prendo-Scambio". Le quattro locandine delle giornate ERT 2019, allegate, sono state realizzate da Grazia Rutica.

Il *Report* della giornata ERT 2019 'in aula', dedicata all'Educazione, restituisce, per quanto possibile, i contenuti e gli esiti delle esperienze realizzate, e le Schede delle attività compiute nei due *workshop* descrivono i procedimenti seguiti, indicando di ogni esercizio svolto sia i presupposti, che le finalità, le modalità e il percorso, in modo che gli stessi esercizi siano riproducibili, e condivisibili come strumenti didattici.

Il "Documento Partecipato di Intenti per un Osservatorio partecipato del Sito UNESCO dei Sassi di Matera", (già pubblicato nel libro di Angela Colonna, *L'Osservatorio Sassi per la Gestione del sito UNESCO di Matera. Il progetto per l'avvio e il metodo*, Calebasse 2023), è stato redatto a più mani, nell'ambito della Cattedra UNESCO dell'UniBas, durante l'organizzazione dell'evento ERT 2019. Alla sua redazione hanno collaborato anche Grazia Rutica e Dario Sammarro nell'ambito della loro attività di ricerca svolta presso la Cattedra UNESCO (con i due contratti di Borse di Studio bandite dal Dipartimento DiCEM dell'UniBas e co-finanziate da Fondazione Matera Basilicata 2019), e Giovanna Iacovone (docente del DiCEM-UniBas e co-tutor, insieme ad Angela Colonna, dei borsisti Rutica e

Sammarro) per la struttura finale del testo. Il Documento Partecipato di Intenti (preliminare al Protocollo d'Intesa inter-istituzionale), tra soggetti privati e pubblici, è finalizzato alla formalizzazione di un primo nucleo dell'Osservatorio Sassi, caratterizzato da una iniziativa orizzontale e ampia, di diversi soggetti espressione molteplice della comunità, quali sono i firmatari del Documento Partecipato. L'obiettivo del Documento Partecipato è di sollecitare la comunità e, in attesa di una azione dell'Amministrazione comunale per l'istituzione dell'Osservatorio Sassi, di avviare un processo di creazione da parte della comunità di un nucleo dell'Osservatorio centrato sulla partecipazione. Il Piano di Gestione del sito UNESCO di Matera introduce, già nel suo farsi, a strategie per una gestione partecipata dalla comunità che abita il sito-patrimonio, così come, allo stesso tempo, sollecita alla necessità di una armonizzazione tra le politiche espresse dai molti soggetti di governo pubblico che hanno competenza sul sito. La strategia adottata con il Documento Partecipato è di coinvolgere direttamente i cittadini, insieme alle istituzioni. Con questa iniziativa la Cattedra UNESCO, parallelamente impegnata a cercare di stimolare la costruzione di un tavolo di discussione con i soggetti pubblici (Comune in primis) per l'istituzione dell'Osservatorio, cerca di facilitare la creazione di un nucleo di Osservatorio come luogo della partecipazione, con attività in cui i soggetti organizzati della società civile (associazioni, etc.) si impegnino, coordinandosi in rete, in azioni di diffusione e accrescimento della conoscenza del patrimonio UNESCO, di sviluppo della consapevolezza dei cittadini circa il patrimonio e di sensibilizzazione alla partecipazione della comunità. In tal modo le attività del nucleo dell'Osservatorio, in attesa dell'istituzione dell'Osservatorio Sassi previsto dal Piano di Gestione del sito UNESCO come struttura operativa per l'attuazione del Piano, anticiperebbe le auspicate azioni delle istituzioni di governo territoriale, creando i presupposti perché tali azioni possano essere calate in un contesto già allenato a forme partecipative e di auto-coinvolgimento della comunità. La Cattedra UNESCO, proponendo tale impresa, si mette al servizio per raccordare e facilitare l'attività di tale primo nucleo di Osservatorio Sassi. Il progetto di costruzione di un primo nucleo di Osservatorio attraverso il coinvolgimento dei soggetti associativi del territorio ha avuto un drastico rallentamento durante il periodo dell'emergenza pandemica. Allo stesso tempo, nel 2021 nell'ambito della Cattedra UNESCO dell'UniBas viene redatta una proposta di progetto per l'avvio dell'Osservatorio, indirizzata all'amministrazione comunale (pubblicata nel testo già citato, A. Colonna, *L'Osservatorio Sassi per la Gestione del sito UNESCO di Matera. Il progetto per l'avvio e il metodo*). In questa proposta è indicato anche il ruolo dei soggetti firmatari del Documento Partecipato.

Nella terza giornata del programma ERT 2019, quella dedicata al territorio e rivolta principalmente ai cittadini, organizzata in collaborazione con la Fondazione Eni Enrico Mattei (FEEM) e con la Fondazione Sassi di Matera, il Documento Partecipato di Intenti è stato presentato e proposto alla città per essere sottoscritto. I sottoscrittori del Documento Partecipato di Intenti costituiscono una prima lista di soggetti, pubblici e privati, con cui è stato condiviso il documento e a cui è stato proposto di divenire parte attiva dell'attuazione dello stesso, attraverso la sua sottoscrizione. Dei firmatari una buona parte aveva già sottoscritto il Documento nelle giornate ERT 2019 (12-14 dicembre 2019) e nei giorni seguenti. La campagna per la sottoscrizione si è poi bruscamente interrotta nei mesi successivi, con l'avvento dell'emergenza sanitaria e delle disposizioni nazionali di restrizione alla socialità ad essa legate. La Cattedra UNESCO dell'UniBas ha in programma di riprendere tale attività, attraverso la ripresa dell'interlocuzione con l'associazionismo e le organizzazioni che raccolgono la vitalità della società civile materana, ma anche congiuntamente con la ripresa del confronto con le istituzioni pubbliche preposte alla gestione del sito UNESCO dei Sassi.

Programma delle Giornate ERT 19

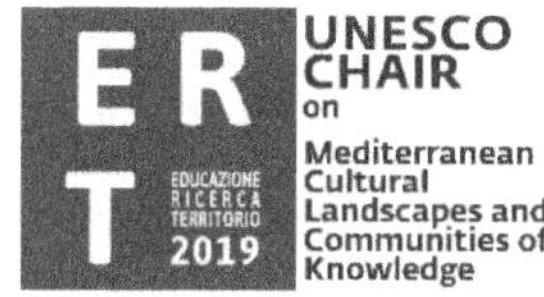

Comunità di saperi e paradigma di sostenibilità
I dispositivi e le pratiche, le idee per le politiche, il laboratorio

WORKSHOP – SEMINARIO/TAVOLA ROTONDA - CONFERENZA

Matera 12-14 dicembre 2019

I dispositivi e le pratiche
giovedì 12 dicembre 2019

Scuola Minozzi Festa, via Lanera, 61
WORKSHOP ore 9,00 – 13,00
con la classe III F della Scuola Media Minozzi Festa di Matera

Campus Universitario, via Lanera, 20 - aula A208
WORKSHOP ore 15,00 – 19,00
con gli studenti di Genealogia dell'Architettura – Corso di Studi in Architettura – Università degli Studi della Basilicata

Conducono e facilitano:
Angela Colonna – Cattedra UNESCO dell'UniBas; Grazia Rutica – team Cattedra UNESCO dell'UniBas; Silvia Palumbo – Istituto Comprensorio Minozzi Festa;
Antonietta Latino Istituto Comprensorio Minozzi Festa

Le idee per le politiche
venerdì 13 dicembre 2019
Sala Conferenze Open Space – Palazzo Annunziata - Piazza Vittorio Veneto
(con riconoscimento di accreditamento per gli insegnanti)

SEMINARIO ore 9,00 – 12,00
Intervengono:

- Aurelia Sole (Rettrice dell'Università degli Studi della Basilicata)
- Ferdinando Mirizzi (Direttore Dipartimento DiCEM – Università degli Studi della Basilicata)
- Angela Colonna (Cattedra UNESCO in Paesaggi Culturali del Mediterraneo e Comunità di Saperi - Università degli Studi della Basilicata)
- Paolo Orefice (Cattedra transdisciplinare UNESCO in Sviluppo Umano e Cultura di Pace - Università degli Studi di Firenze)
- Maria Rita Mancaniello (Cattedra transdisciplinare UNESCO in Sviluppo Umano e Cultura di Pace - Università degli Studi di Firenze)
- Lucio Ubertini (Cattedra UNESCO in Gestione delle Risorse Idriche e Cultura - Università per Stranieri di Perugia; SHeC-COSP)
- Massimo Zortea (UNESCO Chair in Engineering for Human and Sustainable Development - DICAM Department of Civil, Environmental and Mechanical Engineering – Università degli Studi di Trento)
- Annateresa Rondinella (Vice Segretario Generale del CICT - consiglio internazionale del cinema televisione e comunicazione audiovisiva dell'UNESCO)
- Laura Marchetti (coordinatrice del Centro sulla Complessità dell'Università degli Studi di Foggia)
- Giovanni Calia (esperto in Intelligenza Artificiale e Nuovi Media)
- Antonello Faretta (regista, ideatore e direttore artistico MaTerre VR Experience)
- Patrizia Minardi (Ufficio Sistemi Culturali e Turistici della Regione Basilicata)
- Biagio Perretti (Università degli Studi della Basilicata)

RIUNIONE DI LAVORO delle Cattedre UNESCO ore 12,00 – 13,30

TAVOLA ROTONDA ore 15,00 – 19,00
Intervengono:

- Angela Colonna (Cattedra UNESCO in Paesaggi Culturali del Mediterraneo e Comunità di Saperi - Università degli Studi della Basilicata)
- Raffaello De Ruggieri (Sindaco di Matera)
- Salvatore Adduce (presidente Fondazione Matera-Basilicata 2019)
- Marta Ragozzino (Direttrice del Polo Museale della Basilicata)
- Raffaele Vitulli (Materahub, presidente del Cluster Basilicata Creativa)
- Anna Amenta (Provincia di Matera)
- Vincenzo Santochirico (Presidente della Fondazione Sassi di Matera)
- Annalisa Percoco (Fondazione Eni Enrico Mattei)
- Maria Piccarreta (Soprintendente Archeologia, Belle Arti e Paesaggio di Brindisi Lecce e Taranto)
- Amedeo Cicala (Sindaco di Viggiano)
- Erminia Romagnano (Coordinatrice del team per la candidatura a patrimonio immateriale UNESCO a Viggiano)
- Marianna Iovanni (Sindaco di Venosa)
- Ezio Lavorano (Direttore della Biblioteca UNESCO – Comune di Venosa)
- Nunzio Perrone (Assessore alle Culture, all'istruzione e al tempo libero di Altamura)
- Domenico Nicoletti (Direttore del Parco dell'Alta Murgia)
- Maria Rosaria Santeramo (Dirigente scolastico della Scuola Minozzi Festa di Matera)
- Patrizia Di Franco (Dirigente scolastico del Liceo Classico e Artistico "Duni-Levi" di Matera)
- Paolo Orefice (Cattedra transdisciplinare UNESCO in Sviluppo Umano e Cultura di Pace - Università degli Studi di Firenze)

- Maria Rita Mancaniello (Cattedra transdisciplinare UNESCO in Sviluppo Umano e Cultura di Pace - Università degli Studi di Firenze)
- Lucio Ubertini (Cattedra UNESCO in Gestione delle Risorse Idriche e Cultura - Università per Stranieri di Perugia; SHeC-COSP)
- Marina Seghetti (Team Cattedra transdisciplinare UNESCO in Sviluppo Umano e Cultura di Pace - Università degli Studi di Firenze)
- Stefania Vitale (Team Cattedra transdisciplinare UNESCO in Sviluppo Umano e Cultura di Pace - Università degli Studi di Firenze)
- INTERVENTI NON PROGRAMMATI

PROIEZIONE DEL FILMATO
ore 19,15 – 20,00
Il diluvio, di Giancarlo Cauteruccio, performance di arte, dagli scritti di Leonardo da Vinci dedicati all'acqua, nell'anno del Cinquecentenario della morte di Leonardo.

Il laboratorio per l'Osservatorio Sassi
sabato 14 dicembre 2019
Sala Conferenze Open Space – Palazzo Annunziata - Piazza Vittorio Veneto

CONFERENZA ILLUSTRATIVA di alcuni temi di ricerca per la costruzione sperimentale dell'Osservatorio Sassi
ore 9,00 - 11,30

- Angela Colonna (Cattedra UNESCO UniBas): introduce e modera
- Giovanna Iacovone (DiCEM – UniBas)
- Dario Sammarro (borsista Cattedra UNESCO UniBas)
- Grazia Rutica (borsista Cattedra UNESCO UniBas)
- Michele Claudio Masciopinto (dottorando Cattedra UNESCO UniBas)
- Francesca Sogliani e Ester Annunziata (Cattedra UNESCO UniBas)
- Maria Fara Favia (Cattedra UNESCO UniBas)

- Piergiuseppe Pontrandolfi (DiCEM – UniBas), Urban Center
- Luigi Stanzione (DiCEM – UniBas)
- Antonella Guida (DiCEM – UniBas)
- INTERVENTI NON PROGRAMMATI

TAVOLO DI CONFRONTO con i firmatari del Documento Partecipato di Intenti e con i cittadini ore 11,30 -12,30

- Vincenzo Santochirico (Fondazione Sassi): introduce e modera

CERIMONIA DI SOTTOSCRIZIONE del Documento Partecipato di Intenti per la costituzione dell'Osservatorio Sassi e CONFERENZA STAMPA
ore 12,30 -13,30

ANNUNCIO DI ALCUNE ATTIVITA' DA PROGRAMMARE (presentazione del libro *Sassi patrimonio comune*; primo laboratorio "Porto-Prendo-Scambio")

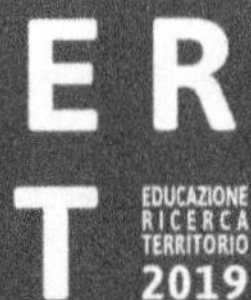

UNESCO CHAIR
on
Mediterranean Cultural Landscapes and Communities of Knowledge

I DISPOSITIVI E LE PRATICHE
a cura di

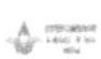

Il workshop è pensato per sperimentare in aula, con la facilitazione di alcuni docenti, una pratica con cui allenare la capacità di riconoscere, organizzare, utilizzare il sapere.

La pratica è la costruzione degli Alberi di Conoscenze (sulla scorta del modello di Michel Authier e Pierre Lévy) per il riconoscimento e la gestione dinamica delle competenze sia individuali che nel gruppo aula. Il workshop, attraverso l'esperienza diretta di utilizzo del dispositivo, prepara il terreno per comprendere alcuni aspetti relativi al sapere individuale, al sapere di un gruppo, alla consapevolezza della struttura del proprio sapere e facilita le intuizioni circa un utilizzo più ampio del proprio sapere.

Dopo la presentazione del dispositivo, la sua ideazione e la sua fortuna, verrà spiegato il procedimento e la finalità del workshop, che verrà guidato e facilitato in aula da alcuni docenti e tutor, e a conclusione verrà raccolto il feedback del gruppo aula.

Con l'esperienza si intende creare un contesto in cui sia possibile prendere coscienza di alcuni aspetti di come funzioniamo, in cui poter avere intuizioni dei propri potenziali, in cui poter sperimentare che esistono dispositivi (strumenti, strategie e procedure) con cui allenare alcune competenze. Nell'era della conoscenza le competenze strategiche sono quelle che ci rendono capaci di sostenere e orientare il cambiamento, per affrontare la sfida del nostro tempo, lo sviluppo sostenibile. Per accogliere e incarnare il paradigma della sostenibilità la sfida è diventare un'umanità sostenibile, capace di utilizzare tutto il sapere, capace di trasfarlo e di condividerlo, una umanità collettivamente intelligente sensibile, consapevole, che evolve.

WORKSHOP - SEMINARIO/TAVOLA ROTONDA - CONFERENZA

COMUNITÀ DI SAPERI E PARADIGMA DI SOSTENIBILITÀ

I DISPOSITIVI E LE PRATICHE, LE IDEE PER LE POLITICHE, IL LABORATORIO

MATERA
12 DICEMBRE 2019

I DISPOSITIVI E LE PRATICHE

Workshop per gli studenti

SCUOLA MINOZZI FESTA
Via Lanera, 61
ORE 9,00 – 13,00

CAMPUS UNIVERSITARIO
Via Lanera, 20 - Aula A208
ORE 15,00 – 19,00

WORKSHOP
con la classe III F della Scuola media Minozzi Festa di Matera

Conducono e facilitano:
Angela Colonna - Cattedra UNESCO
Grazia Rutica - team Cattedra UNESCO
Silvia Palumbo - Istituto Comprensorio Minozzi Festa
Antonietta Latino - Istituto Comprensorio Minozzi Festa

WORKSHOP
con gli studenti del laboratorio di Genealogia dell'Architettura - Corso di studi di Architettura - Università degli Studi della Basilicata

Conducono e facilitano:
Angela Colonna - Cattedra UNESCO
Grazia Rutica - team Cattedra UNESCO

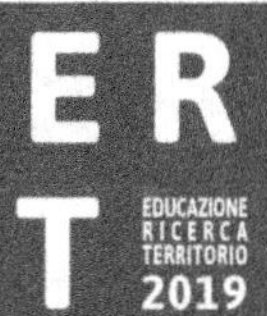

UNESCO CHAIR
on
Mediterranean Cultural Landscapes and Communities of Knowledge

IL LABORATORIO PER L'OSSERVATORIO SASSI
a cura di:

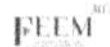

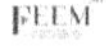

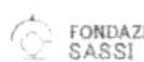

Matera come laboratorio: l'Osservatorio Sassi per la gestione del sito UNESCO di Matera contiene l'idea di "comunità di saperi", un obiettivo per cui costruire luoghi e strumenti, avviare processi, allenare competenze.

Ad un anno dalla conversazione pubblica "Sassi per un nuovo dialogo in città" che si era svolta a Matera all'interno di un programma di tre eventi organizzati in occasione del venticinquesimo anniversario dell'iscrizione dei Sassi nella lista del patrimonio UNESCO (le altre due iniziative avevano per titolo "Patrimonio UNESCO e sviluppo sostenibile: il contributo dei giovani" e "Patrimonio e sviluppo sostenibile per una conoscenza circolare"), si torna a un incontro con la città, portando i risultati di un anno di lavoro intorno all'obiettivo di istituire l'Osservatorio Sassi per la gestione del sito UNESCO.

Verrà presentata alla città la pubblicazione dal titolo "Sassi patrimonio comune", che raccoglie i contributi dalla conversazione pubblica "Sassi per un nuovo dialogo in città"; verrà sottoscritto un Documento Partecipato di Intenti (preliminare al Protocollo d'Intesa) tra soggetti pubblici e privati come formalizzazione per l'avvio dell'Osservatorio Sassi; verranno presentati i primi risultati di ricerche in corso per la definizione della forma giuridica e organizzativa dell'Osservatorio, e per la creazione di un contesto per diventare "comunità di saperi".

Con la collaborazione di:

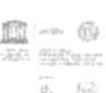

WORKSHOP – SEMINARIO/TAVOLA ROTONDA – CONFERENZA

COMUNITÀ DI SAPERI E PARADIGMA DI SOSTENIBILITÀ

I DISPOSITIVI E LE PRATICHE, LE IDEE PER LE POLITICHE, IL LABORATORIO

MATERA
14 DICEMBRE 2019

IL LABORATORIO PER L'OSSERVATORIO SASSI

Conferenza/Tavolo di confronto/Cerimonia di sottoscrizione

SALA CONFERENZE OPEN SPACE - PALAZZO ANNUNZIATA
Piazza Vittorio Veneto
ORE 9,00 – 20,00

CONFERENZA ILLUSTRATIVA
temi di ricerca per la costruzione sperimentale dell'Osservatorio Sassi
ore 9,00 - 11,30

introduce e modera:
Angela Colonna - Cattedra UNESCO UniBas

interventi di:

Giovanna Iacovone (DICEM – UniBas)
Dario Sammarro (borsista Cattedra UNESCO UniBas)
Grazia Rutica (borsista Cattedra UNESCO UniBas)
Claudio Masciopinto (dottorando Cattedra UNESCO UniBas)
Francesca Sogliani e Ester Annunziata (Cattedra UNESCO UniBas)
Maria Fara Favia (Cattedra UNESCO UniBas)
Piergiuseppe Pontrandolfi (DICEM – UniBas)
Luigi Stanzione (DICEM – UniBas)
Antonella Guida (DICEM – UniBas)

interventi non programmati

TAVOLO DI CONFRONTO
con i firmatari del Documento Partecipato di Intenti e con i cittadini
ore 11,30 -12,30

introduce e modera:
Vincenzo Santochirico - Fondazione Sassi

CERIMONIA DI SOTTOSCRIZIONE
del Documento Partecipato di Intenti per l'avvio dell'Osservatorio Sassi

CONFERENZA STAMPA
ore 12,30 -13,30

ANNUNCIO DI ALCUNE ATTIVITA' DA PROGRAMMARE

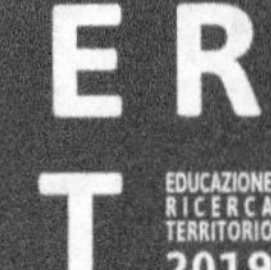

UNESCO CHAIR
on
Mediterranean Cultural Landscapes and Communities of Knowledge

I DISPOSITIVI E LE PRATICHE
a cura di

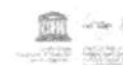

LE IDEE PER LE POLITICHE
a cura di

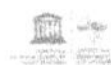
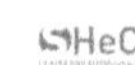

IL LABORATORIO PER L'OSSERVATORIO SASSI
a cura di

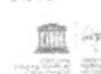
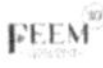
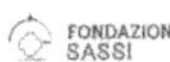

Con la collaborazione di

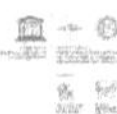

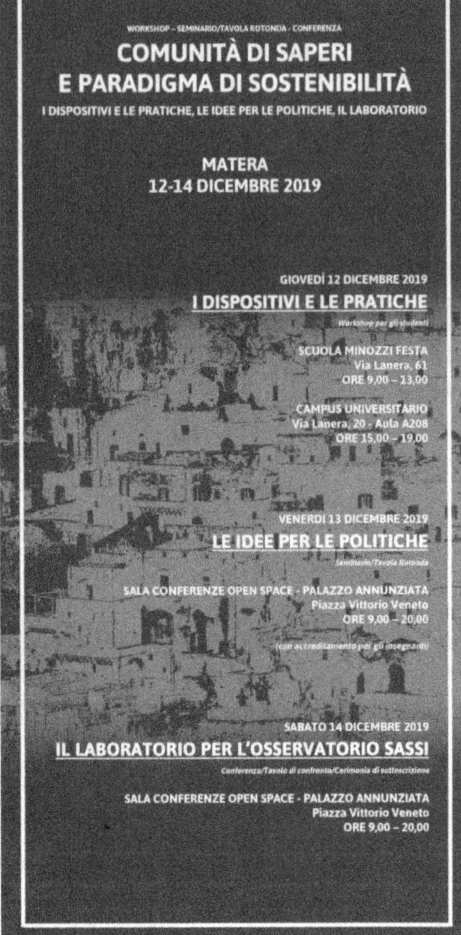

REPORT della giornata ERT 19 'in aula'

Angela Colonna, Michele Claudio D. Masciopinto, Grazia Rutica

Nella prima giornata di ERT 2019, l'attività su "I dispositivi e le pratiche" si è articolata in due laboratori educativi, uno presso la Scuola Minozzi Festa di Matera, con la classe terza F della Scuola Media, e l'altro presso il Campus Universitario di Matera, con gli studenti di Genealogia dell'Architettura (strudenti universitari di primo anno), del Corso di Studi in Architettura, dell'Università degli Studi della Basilicata. Hanno condotto e facilitato i due *workshop* Angela Colonna e Grazia Rutica, per la Cattedra UNESCO dell'UniBas, affiancate nel primo *workshop* da Silvia Palumbo e Antonietta Latino, docenti dell'Istituto Comprensorio Minozzi Festa. Michele Claudio D. Masciopinto ha avuto il compito di 'osservatore'.

I due *workshop*, quello con la classe di studenti di scuola media, e quello con la classe di primo anno del Corso di Studi di Architettura dell'UniBas, sono stati pensati per sperimentare in aula, con la facilitazione di alcuni docenti, una pratica con cui allenare la capacità di riconoscere, organizzare e utilizzare il sapere. La pratica è la costruzione degli 'alberi di conoscenze' (ispirata al modello "Alberi di conoscenza" di Michel Authier e Pierre Lévy) per il riconoscimento e la gestione dinamica delle competenze sia individuali che nel gruppo aula. Il *workshop*, attraverso l'esperienza diretta di utilizzo del dispositivo, ha come obiettivo quello di preparare il terreno per la comprensione da parte dei partecipanti di alcuni aspetti relativi al proprio sapere individuale, al sapere del gruppo, alla consapevolezza della struttura del proprio sapere, aspetti che facilitano le intuizioni circa un utilizzo più ampio del proprio sapere e di quello del gruppo. Nel Piano di Gestione del sito UNESCO dei Sassi di Matera il concetto di 'portatori di saperi' è centrale. La sperimentazione in aula si struttura sulla centralità di tale figura, per esplorare strategie di sviluppo di una comunità come 'comunità di saperi' e di co-costruzione dinamica di 'identità di sapere' alla base della partecipazione.

Con l'esperienza si è inteso creare un contesto in cui fosse possibile prendere coscienza di alcuni aspetti di come ognuno funzioni, ovvero un contesto in cui poter avere intuizioni dei propri potenziali, e in cui poter sperimentare che esistono dispositivi (strumenti, strategie e procedure) con cui allenare alcune competenze. Nell'era della conoscenza le competenze strategiche sono quelle che ci rendono capaci di sostenere e orientare il cambiamento, per affrontare la sfida del nostro tempo, lo sviluppo sostenibile. Per accogliere e incarnare il paradigma della sostenibilità la sfida è diventare un'umanità sostenibile, capace di utilizzare tutto il sapere, capace di traslarlo e di condividerlo, una umanità collettivamente intelligente, sensibile, consapevole, che evolve.

Il *workshop* con la classe di studenti di scuola media si è svolto in aula ed è durato tre ore, ed ha avuto come titolo "Pillole di saperi". Prima di entrare nel vivo dell'attività, c'è stato un primo momento di accoglienza durante il quale sono stati invitano i partecipanti a disporsi in cerchio. I 'conduttori'/'facilitatori' e l''osservatore' (Angela Colonna, Grazia Rutica e Michele Claudio Masciopinto, della Cattedra UNESCO dell'UniBas, coadiuvati da Silvia Palumbo e Antonietta Latino, docenti della Scuola Minozzi Festa) si sono presentati al gruppo, indicando i propri compiti nel *workshop*, e hanno illustrato il programma dell'incontro. Dopo aver presentato brevemente il dispositivo "Alberi di conoscenza" di Authier e Lévy, la sua ideazione e la sua fortuna, sono stati illustrati il procedimento e la finalità del *workshop*. Si è poi passati a una 'fase di riscaldamento', con dei giochi per creare un ambiente accogliente e un clima di disponibilità verso gli altri e di scambio. Si è poi passati alla fase dell'esperienza topica del *workshop*, "pillole di sapere", con la presentazione della procedura e delle regole del gioco. Le regole del gioco consistono in quanto segue: ogni partecipante deve individuare un modulo di conoscenza posseduta, da trasmettere ad un'altra persona del gruppo in modo efficace nel tempo di dieci minuti; vengono affissi su una bacheca i post-it con ognuno il titolo di un modulo di sapere; ogni partecipante sceglie uno o più moduli che vuole apprendere; inizia lo scambio, in coppia (o in piccoli gruppi), in cui tutti ricevono e tutti trasferiscono, fino a quando tutti i moduli sono stati insegnati e tutti hanno appreso uno o più moduli; a conclusione si torna tutti in cerchio, dove ognuno condivide sull'esperienza, e viene raccolto il *feedback* del gruppo aula.

Quindi l'esperienza porta ogni partecipante a dover, in un tempo breve, scandagliare e scegliere tra i propri saperi (di qualunque tipo, e rivenienti da qualunque ambito della propria vita), un sapere di cui ha sufficiente padronanza, tanto da essere in grado di trasferirne con successo una quantità commensurata al tempo a disposizione (dieci minuti) ad un'altra persona, una quantità di sapere che possa essere una unità minima, ovvero completa in sé, e che possa essere potenzialmente interessante per qualcun'altro del gruppo. Entrano nella valutazione di ognuno la consapevolezza circa la propria padronanza di un sapere, la dimensione emotiva espressa nella passione, interesse, curiosità intorno a un sapere, l'interesse che quella proposta di sapere può suscitare nei compagni di gruppo, la segmentabilità e possibilità di riduzione del sapere per estrarne un modulo minimo, le strategie per trasferire il modulo di sapere in maniera efficace. Si tratta di competenze complesse che devono essere attivate da ogni partecipante, e messe alla prova. Inoltre c'è anche un gioco di ruoli, docente e discente, che si interscambiano. Ancora, tutti i saperi sono ammessi, e nel gioco sono equiparati: questo consente a tutti di esplorare il proprio bagaglio di saperi che così viene percepito come ampio e articolato, perché è possibile attingere da tutta l'esperienza della vita, e questo rinforza l'idea di essere portatore di saperi e di poter contribuire al sapere del gruppo.

Il *feedback* del gruppo aula dopo l'esperienza è stato ricco di consapevolezze e di riflessioni. Dalle condivisioni dai partecipanti alcuni delle cose emerse sono: una nuova visione delle proprie capacità, un nuovo punto di vista sul lavoro degli insegnanti, una nuova idea del valore del sapere in tutte le sue forme e declinazioni.

Sulla scorta delle condivisioni dei partecipanti, i 'conduttori'-'facilitatori' hanno concluso con l'idea di 'portatori di saperi' e di 'comunità di saperi', e di come questa sia al centro del Piano per la gestione dei Sassi che è un patrimonio UNESCO.

Il *workshop* con la classe di studenti universitari si è svolto in aula ed è durato tre ore, ed ha avuto come titolo "Genealogia del percorso formativo". Dopo un primo momento di accoglienza durante il quale sono stati invitano i partecipanti a disporsi in cerchio, i 'conduttori'/'facilitatori' e l''osservatore' (Angela Colonna, Grazia Rutica e Michele Claudio Masciopinto, della Cattedra UNESCO dell'UniBas) si sono presentati al gruppo, indicando i propri compiti nel *workshop*, e hanno illustrato il programma dell'incontro. Dopo aver presentato brevemente il dispositivo "Alberi di conoscenza" di Authier e Lévy, la sua ideazione e la sua fortuna, sono stati illustrati il procedimento e la finalità del *workshop*. Si è dunque passati alla fase dell'esperienza topica del *workshop*, "genealogia del percorso formativo", con la presentazione della procedura che consiste in quanto segue: ogni partecipante, attraverso una riflessione personale, deve ricostruire le comprensioni cruciali avvenute nella propria vita, che sono state le tappe significative per tracciare il percorso di apprendimento fino al momento attuale; tale itinerario viene verbalizzato e condiviso da ognuno col gruppo aula; da ogni percorso individuale nel gruppo aula, con l'aiuto del 'conduttore'-'facilitatore', vengono estrapolati dati relativi al processo.

L'esperienza spinge ogni partecipante a guardare indietro al proprio percorso di vita in termini di itinerario definito dal sapere. Infatti ognuno è spinto a riconoscere i momenti cruciali di apprendimento, ovvero i saperi strategici che hanno costellato e costruito il proprio percorso di vita. Poi, l'estrazione del processo dall'esperienza individuale consente lo spostamento da un piano soggettivo ad uno collettivo, dove il processo può essere recuperato all'utilizzo da parte di altri componenti del gruppo, come sapere.

Le condivisioni dei partecipanti hanno testimoniato l'emergere di scoperte circa il ruolo del sapere e delle comprensioni nella propria vita, la possibilità di acquisire lo strumento dell'estrapolazione del processo dall'esperienza, per la condivisione di saperi strategici, la possibilità di una indagine più profonda su di sé per rafforzare la capacità di orientare il proprio futuro.

Schede 1 e 2 dell'attività ERT 19 'in aula'

Angela Colonna

ESPERIENZA 1 WORKSHOP 'in aula' ERT 2019	
Titolo:	Pillole di saperi
Destinatari:	Gruppo aula di studenti della Scuola secondaria di primo grado.
Obiettivo:	Presa di coscienza dei propri saperi, rivenienti da qualunque ambito della propria vita; comprensione del processo di trasmissione del sapere; percezione di sé e dell'altro come portatori di saperi.
Procedura:	Passo 1: ogni partecipante deve individuare un modulo di conoscenza posseduta, da trasmettere ad un'altra persona del gruppo in modo efficace nel tempo di dieci minuti. Passo 2: ogni modulo deve essere titolato, scritto su un post-it e affisso su una bacheca che conterrà tutta l'offerta di moduli del gruppo. Passo 3: ogni partecipante sceglie dalla bacheca uno o più moduli di sapere che vuole apprendere. Passo 4: lo scambio, in coppia (o in piccoli gruppi), in cui tutti ricevono e tutti trasferiscono, fino a quando tutti i moduli sono stati insegnati e tutti hanno appreso uno o più moduli; a rotazione ognuno trasferirà il sapere del proprio modulo a chi lo richiede, e riceverà il sapere di uno o più moduli da coloro che li trasferiscono, con l'assunzione, volta per volta, sia del ruolo dell'insegnante sia di quello dell'allievo. Passo 5: a conclusione si torna tutti in cerchio, dove ognuno condivide sull'esperienza, e viene raccolto il feedback del gruppo aula.

Presupposti teorici e metodi:	• Alberi di conoscenza (Michel Authier e Pierre Lévy) • Intelligenza collettiva (Pierre Lévy) • Transdisciplinarità
Risultati attesi:	Intuizioni circa il proprio sapere individuale e il sapere del gruppo; attivazione di competenze complesse riguardanti il trasferimento e l'apprendimento del sapere, la segmentabilità e riduzione del sapere per estrarne un modulo minimo, le strategie per trasferire il modulo di sapere in maniera efficace; la consapevolezza circa la propria padronanza di un sapere; il riconoscimento del ruolo della dimensione emotiva (passione, interesse, curiosità) in relazione all'apprendimento e al trasferimento di un sapere; intuizioni su alcuni aspetti del proprio funzionamento e dei propri potenziali in relazione al sapere; esplorazione della relazione con l'altro attraverso il sapere; ampliamento dell'idea di sapere a tutti i saperi e ampliamento della percezione del proprio bagaglio di saperi e comprensione che è possibile attingere da tutta l'esperienza della vita, e questo rinforza l'idea di essere portatore di saperi e di poter contribuire al sapere del gruppo; una nuova visione delle proprie capacità; una nuova idea del valore del sapere in tutte le sue forme e declinazioni.

ESPERIENZA 2 WORKSHOP 'in aula' ERT 2019	
Titolo:	Genealogia del percorso formativo
Destinatari:	Gruppo aula di studenti universitari
Obiettivo:	Mappare il proprio percorso di vita come percorso del sapere; avere intuizioni circa la propria identità dinamica di sapere; sviluppare la consapevolezza del ruolo del sapere nella propria vita; attraverso l'estrazione del processo dall'esperienza individuale, lo spostamento da un piano soggettivo ad uno collettivo, dove il processo può essere recuperato all'utilizzo da parte di altri componenti del gruppo, come sapere; avere intuizioni circa la possibilità di una indagine più profonda su di se per rafforzare la capacità di orientare il proprio futuro.
Procedura:	Passo 1: ogni partecipante, attraverso una riflessione personale, deve ricostruire le comprensioni cruciali avvenute nella propria vita, che sono state le tappe significative per tracciare il percorso di apprendimento fino al momento attuale. Passo 2: ogni partecipante verbalizza e condivide col gruppo aula tale itinerario; Passo 3: da ogni percorso individuale nel gruppo aula, con l'aiuto del conduttore-facilitatore, vengono estrapolati dati relativi al processo. Passo 4: a conclusione ognuno condivide sull'esperienza, e viene raccolto il feedback del gruppo aula.

Presupposti teorici e metodi:	• Alberi di conoscenze (Michel Authier e Pierre Lévy) • Intelligenza collettiva (Pierre Lévy) • Transdisciplinarità
Risultati attesi:	Riconoscimento dei momenti cruciali di apprendimento, ovvero i saperi strategici che hanno costellato e costruito il proprio percorso di vita, evidenziando la sequenza e le relazioni tra i diversi apprendimenti; la definizione di se stessi attraverso il punto di arrivo provvisorio raggiunto, in relazione al percorso fatto, da cui rilanciare per proseguire il percorso di crescita e di apprendimento; la rivalutazione del ruolo del sapere e delle comprensioni nella propria vita; l'acquisizione dello strumento dell'estrapolazione del processo dall'esperienza, per la condivisione di saperi strategici.

DOCUMENTO PARTECIPATO DI INTENTI
per un Osservatorio partecipato del Sito Unesco dei Sassi di Matera

Sommario: 1. Premessa; 2. Il piano di gestione di siti UNESCO; 3. Ruolo dell'Osservatorio; 4. Il modello giuridico; 5. Intenti.

1. Premessa

Il Sito UNESCO dei Sassi di Matera, per l'eccezionalità e l'unicità dei valori di interesse mondiale che racchiude, offre l'esempio più evidente di come il Patrimonio culturale rappresenti un grande valore aggiunto, la risorsa di maggiore importanza che può consentire ad un territorio di essere competitivo sul mercato globale, attraverso l'adeguata gestione delle specificità locali. Il futuro di questo sito, dipenderà dalla capacità di essere resiliente ai cambiamenti, di rendere sostenibili le loro trasformazioni nella competizione dell'economia globale, reinventando creativamente il loro ruolo in termini di rapporto tra economia della natura (ecologia) ed economia dell'uomo, ed il rapporto tra il lo spirito dei luoghi e la tecnologia. La Gestione del Sito Unesco è dunque una materia delicata e complessa, in cui convergono interessi ed attori numerosi e diversi. Alla base della capacità di progettare lo sviluppo di tale luogo, vi è un processo di comprensione, di interpretazione, di estrazione di significati e valori, di mediazione e negoziazione tra interessi e gruppi in rapporto dialettico per stabilire priorità ed obiettivi condivisi, in sintesi un *processo di valutazione*.

Tale consapevolezza, in sintonia con le Linee guida Unesco, con la relativa Raccomandazione del 2004 e con la Legge n. 77 del 2006, ha indotto il Comune di Matera ad approvare il Piano di gestione, in esito ad un ampio processo dal basso che ha visto il coinvolgimento di Istituzioni pubbliche e di soggetti privati, con l'obiettivo di giungere a definire uno strumento funzionale a garantire una strategia di governo delle attività afferenti il territorio materano dei Sassi fondata su una logica non solo squisitamente culturale ma, altresì, economica e sociale, e al fine del rafforzamento delle politiche attive di tutela di beni rientranti nel patrimonio culturale mondiale.

2. Il Piano di gestione di siti UNESCO

Come noto, difatti, Il Piano di Gestione, introdotto dall'UNESCO con la "Dichiarazione di Budapest" del 2002, per la sua natura flessibile, rappresenta un valido strumento strategico attraverso il quale coordinare la complessità di azioni/soggetti/interessi che tale approccio implica; uno strumento in grado di adeguarsi al territorio come "sistema dinamico complesso" e di poter recepire una serie di metodologie innovative e creative per orientare lo sviluppo urbano alla sostenibilità; individuando, cioè, i punti di equilibrio tra cultura ed economia, antico e nuovo, identità locali e turismo, tutela ambientale e sviluppo, sulla base della visione condivisa di tutti gli attori locali (pubblici, privati, cittadini), in una prospettiva a somma positiva.

Ne emerge una concezione metodologica che guarda alla strategia come procedimento che, a partire dalla configurazione di quadri conoscitivi in grado di compiere ricognizioni delle risorse che caratterizzano il contesto territoriale cui il piano di gestione si riferisce, sia orientato ad indirizzare le decisioni e le azioni fondamentali per perseguire gli obiettivi individuati e sia dotato di meccanismi di rilevazione degli impatti delle scelte e di monitoraggio in ordine all'attuazione delle stesse[1]. Ciò non può cha avvenire attraverso il coinvolgimento di tutti i soggetti portatori di interessi in relazione al territorio considerato, configurandosi come manifestazione di un metodo di programmazione basato sul consenso e sulla collaborazione delle categorie e dei soggetti pubblici e privati coinvolti nel processo.

---

[11]G. Iacovone (2014), *I piani di gestione relativi ai beni inseriti nella lista del patrimonio mondiale culturale e naturale.*

Correttamente inteso nei termini appena prospettati e nella logica appena evidenziata, il Piano di gestione riguardante i Sassi di Matera è concretamente candidato a svolgere un importante ruolo di indirizzo e di parametro di riferimento per i diversi sistemi di pianificazione e programmazione delle attività afferenti il territorio interessato.

3. Ruolo dell'Osservatorio

A tale riguardo il Piano di Gestione prevede la costituzione di un Osservatorio permanente, soggetto giuridico con il compito di far dialogare le istituzioni competenti e di coinvolgere la comunità materana nelle politiche di gestione del sito come "azione strategica verso l'accrescimento dell'identità culturale"[2]. È evidente che tale organo, ove effettivamente costituito, potrà esercitare un ruolo di estremo interesse ai fini di promuovere un'attività di monitoraggio del sito medesimo con l'obiettivo primario di controllare (come richiesto dall'UNESCO) lo stato di conservazione nel tempo dei valori alla base della sua iscrizione nella Lista del Patrimonio Mondiale e di supportare il processo decisionale e gestionale del sito, valutando e confrontando nel tempo gli esisti ottenuti nel corso del suo governo.

Ai fini della definizione di un modello di Osservatorio sono state individuate alcune tematiche principali sulle quali focalizzare l'attività di monitoraggio coerentemente con quei profili che la stessa UNESCO reputa di primaria importanza e sui quali ravvisa la necessità di concentrare l'attenzione:

1. stato di conservazione dell'integrità/autenticità,
2. fattori potenzialmente incidenti sui valori universali del sito,
3. efficienza dell'apparato gestionale.

[2] Vedi il Piano di Azione del Piano di Gestione per il sito UNESCO dei Sassi e Parco delle Chiese Rupestri di Matera

L'Osservatorio dovrà, pertanto, sviluppare diversi compiti, ed in particolare consentire di:
- verificare lo stato di conservazione di un sito, monitorandone le modificazioni ed i fattori antropici ed ambientali intervenuti;
- evidenziare se tali fattori hanno inciso o meno sui valori alla base dell'iscrizione del sito e, quindi, sulle scelte adottate in sede di Piano di Gestione e se come tali richiedono modifiche al Piano di Gestione stesso;
- verificare e controllare gli esiti delle azioni intraprese ed il grado di perseguimento degli obiettivi prefissati dal Piano;
- raccogliere ed elaborare le informazioni al fine della realizzazione dei *Report Periodici*.

A queste finalità generali si aggiungono una serie di obiettivi specifici, legati principalmente ai caratteri del sito stesso:
- uniformare e migliorare la raccolta, la gestione, l'analisi e l'uso delle informazioni per una più efficace formulazione delle politiche di gestione del sito, per il coordinamento con i diversi strumenti di pianificazione e programmazione incidenti sul sito stesso, nonché per l'accompagnamento, a fini di armonizzazione delle diverse espressioni progettuali e valutazioni della concreta fattibilità delle stesse;
- condividere informazioni, conoscenze e competenze mediante le moderne tecnologie dell'informazione e della comunicazione;
- rendere possibile il confronto delle "performance" dei diversi siti Unesco italiani grazie all'adozione di una metodologia di analisi condivisa e contribuendo all'attività dell'Osservatorio centrale del MiBACT.

Per conseguire le finalità e gli obiettivi specifici delineati, l'Osservatorio dovrà essere impostato in modo tale da rispondere ai seguenti principi:
- *sistematicità* e *organicità* delle informazioni;
- *aggiornamento costante* dei dati;
- *esaustività* ed *attendibilità* delle informazioni e dei dati.

Il modello proposto dovrà:
- costituire ed aggiornare la struttura di rilevazioni e di raccolta dei dati ed il sistema di monitoraggio (indicatori, ricerche ad hoc);
- diffondere e comunicare adeguatamente i risultati delle attività svolte tramite pubblicazioni periodiche;
- svolgere un ruolo attivo nella promozione della circolazione delle informazioni e dei dati e nell'ambito del ciclo "conoscere, programmare, realizzare, valutare, riprogrammare";
- promuovere iniziative formative di aggiornamento dei partecipanti attraverso workshop, seminari, ecc.

4. Il modello giuridico

Il modello giuridico che si propone è quello della fondazione di partecipazione ed in particolare della fondazione di comunità che, allo stato, anche in considerazione delle esperienze italiane ed europee in corso, appare funzionale a perseguire ed attuare gli obiettivi del Piano di Gestione per i Sassi di Matera, che si fonda su processi partecipativi.

Le fondazioni di partecipazione, difatti, sono caratterizzate per il perseguimento di uno scopo di "pubblica utilità" per favorire il contatto tra soggetti privati e pubblici, entrambi coinvolti nell'Osservatorio. La fondazione di comunità, si pone come modello "innovativo" rispetto alla fondazione tradizionalmente intesa, diventando uno strumento atipico di gestione dei beni culturali grazie, soprattutto alla già evidenziata duttilità del modello.

A sostegno di tale ipotesi interviene la prassi applicativa: vale la pena evidenziare come la fondazione di partecipazione abbia avuto, a partire dagli anni Novanta, un larghissimo impiego soprattutto in ambito culturale. La fondazione di partecipazione si è rivelata, infatti, lo schema giuridico più appropriato per progetti di sviluppo su base culturale e per iniziative di

valorizzazione, in ragione della estrema flessibilità organizzativa del modello(numerosi sono gli esempi[3]).
Addentrandosi nella tematica, si nota come le fondazioni di partecipazione, dando voce al concetto di "*sussidiarietà circolare*", rivelano la loro capacità di esprimere le potenzialità dei soggetti partecipanti: Pubbliche amministrazioni, cittadini e terzo settore, equiparati per dignità ed importanza.

5. Intenti

Sulla base dei contenuti, sopra esposti e condivisi dai sottoscrittori del documento,

CONSIDERATO che nell'anno 1993, durante la diciassettesima sessione il Comitato degli Stati Membri Unesco ha inserito nella Lista del Patrimonio Mondiale il sito "Sassi e il Parco delle Chiese Rupestri di Matera" per i criteri III, IV, V;
CONSIDERATO che, a partire dal 2002 l'UNESCO ha espressamente richiesto che tutti i siti inseriti nella Lista del Patrimonio Mondiale siano dotati di un apposito "Piano di Gestione" che garantisca la conservazione e la trasmissione alle generazioni future dei Valori Universali che hanno determinato l'inserimento del sito nella lista stessa;
CONSIDERATA la necessità di orientare anche le azioni per la gestione del sito dei Sassi agli obiettivi dell'Agenda ONU 2030 per lo Sviluppo Sostenibile, contribuendo e condividendo

---

[3] Fondazione Museo delle Antichità Egizie di Torino; Fondazione Torino Musei; Fondazione "La Triennale di Milano"; Fondazione MAXII- Museo nazionale delle arti del XXI secolo; Fondazione Barumini Sistema Cultura; Fondazione Maria Adriana Prolo- Museo Nazionale del Cinema; Fondazione Musica per Roma; Fondazione Musei Civici di Venezia –MUVE; Fondazione Romaeuropea Arte e Cultura; Fondazione Brescia Musei; Fondazione Palazzo Ducale di Genova; Fondazione Palazzo Strozzi; Fondazione RavennAntica.

l'orientamento comune che l'umanità si è data per affrontare le sfide del futuro planetario;
CONSIDERATO l'iter che ha portato alla stesura del Piano di Gestione del sito UNESCO di Matera con modalità di partecipazione ampia di istituzioni e di cittadini, attraverso la costituzione di un Comitato di Pilotaggio interistituzionale (Protocollo d'Intesa, 5/4/2011) e attraverso un ciclo si Simposi/Laboratori partecipati (febbraio-aprile 2013);
VISTO il Piano di Gestione de "I sassi e il parco delle chiese rupestri di Matera patrimonio dell'Umanità" 2014-2019, ed in particolare il Capitolo Sette – Gestione del sito- Osservatorio permanente "Opera dei Sassi", e il Piano di Azioni relativo;
VISTA l'approvazione del Piano di Gestione da parte del Comune di Matera (delibera del Consiglio Comunale n.33 del 22/04/2015), e prima da parte di tutti gli altri soggetti istituzionali compresi nel Comitato di Pilotaggio;
CONSIDERATA la presenza in Italia dell'Osservatorio Nazionale del Paesaggio e degli Osservatori locali, poiché "Il Ministero e le regioni definiscono d'intesa le politiche per la conservazione e la valorizzazione del paesaggio tenendo conto anche degli studi, delle analisi e delle proposte formulati dall'Osservatorio nazionale del paesaggio, istituito con decreto del Ministro, nonché degli Osservatori istituiti in ogni regione con le medesime finalità." (comma 1 dell'art. 133 del codice dei Beni Culturali);
CONSIDERATA la Convenzione Europea del Paesaggio del 20/10/2000 che sollecita l'istituzione di Osservatori del Paesaggio;
CONSIDERATA la istituzione dell'Osservatorio della Regione Basilicata di cui alla legge 2/27/2015 (art.14);
RIBADITA la natura dell'Osservatorio per i Sassi quale strumento essenziale per l'applicazione del Piano di Gestione, nonché di strumento che raccoglie e coordina gli interessi collettivi di soggetti pubblici e privati, in modo da porsi come

figura di raccordo per le molteplici componenti presenti sul territorio;
CONSIDERATO che la creazione dell'Osservatorio, come strumento di attuazione del Piano di Gestione, serve a operare per la conservazione della posizione dei "Sassi di Matera" nella Lista del Patrimonio Mondiale dell'Unesco;
CONSIDERATE le funzioni di proposta, indirizzo e monitoraggio dell'Osservatorio;

si concorda quanto segue:

PUNTO 1
I soggetti firmatari del presente Documento di Intenti contribuiscono alla creazione dell'Osservatorio Sassi, strumento di attuazione del Piano di Gestione del Sito UNESCO di Matera.
PUNTO 2
Il presente documento costituisce il momento iniziale al fine di una sperimentazione concreta, propedeutica alla creazione dell'Osservatorio, secondo la forma giuridica, organizzativa e normativa di fondazione di comunità, quale specifica della fondazione di partecipazione.
PUNTO 3
I soggetti firmatari si impegnano a coordinarsi e a collaborare, nello spirito di valorizzazione delle specificità e delle competenze di ognuno, per il perseguimento dei fini dell'Osservatorio, nell'ottica della miglior conservazione e valorizzazione del sito UNESCO di Matera, rispettando e realizzando le indicazioni contenute nel "Piano di Gestione" redatto per i Sassi e le chiese rupestri, e in linea con gli Obiettivi contenuti nell'Agenda ONU 2030 per lo Sviluppo Sostenibile.
PUNTO 4
Con il presente Documento di Intenti i soggetti firmatari sono coinvolti attivamente alla costituzione dell'Osservatorio Sassi e al perseguimento delle sue finalità, realizzando le attività volte principalmente alla condivisione dei saperi, alla partecipazione

dei cittadini, al dialogo tra cittadini e istituzioni, alla contribuzione attraverso le competenze, l'impegno, il tempo e con altre possibili risorse spontaneamente dedicate.

PUNTO 5

In questa prima fase l'obiettivo prioritario è quello di creare le condizioni propizie per un'accelerazione dell'istituzione dell'Osservatorio Sassi da parte delle istituzioni preposte alla tutela e valorizzazione del sito, ponendo le basi perché la gestione del sito, come previsto dal Piano di Gestione, sia partecipata e in sinergia con le diverse componenti della società civile.

PUNTO 6

L'Osservatorio Sassi è strumento per:

- programmare e armonizzare le azioni per la gestione del sito;
- coinvolgere la popolazione nelle politiche di gestione del sito, come azione strategica verso l'accrescimento dell'identità culturale;
- essere punto di riferimento per la progettualità sostenibile, aperto e socializzante, capace di intercettare e mettere a sistema bisogni, saperi e risorse del territorio per generare valore di lungo periodo.

PUNTO 7

Nell'ambito degli obiettivi generali dell'Osservatorio, le azioni richiamate nel presente documento saranno definite in funzione delle competenze e del contributo volontario dei soggetti che lo istituiscono. In generale, tutti i diversi portatori di saperi e di interessi si impegneranno a elaborare proposte, nell'ottica di una partecipazione attiva e democratica. Con momenti di condivisione programmati i soggetti firmatari indicheranno proposte di azioni in cui impegnarsi direttamente, concordando un comune programma di lavoro. Inoltre tutti i soggetti firmatari parteciperanno all'analisi dei risultati ottenuti dall'attuazione del Piano di Gestione.

PUNTO 8
La sottoscrizione del Documento di Intenti attesta la volontà delle parti di condividerne i contenuti, e non comporta oneri finanziari a carico dei soggetti firmatari, ma solo contribuzioni volontarie in denaro, tempo, risorse umane.

Matera, 14 dicembre 2019

GLI AUTORI:

Ester Annunziata archeologa, dottore di ricerca (Università degli Studi della Basilicata).

Antonello Azzato pianificatore territoriale, libero professionista.

Chiara Biscarini ingegnere, professore dell'Università per Stranieri di Perugia.

Lisa Bitossi project manager e dottore di ricerca (Università per Stranieri di Perugia).

Angela Colonna ricercatore dell'Università degli Studi della Basilicata.

Antonella Guida professore dell'Università degli Studi della Basilicata.

Michele Claudio D. Masciopinto antropologo, dottore di ricerca (Università degli Studi della Basilicata).

Francesco Ascanio Pepe ingegnere e architetto.

Annalisa Percoco geografa, dottore di ricerca, ricercatore senior della Fondazione Eni Enrico Mattei.

Piergiuseppe Pontrandolfi pianificatore, già professore dell'Università degli Studi della Basilicata.

Alessandro Raffa architetto, dottore di ricerca (Politecnico di Milano), ricercatore a tempo determinato dell'Università degli Studi della Basilicata.

Grazia Rutica architetto.

Dario Sammarro avvocato, dottorando di ricerca (Università degli Studi della Basilicata).

Francesca Sogliani archeologa, professore dell'Università degli Studi della Basilicata.

Lucio Ubertini professore emerito all'Università Sapienza di Roma.

Stefania Vitali architetto.

www.ingramcontent.com/pod-product-compliance
Lightning Source LLC
LaVergne TN
LVHW020659110826
845149LV00012B/2059
9788894376067